➤ 一九九五年三月摄于和平门家中。刘绍棠那坚毅的目光、笃定含笑的神情，就像在续写《我是刘绍棠》，倾诉着对大运河的深情。

刘绍棠

中国乡土文学作家。一九三六年二月二十九日生于北京通州大运河畔的儒林村。一九四八年参加革命。一九四九年开始发表作品。一九五三年加入中国共产党。一九五四年考入北京大学中文系学习。一九五六年加入中国作家协会，从事专业创作。至一九五七年被划右派时，已出版了《青枝绿叶》《山楂村的歌声》《运河的桨声》《夏天》《中秋节》《瓜棚记》《私访记》等七本书。

一九七九年右派冤案得以改正，重获创作权利。带病顽强拼搏了十八年，为后人留下了五百多万字的乡土作品。即十二部长篇小说：《春草》《狼烟》《地火》《豆棚瓜架雨如丝》《这个年月》《敬柳亭说书》《十步香草》《京门脸子》《野婚》《水边人的哀乐故事》《孤村》《村妇》。二十多部中篇小说：《蒲柳人家》《渔火》《瓜棚柳巷》《花街》《草莽》《荇水荷风》《蒲剑》《鱼菱风景》《小荷才露尖尖角》《绿杨堤》《烟村四五家》《柳伞》《年年柳色》《青藤巷插曲》《黄花闺女池塘》《碧桃》《二度梅》等。两部短篇小说集：《青枝绿叶》《蛾眉》。十一部散文短论集：《乡土与创作》《我与乡土文学》《一个农家子弟的创作道路》《我的创作生涯》《论文讲书》《乡土文学四十年》《蝈笼絮语》《如是我人》《红帽子随笔》《我是刘绍棠》《四类手记》。

《京门脸子》获得北京市优秀长篇小说奖。《敬柳亭说书》获得首届中国大众文学优秀长篇小说奖。《蒲柳人家》获得全国优秀中篇小说奖。《蛾眉》获得全国优秀短篇小说奖。中短篇小说多种被译成英、法、德、俄、日、西班牙、泰国、孟加拉、阿尔巴尼亚等国文字。

上世纪八十年代以来，不遗余力地倡导乡土文学，创作上坚持“中国气派，民族风格，地方特色，乡土题材”。他的全部作品，都是写大运河的乡土乡亲，形成了独具特色的大运河乡土文学体系。

图书在版编目 (CIP) 数据

我是刘绍棠 / 刘绍棠著. — 北京 : 北京十月文艺出版社，2018.5
（刘绍棠文集）
ISBN 978-7-5302-1786-3

Ⅰ. ①我… Ⅱ. ①刘… Ⅲ. ①刘绍棠（1936–1997）—自传 Ⅳ. ① K825.6

中国版本图书馆 CIP 数据核字 (2017) 第 321750 号

我是刘绍棠
WOSHI LIUSHAOTANG
刘绍棠 著

出　　版 北京出版集团公司
　　　　 北京十月文艺出版社
地　　址 北京北三环中路 6 号
邮　　编 100120
网　　址 www.bph.com.cn
发　　行 新经典发行有限公司
　　　　 电话（010）68423599
经　　销 新华书店
印　　刷 固安县铭成印刷有限公司
版　　次 2018 年 5 月第 1 版
　　　　 2018 年 5 月第 1 次印刷
开　　本 880 毫米 ×1230 毫米 1/32
印　　张 8.75
字　　数 200 千字
书　　号 ISBN 978-7-5302-1786-3
定　　价 35.00 元
质量监督电话 010–58572393
如有印装质量问题，由本社负责调换。

刘绍

我是刘绍棠

刘绍棠／著

北京出版集团公司
北京十月文艺出版社

目录

序

生活是一本毛边书

我曾多次写过和讲过，今生今世我绝不写自传。一是不愿自我美容，二是更怕再尝“二遍苦”。这几年看过几本名人自传，使我产生了一个偏见，那就是写自传的人嫌职业美容师的手艺不高，便“自己动手，丰衣足食”，自己给自己涂脂抹粉，巧妆改扮，顾盼自怜，其实是欺世盗名，假冒伪劣产品。留传（？）后世，谎言坐实，歪曲历史，贻害青年，应以伪证罪论处。我这一生，不但不曾过五关斩六将，而且不止一次“走麦城”。如果偏要扮演亘古一人关圣帝君，真可谓厚颜无耻之极也。这位关圣帝君，自身便是个冒牌货。他曲线投降曹操，有何“忠臣不事二主”可言？他狂妄大意失荆州，坏了大哥基业，更是罪莫大焉。他好色成性，为了争夺一位美如天仙的县长太太而跟曹操闹翻，偏被说成千里走单骑回归旧主，真不知天下有“羞耻”二字。正因如此，凡是正史官书的歌功颂德之词，我都存疑。茅坑里洒香水，欺骗了嗅觉却蒙蔽不了眼睛。撒谎术也有限，早晚会水落石出，暴露无遗。要不然我怎么会知道关老二好色，一点也不“圣”？我一非五霸二非七雄，不值得自吹自擂写自传，不如节省点时间多写一部小说。

在解放军围攻北平的炮声中我参加了革命，在开国大典的礼炮声中我走上了文坛。我欢呼镇压反革命和“三反”“五反”运动。但是，当一批批革命进步文化人一个个挨整的时候，我感到了困惑。我万万没有想到，一九五七年的反右斗争，把我这个童心未泯的年轻共产党员也划了右，而且进行全国大批判。我是多么委屈，多么痛苦。当时主持反右斗争的一位领导人，在一次讲话中说要将右派分子杀一批、关一大批。我自知难逃监狱、刑场这一关，曾经准备自杀，不愿死在自己人的枪口下。一九五八年三月受到处理，胡耀邦问我可曾有过自杀的念头，我没有说实话。这是因为，已经传达和执行了毛泽东的指示，对于右派分子一个不杀，基本不抓。那个时候，共产党员不管是何原因，自杀就是叛党。我虽已被开除党籍，但在胡耀邦面前仍然自以为是共产党员，也就以曾有自杀念头为羞耻。一九六六年大革文化的命，那些曾经整过我的人，主张杀“右”派的人，比我遭到更大的凌辱和折磨。对于那些整过我的大人物挨了整，我曾有过短暂的幸灾乐祸。但是，多亏我稍知一点外国史。“文化大革命”对“黑九类”胡作非为的一招一式，多么酷似纳粹残暴迫害犹太人！翦伯赞、老舍、傅雷的遭遇，又与马门教授多么相似。怎么法西斯的阴魂附了我们的体？我“幸”不起来、“乐”不出来了。

我对马列主义理论知之甚少，但我是个如醉如痴的革命理想主义者。在一九五七年被划右以前，我对党怀有宗教狂热一般的激情和信奉。随着我的年龄和阅历的增长，我理智和冷静多了。然而，每一忧虑党的前途和命运，我满腔子的鲜血仍然像开了锅。

新潮的朋友骂我“极左”，说得客气一点，他们是“创造病”患者。有如当年创造社诸君子，谁不咸与“创造”（新潮），便是不革命，不革命便是反革命，便是封建余孽，必须打翻在地，再踏上一万只脚，与红卫兵作风如出一辙。我觉得，倒是“左家庄”的朋友们给我定性准确。他们说：“刘绍棠是个中派。”因而，对我实行“统战”，控制“使用”。我想，他们应该不仅在政治立场上找到跟我的共同点，还应该在恩格斯的艺术倾向性观点上，跟我取得共识。我一直闹不明白，为什么我坚信恩格斯的艺术观点却算不得正统？他们的文艺主张，其实是斯大林的“社会主义现实主义”论，究竟恩格斯正确还是斯大林管用，至少应该进行严肃认真的学术研究。

我一不“左”，二不右，三也不中，只要一个正。

自白不是自传。有感而发，即兴而作，也就不讲究结构布局，顾不上疏密浓淡。这是一本毛边书。

生活就是毛边的。我的六十年的人生经历，便是力证。人人都是维吾尔姑娘，小辫子一抓一大把。彩焗、隆鼻、隆乳、割双眼皮等美容术，纯属造假。假的就是假的，伪装应该剥去。

所以，鲁迅先生说，文学创作要“去粉饰，少做作，勿卖弄”。

一九九六年二月

于红帽子楼

第一章　蒲柳人家子弟

寻　根

三千里京杭大运河的北端起点，是我那生身之地的通州。清《钦定日下旧闻考》卷一百零八写道：“通州在府东（顺天府，今北京）四十五里。本禹贡冀州之域。春秋战国皆属燕。秦属渔阳郡。两汉本潞县及安乐县地，皆渔阳属邑。潞，高阳氏后，卲姓。魏晋以降，属幽州。后魏置潞郡。隋开皇初省入涿郡。唐武德二年于此置元州，领潞、临沟、无终等县三。贞观元年，省元州，后为潞县，以水患徙治安乐故城。历五代皆因之。至金天德三年，升为通州。元因之。领县二：曰潞，曰三河。明洪武元年闰七月并潞县入于州，仍以三县隶焉。属北平府。清顺治十六年，漷县裁并入州。通州上拱京阙，下控天津。潞、浑二水夹会于东南，幽燕诸山雄峙于西北。舟车辐辏，冠盖交驰，实畿辅之襟喉，水陆之要会也。”

《日下旧闻考》是康熙二十五年朱彝尊编辑的。从一千六百多种古籍中选录历代有关北京的记载和资料，共分十三门，四十二卷。十三门为星土、世纪、形胜、宫室、城市、郊垧、京畿、侨治、边障、户版、风俗、物产、杂缀。通州名列京畿门之首。乾隆三十九年，乾隆帝弘历命经筵讲官、太子太保、文华殿大学士、翰林院掌院学士于敏中，经筵讲官、太子太保、户部尚书、步军统领和珅，和珅的政敌内阁学士、工部尚书刘墉等为总裁，选任知名学者多人进行增补考证。乾隆五十年到五十二年出版，题为《钦定日下旧闻考》，从四十二卷扩为一百六十卷。通州仍列京畿门之首，篇幅增至一百零八卷、一百零九卷、一百一十卷。这本书，具有极高的权威性和学术价值。《四库全书总目提要》评论这本书："……履勘遗迹，订妄以存真。千古舆图，当以此本为准绳矣。"

乾隆帝弘历还给此书题诗，称赞此书补齐挂漏所缺，在校勘淆讹上精益求精。因之，称之"钦定"。《钦定日下旧闻考》对通州的"潞，高阳氏后，卲姓"还有补充，说是轩辕黄帝封四子于此。黄帝邑于涿鹿，与蚩尤大战于涿鹿之野，涿鹿距离通州一百多公里。这位中华民族的始祖，派遣他的四子经营通州（当时还没有这个地名），是完全可信的。自金定为通州，便成为京东首邑。元明清三朝更成为"上拱京阙，下控天津，实为畿辅之襟喉，水陆之要会"。

从天津到我们通县这段运河，历史上称作北运河。我的父老乡亲们另有爱称，管它叫"铜帮铁底运粮河"。

"铜帮铁底"是夸张了点儿，可这是儿女对养育自己的母亲的赞美，那么这四个字就一点也不过分了。

大运河从北到南，北运河是大运河的龙头；大运河从南到北，北运河就是大运河的凤尾。整个大运河的风水都聚汇到了这儿，我们家乡人民怎能不以大运河的凤子龙孙自居？

想当年，这条河上，光是运粮的漕船，每年就有将近两万艘，押运漕船的兵十二万人次；连同官府的水师船和大量的商船，多达三万。这是古书上写着的。如果算上沿河村庄的打鱼船、摆渡船和短途运输船，那就多乎哉如过江之鲫了。

京广、津浦两条铁路通了车，夺走了大运河那“只此一家，别无分号”的生意，北运河上的船一下子少多了。后来，又有了京津公路，北运河也就更加萧条。不过，倒退五十多年，在我的童年时代，北运河上也还有货船和渔船过来过去。我在小说中所写的情景，都是我亲眼得见，不是无中生有。是兵荒马乱的战争岁月和生态平衡遭到破坏，造成北运河的衰落。

北运河上的南来北往的千帆万船，已被京津公路上往返奔驰的卡车、轿车、客车、吉普车和各种型号的拖拉机所代替。京津公路上的车流滚滚，不能不使人联想当年那三万艘漕船、商船、水师船在北运河上扬帆竞进的盛况。但是，车越来越多，京津公路也就显得越来越窄；开车的一出城圈儿，就像摘了笼头的野马，京津公路可就变成北京大栅栏了。

北运河的水是从哪儿来的？天上掉下来的，山里头跑来的。每年一入伏，瓢泼大雨连阴天，鞭杆子雨铺天盖地，竹帘子雨包天裹地，牛毛细雨点点入地，下得大河满了槽。这时，又山洪暴发，冲出燕北的崇山峻岭，直奔平原一泻百里，冲决了堤岸，淹没了田野和村庄。我小时候，年年不是大涝就是小涝，树梢上挂水藻，原野上一片汪洋。男女老幼被大水冲得漂流四散，在水中抱着檩条子，坐着大笸箩，揪着牛尾巴，拼命挣扎想死里求生，还有的坐在被连根拔起的大麦秸垛上，喊哑了嗓子向岸上呼救……

所以，历代都在北运河上修建闸坝。清代的屈家坝遗址，还留存着康熙皇帝手书的《导流济运》碑文。竣工之日，这位万岁爷还亲赴现场阅坝。康熙皇帝多次到过北运河，写了不少诗。他那个喜欢舞文弄墨的孙子乾隆皇帝，为北运河而写的诗更多。文人雅士抒写北运河的诗文不计其数，明代大戏剧家汤显祖的《玉茗堂集》中便有一首，而且就是吟咏我的生身之地的那段河上的风光景色。

北运河上接通惠河，直通北京城内，下连海河，向南直达江淮各地。通州是漕运和海运入京的仓储和转运之地。史书可考，“漕运至于京师者，一岁多至三百万余石”，可供近百万人一年食用。五岭南北的“广货”，川黔地区的“川货”，以及沿海一带的“洋货”，源源运到通州，转运北京。塞北的皮毛、牛羊，也多运抵通州，转运南方各省。繁荣的经济和发达的贸易，重要的地理位置和交通的优势，遂有一京（北京）二卫（天津）三通州之美誉。

为了漕粮储存和转运的需要，通州从元朝就开始设仓，储粮数百万石。现在，我们还可以看到当年漕运码头的土坝和东仓的旧址。

那时，通州城内设有漕运总督府。总督官居一品，又是个肥差。进京入阁拜相，不如蹲在通州管钱粮。三年清知府，十万雪花银；漕运总督捞到腰包里的不是雪花银十万、百万两，而是日进斗金，三年搬回家一座金山。七品县令，五品知州，通州代管京东八县，俗称“京门脸子”。

我那生身之地充满了野味儿

小家碧玉的温榆河，儿马蛋子的箭杆河，在通州城东北角合二而一，南下天津卫，二百八十华里，便是大名鼎鼎的北运河。一路上九曲十环二十八道弯儿，忽然一头撞在几大堆翠柳白沙高冈上，河身拐了个弓背，就像伸出双手搂住一大片河滩，便是被我写了大半辈子的运河滩。河滩上的河汊子七出八进，好似一条青藤百道绿蔓儿，沿河大大小小的村落，又像满天星的早花西瓜。大村二三百户，小村四五十家，我那生身之地儒林村，是小中之小：三十六座门楼，七十二个户头，一百零八个灶台。它坐落在翠柳白沙高冈外，紧傍着河边，弓背的一角。

每个村子的来历，都是口头相传。一传十，十传百，百传千，千传万，一代又一代；每过一人之口，每一代承上启下，都有所增删润色，艺术加工。所以，村史并非信史，不可不信，也不可全信，应该归于野史稗闻，或民间口头文学范畴。相传儒林村本是清朝初年跑马占圈的旗地，主人是正黄旗的皇室旁支，可能是多尔衮王爷的一个庶出儿子，名叫“如意”，又叫“如意带子”。这块河滩地被圈占以后，并没有开垦种田，只是每年入伏，青草长得一人高，十来个家奴马夫，牵着如意带子的十二匹走马，到这里放牧吃青。十来个马夫搭一座窝棚，住到草枯树黄的深秋时节，便牵着膘肥腿壮的走马回北京了。过了几年，如意带子的一个爱妾所生的女儿出嫁，这块河滩地当成妆奁，算是这位千金小姐的脂粉地。十来个马夫不放马了，犁耧锄镰，牵牛赶驴，日出而作，日入而息，给这位如意带子的千金小姐垦荒熟地，种的是五谷杂粮，栽的是瓜果梨桃；每年的收入，便是千金小姐搽胭脂抹粉的费用。后来，众人娶妻生子，于是便立户成村了。六亲九族，外来移民，三五成群，四面八方，越聚越多，小村一天天大起来。村名原叫“如家林”，叫白了又称“如林”。五十年代人民政府修订地名，才正式称为儒林村。

儒林村方圆左右，三分之一是终年积雪似的沙滩，三分之一是白花花的盐碱地，三分之一是一片片浅水洼子。沙滩虽然干燥，却是夜潮地，生长出连绵起伏的红皮柳棵子；浅水洼子里更是蒲苇丛生；盐碱地也并不是寸草不长，到处也有一簇簇、一丛丛的苲蓬、牛蒡、蒺藜狗子，开放着米粒大小的花朵。大河从沙滩和浅水洼子之间穿过，公路从沙滩和盐碱地之间穿过。从阳春三月到中秋八月，这里的风景是一幅水彩画，花、草、树、水、土，都色彩鲜明，充满野味儿，令人心野。有个风吹草动，惊起沙滩上柳棵子地里成百上千只鸟儿，一窝蜂纷飞上天，白云中一片啼鸣，像笙、管、笛、箫的合奏，阳光下的花翎熠熠闪光，像一大幅五颜六色的织锦。鸟影遮住了天，地上一片幽暗，盐碱地草丛里的绿蚂蚱和红蜻蜓也慌乱起来，飞的飞蹦的蹦，绿的绿红的红。

别名刘匈奴，自封“山楂汗”

我的家世，老人长辈们咬定正经是大汉皇叔刘备的后裔，虽然未免攀龙附凤之嫌，却也并非毫无道理。刘备原籍涿州楼桑村，涿州距离通州七八十公里，刘室宗亲难免人口流动，也许其中一支挪了个窝儿，来到通州安家落户。刘备的祖上，中山靖王刘胜的坟墓埋在满城县，掘墓开棺发现了无价之宝的金缕尸衣，成为我国出土文物中的一大奇迹。满城距离涿州也有几十公里，可见刘备这一支也是搬过家的。屈原在《离骚》中说他是“帝高阳之苗裔兮”，那么我也可以自称“帝昭烈之苗裔”了。然而，我的年岁大起来，书多读了几本，才知道通州刘姓即便算是刘备苗裔，那也是刘禅嫡传，就像一块坛子肉里吃出了大尾巴蛆，令人作呕。《日下旧闻考》记载：“通州……两汉潞县及安乐县地”。直到北魏太平真君七年，安乐县才并入潞县。潞县衙门也从甘棠乡迁入安乐城内。郦道元的《水经注》说：“沽水南经安乐县故城东。”《晋书·地道记》曰：“晋封刘禅为公国。俗谓之西潞水也。”潞水就是现今的北运河，安乐故城正是今日的通州。刘禅降晋被封为安乐公，遣到现在的通州就国，他的子孙和家奴便沿着北运河西岸繁衍开来。我家原来住在河西靛庄，曾祖父率领全家迁到河东儒林村，买下姓杜的大宅院，当时这座大宅院就已经是百年老屋。通州至今姓刘的最多，靛庄更是一半以上人家姓刘；虽无史证，也可断定，靛庄刘家必是刘禅子孙或家奴的一支。如此推论，我十有八九是刘禅的百代子孙；阿斗这小子，在我的心目中，比阿Q更可鄙，更讨厌，作为他的后裔我怎能不感到奇耻大辱？于是，我打定主意，改换门庭，另立祖宗。正史、野史、传说、稗闻，下锚钩沉，捞根稻草，终于想到公元三〇四年在建平（今山西临汾）建都的汉国，皇帝刘渊本是匈奴人。《中国历代名人辞典》记载：刘渊出身新兴（今山西忻县）匈奴贵族，袭匈奴左部帅、匈奴五部大都督。“八王之乱”中起兵反晋即汉王位，后改元称帝。匈奴人有名无姓，只因汉朝对匈奴遣女和亲，他们便自称是汉朝的外甥，因而随母姓刘，这显然十分牵强附会。但是，不管多么牵强附会的编造，仍然堂堂正正写在了正史上。那么，为什么我就不能照猫画虎，抱葫芦画瓢呢？匈奴刘氏汉国王朝败亡（公元三一八年），子孙流散的方向只能北上，回归大漠故土，难道就不会有一支子孙滞留通州吗？当时刘禅刚死（公元二七一年）四十多年，真假二刘合二而一，人多势众胆子壮。如此说来，就不能排除我是匈奴刘氏之后的可能性。当一个匈奴皇族的凤子龙孙，岂不比挂在昏庸、荒唐、懦弱、卑怯的刘阿斗名下更有脸面？所以，我曾宣告以刘匈奴为自己的别名，并自封为“山楂汗”。嗜好考据的读者，可以翻阅一下五十年代中期的旧报，便可找见我的几篇杂文，都以“山楂汗”署名。

曾祖母两只肩膀扛得住塌下的天

我的曾祖父，自幼给邻村皇粮庄头家放牛，长大扛长工，不但会赶车，而且有一身好武艺。他也给牲口贩子到口外赶马，还在大河的运货船上掌舵。年过四十，又到北京的大宅门赶轿车，服侍的是一位两榜进士，当过翰林院正字，国子监司业，御书房行走，写一块匾的润资，顶得上十亩良田的收成。曾祖父一干八年，积攒了几两银子，就想回家买地。正巧，那一年北运河大涝，河床打了个滚儿，儒林村外闪出一块浅滩，三四十亩；这是官田，他就到河防局买下来。为了种地方便，曾祖父带领全家老小，搬到村外河边，挖土脱坯，柳条编篱，两年盖起了三间北房和三间东厢房，还有牛棚、猪圈、羊栏和鸡窝。曾祖父一心想发家，大冬天凿开冰窟窿，下水捉鱼，卖个大价。寒风刺骨，冰碴子割肉，一条热身子着了凉，来不及医治就死了。

曾祖父死后，曾祖母支撑门户。

曾祖母虽是个妇道人家，两只肩膀却扛得住塌下的天。起五更爬半夜，一颗汗珠子落地砸一个坑儿，一年四季从早到晚不知道喘口气，只为一窝八口能吃上糠菜半年粮。苦命人寿长，老人家八十八岁见到四辈人，闰二月初七酉时，我出生在东厢房北屋的小炕上。生下来是个假死，曾祖母大费手脚，摆弄了一顿饭的工夫，我才呱呱哭出声来。老人家认定我难以长大，生怕阎王爷把我叫走，给我取了个不起眼的奶名丫头儿，并且男扮女装，直到上小学，剃头匠给我刮个光葫芦头，才恢复本来面目。

曾祖母粗手大脚，没有缠过足，眉眼一副男相，走路两脚生风，嗓门浑厚而又雄沉，老虎音。听说她会赶车、扶犁、轧场、耪地、脱坯、抹房，麦收时节打短工，没有哪个财主家的领青打头的敢跟她比个高低上下。不过，曾祖母的当年勇，我只是耳闻。她还会收生、接骨、看红伤。谁扭了腰，断了腿，曾祖母手到病除；一趟合槽、两趟平整，难得有来三趟的。可是，二三十岁的硬汉子，只要曾祖母一沾手，疼得喊天叫地，却又软得像一摊稀泥，任凭曾祖母揉圆了，搓扁了。看曾祖母给人治病，令人想起铁匠铺的大师傅，给骡马上桩钉掌。妙手回春，却分文不取；有人送礼，不但不收，还要赔茶垫饭，招待送礼的人。送礼的人过意不去，在门前跪下不走，曾祖母便一抓他的脖领子，拎起来搡出去。曾祖父死后，曾祖母支撑门户，村里人说她“虽是个妇道人家，两只肩膀却扛得住塌下的天”。

被尊称"大学问"的祖父

我出生的时候，祖父四十八岁，他对我非常溺爱，任我自然生长，不加拘束，我们祖孙之间感情很深。祖父是一个在人品、性格和德行上充满矛盾而又丰富多彩的人物，人高马大，膀阔腰圆，面如重枣，浓眉朗目，一副关公相貌。他这个人好说大话，自吹站在通州东门外的北运河头，抽一个响脆的鞭花，借着水音，天津海河边上都震耳朵。他这个人，不知道钱是好的，伙友们有谁家揭不开锅，路上遇见老、弱、病、残，伸手就掏荷包，抓多少就给多少，也不点数儿。自从他被尊称为"大学问"以后，他也真在学问上下起功夫来了。过去，他好听书，也会说书；在荣膺这个尊称之后，当真看起书来。他腰里常常揣着个北京老二酉堂出版的唱本，投宿住店，歇脚打尖，他就把唱本掏出来，咿咿哦哦地嘟念。既然人称大学问，那就要打扮得斯文模样儿，于是穿起了长衫，说话也咬文嚼字。

我的祖母是个贫家的女儿，吃苦耐劳，忍辱负重，心肠很硬。她的针线活非常粗糙，下地干农活却是一把好手。在她嫁到我家几年以后，她的大哥铤而走险，到口外（长城以北）贩卖鸦片，发了大财，成为运河滩上的大地主之一。他想到小妹青少年时代家贫受苦，便拨出一百亩地租给我家，地租比一般佃户少得多。于是，我家雇起了长工，我祖父也就好逸恶劳，吃剥削饭。一九四四年抗日民主政府实行"二五减租"，命令我家退佃，那一百亩地分散给贫农家租种，我家又恢复原状，一九四七年"土改"时定为富裕中农。由于我们的邻村地主、富农比贫雇农还多（地、富占百分之四十，中农占百分之三十，贫雇农占百分之三十），我家还分到邻村地主的浮财。

我的智力得自母亲的遗传

我的父亲念了五年私塾，十三岁到北京的布店学徒，他为人心地善良，却又胆小柔弱，满面和气生财的笑容，一副安分守己的仪态。完全是个文雅的商人，失去了农家子弟的气质。

从事人才学、心理学和文艺发生学研究的几位同志，根据我的生长环境和家庭情况进行分析，认为我这个出生在一个没有文化的家庭的孩子，能够成长为一个作家，主要是受社会影响，家庭影响是很少的。他们的判断很有道理，但是我的智力却是得自母亲的遗传。

我的母亲自幼聪明美丽，她是她们那个村最俊秀的姑娘，也是我们儒林村最俊秀的媳妇。至今，儒林村八九十岁的老人，和我谈起我的母亲，都说："你娘十八岁过门，一晃五十多年了，这五十多年咱们村娶进来几百个媳妇，没有一个比得上你娘的。"

我的外祖父是清朝末科秀才，写一手好字，文笔也好。我见过他为儒林村一对守寡的婆媳所写的募捐骈俪文，书法学王羲之，文章学欧阳修，功力很深。他家境贫寒，十几岁就到我们运河滩教私塾；我们运河滩的八十岁以上、一百岁以下的老人，大多数是他的学生。他教了几十年书，买了几十亩地，土改时被划为富农，不过他在土改之前就死了。他在运河滩的村庄教书，跟我的祖父结为好友，在我父亲两岁，我的母亲三岁的时候，两位老人便给他们订了婚。我的母亲是我的外祖父的爱女，全家没有人敢惹她，因而她很任性。她十分聪慧，虽然没有正式上学，但是在外祖父身边耳濡目染，竟能粗通文字，喜欢看书，喜欢新事物。我常想，如果她生在城市，能够接受新式教育，她会有所成就。可惜她生在旧中国的农村，被封建礼教桎梏，又生了八个孩子，也就委屈了一生。她在娘家自由自在，到了婆家受到种种的约束，一直反抗我的祖母，我的祖母也不喜爱她。她做婆婆以后，对五房儿媳妇，从没有红过脸、说过一句重话，同时对我的祖母反倒尊敬孝顺了。我的性格跟我的父亲完全不同，但是某些方面很像我的母亲。

我是我的父母的长子，在他们结婚之后的第三年，我在我家东厢房北屋的小土炕上呱呱坠地。这一年阴历二月初七我出生，折算为阳历二月二十九日。

生在穷乡僻壤，长在狭天窄地，我是个蒲柳人家子弟。

赵大奶奶把我接到人世间

我落生的时候是个假死，运河滩上叫草命生，一个时辰不会哭，是收生婆赵大奶奶采取非常手段，把我救活了。当时已经八十几岁的赵大奶奶，泥土色的面庞上，刻着深深的饱经风霜的皱纹，夏天喜欢坐在她家柴门外的大槐树荫下。几年后，看我手拿着柳枝儿追逐蜻蜓，从她面前跑过去，便叫着我的奶名，把我喝住："小子，不是大奶奶手艺好，你的小命儿就没了；等你长大，娶媳妇抱儿子，骑马坐轿，升官发财，可别忘了大奶奶呀！"

几十年过去了，虽然我一没有升官，二没有发财，但是并没有忘记这位把我接到人世间的赵大奶奶。

我至今感念给我收生的赵大奶奶。她把众多婴儿接到人间，却又因为她不讲卫生，不懂科学，不知使多少婴儿感染病菌而死亡。她年轻守寡，把儿子留春儿拉扯大，却又穷家养娇子，娇惯得留春儿好逸恶劳，胡作非为，偷偷卖掉她的几亩薄田，买了一把“独子抉”的手枪，在京津公路上拦劫。谁想，扳动枪机，却是一颗臭子儿，被扭送官府，砍了头悬挂在城门楼上。留春儿的媳妇，对丈夫充满憎恨，偷偷跟别的男人相好，被赵大奶奶打得死去活来。留春儿杀头以后，赵大奶奶又逼儿媳妇守节，甚至要将儿媳妇致残，以绝其淫念；儿媳妇忍无可忍，只有跟相好的男人私奔了。

赵大奶奶是在我七岁那年“老”死的。晚饭吃了两大碗粥，半个贴饼子，然后上炕睡觉；早晨一看，她已经寿终正寝，也就是无疾而终。这位老太太有一双钩镰脚，一副大骨架，活了八九十岁，人老猫腰，树老焦梢了。但是，她四十几岁的时候，却是一位义和团青灯照的大师姐。她喜欢回忆往事，对眼前的一切都很不满意，与鲁迅先生笔下的九斤老太颇为相似。老人家对我说，八国联军的洋鬼子，从我们儒林村南的运河渡口下船上岸，平端着洋枪，排成方阵，直眉瞪眼，两腿不会打弯，沿着田野上的地垄，敲着鼓向村里进攻。义和团的弓箭射倒了一个鬼子兵，又一个鬼子兵补缺，方阵不乱。这些洋鬼子都吃了天主教和耶稣教的迷魂药，打死了还说是到他们的玉皇大帝那里吃酒席。洋鬼子都是馋鬼，为吃酒席而被打死也高兴。义和团本来刀枪不入，可是义和团的避邪咒语被官府卖给教堂，教堂又密报八国联军洋鬼子，上阵打仗就不灵了。洋鬼子打进儒林村，烧毁了老孟家的五间大北房，又攻打通州城去了。

老孟家的废墟，一直到七十八年以后，即一九七八年，才又重新盖起新房，这个奇耻大辱的史实，已经过去九十六年。当年目睹这一情况的儒林村人（至少当时已经四五岁，才能有一点模糊的记忆），现在已经一个不剩了。所以，八国联军对儒林村的进攻和烧杀，失去了物证和人证，年轻人已经毫无所知。我想这段历史是不应该忘记的，应该有一部小说把这段历史形象地写下来。

大脚李二说我是文曲星的书童

我四岁那年，北运河闹土匪，有一回土匪半夜三更进村绑票，全家逃散，是一位名叫大脚李二的大伯爬墙上房，下到院里，走进屋去，把我掩抱在怀里，带我脱离险境。

一九四四年“二五减租”之前，我家是租佃地主，大脚李二从十六七岁到我家扛长工，到三十岁出头才离开，可算是在我家长大成人的。他身高一米八左右，虎背熊腰，两只大脚，却是婆婆妈妈的性格，说话也轻语柔声，性格和相貌完全矛盾。他带我赶集、逛庙会和看野台子戏，我都骑在他的脖子上。他走路的步子很大，但是稳稳当当，像一只沙漠中的骆驼。他对我十分溺爱，对于我的无理取闹，调皮捣蛋，不但容忍、宠纵，而且大加赞赏。有谁家的孩子敢碰我一下，他就像母老虎护犊子，骂人家的孩子，打人家的孩子，有一回还把一孩子倒提着双腿，半个身子伸进井口里，把人家的孩子吓出了一场病。然而，尽管大脚李二对我爱如至宝，百依百顺，却不允许我对他有任何失礼。我的两位姑母喜欢跟他开玩笑，因为他还没有结婚，就教唆我管他叫二叔，不管他叫二大爷，气得他在炕上打着滚儿大哭。我奶奶骂他：“亏你还是五尺多高的汉子，跟一个拳头大的孩子一般见识！二叔、二大爷都是长辈，何必那么较真？”他管我奶奶叫老婶，鼻涕一把眼泪一把地哭道：“那不行，那不行！没有规矩不成方圆，小孩从小就得管；等他管我叫二哥，你再管就晚了。”我想不到惹他如此伤心，从此再不敢没有礼貌了。

大脚李二最讲老礼。我的大姑母脾气古怪，体弱多病，只比大脚李二大两三岁，他在我的大姑母面前，恭恭敬敬叫“大姐姐”，在外人面前提起我的大姑母，称为“我们大姑奶奶”，跟我大姑母对话，一句一个您，不用“你”字。我的二姑母比他小两三岁，最喜欢开玩笑，捉弄人，管他叫二大脚，他急不是，恼不是，苦着脸儿说：“二妹子，人人都得讲尊卑长幼之礼，不能坟地改菜园子拉平了。时辰赶的，我比你早来世上两三年，你高抬我一等，不是我占你便宜，你也没吃亏。”二姑母笑道：“我管你叫二姐，也算高抬你了吧？”他说：“行！”从这以后，二姑母就当众管他叫“二姐”，他只得答应。我的小姑姑比他小十多岁，也想管他叫二姐，他却不答应了，还吓唬我小姑姑说：“你跟我没大没小，等你出门子，我挑送嫁妆，半路上假装马失前蹄，把你的杯、盘、碗、盏、茶壶、花瓶都摔碎了。”小姑姑连忙改口，不叫二姐叫二哥。他每年的工钱，都存在我家里，“二五减租”以后，他不扛长工了，从我家的仓房里拉走了两囤粮食，买了几亩地，娶了一个麻脸的媳妇。婚后第二天，要到李家各户磕头认门。转过了李家各户，又到我家磕头。他家住在北运河西岸，是我们刘家祖裔的村庄，相隔一条大河，七八里路。他非常疼爱他的妻子，从没有捅过一指头；有人看见，他们两口子下地，大脚李二怕妻子走路劳累，一出村口便把妻子背在身上。他们的感情很好，生养了很多儿女，日子一直过得很紧。

在我的漫长的坎坷岁月中，大脚李二还是很挂念我的。有一年的春节，他牵着一只羊，过河来看我，想把这只羊送给我过个肥年。我已经回北京与家人团聚，没有见到。此后，我们都没有想再见一面。他曾冒着生命危险，在土匪进村时把我抢救出来，胆子不算小；但是政治生活不正常所造成的红色恐怖，吓得他不敢跟我往来，也许是他的家里人阻止他跟我往来，以免一人得罪，祸及六亲九族。他老了，记忆混淆了：他向人们说起我的童年故事，吹得神乎其神，都与事实不符。比如，他说我落生之后，一个时辰不啼哭，家里人以为我是个死婴，吩咐他拿来谷草和旧席头，把我捆扎起来，夹到河边乱草蓬蒿中，刨坑葬埋。路过魁星楼下，文曲星在我的天灵盖上拍了一掌，我便哭了出来。原来我是文曲星的一名书童儿，只因偷看天书，被罚下界，所以念书聪明。老人对我如此“神化”，发自念旧的深情。

荒年乱月，我几次死里逃生

北运河的土匪越闹越凶，多如牛毛。我五岁那年，全家暂时迁往河西祖裔居住的村庄，我又险些丧命。

三伏天歇晌，趁我娘睡得香甜，蹑手蹑脚溜出屋来，柴门上了锁，锁上还挂一只铃铛，我只得爬到篱笆根下，扒个窟窿钻出去，直奔村南池塘岸上的柳棵子地。天上下火，鸟儿怕烤焦了翅膀，躲到柳棵子深处，热得闭上眼睛，张着嘴儿，伸出舌头喘气。我想趁虚而入，捕捉一只黑头、白脖、红颏儿、花翅膀的山雀。可是，鸟儿睡觉有打更的，我刚钻进柳棵子地，打更的一声叫唤，惊醒了睡觉的鸟儿，扑棱棱惊飞上天，掠过池塘，又落到对岸的柳棵子地里。我紧追慢赶，跌打滚爬，累出了通身大汗，赤条条一丝不挂的身上沾满了泥土和草叶；有几回扑倒在开放小黄花的蒺藜狗子秧上，扎得我龇牙咧嘴皱眉头，两眼含泪还不敢哭出声。捉不着山雀，我只得退一步，下到水边捉小鱼儿。一池碧水，片片青萍，一缕缕绿藻缠绕在狗尾巴花的半腰上；鼓眼珠子的凤尾小鱼，在青萍绿藻间穿来穿去，钻上钻下。然而，鱼儿比鸟儿更难捉摸；我瞪圆了眼睛，盯住一尾，刚要伸手抓去，小鱼一甩尾巴跑了，沉入水中，又定住不动。小东西惹得我恼火，也更逗起我的兴致；于是，不知不觉，我步步伸入。那时候，我还不会凫水，只能腰上拴两只空心大葫芦，下水狗刨瞎扑腾。鼓眼珠子的凤尾小鱼跟我一样淘气，忽前忽后，忽左忽右，摇头摆尾戏耍；我气昏了头，急红了眼，追逐不放；忽然一脚踏空，镜子面似的碧水把我一口吞下去。我吓得大喊大叫，喊一声喝一口水，后来就失去了知觉。等我醒来，却躺在柳荫下的一片白沙上，老叔守在我的身旁，满头蚕豆粒大汗珠子，呼噜气喘。那年，老叔十几岁，晌午赶牛下池塘，看见水中翻花，急忙跳下去，一个猛子把我捞上岸。我已经喝成个大肚子蝈蝈儿，他把我抱到柳荫下，提起双腿倒栽葱，空净了肚子里的黄汤绿水，让我死里逃生……

六岁那年完秋，我跟伙伴们在收割后的田野上追兔子，不小心被枯藤绊倒，尖利如刺刀的茬子扎伤了我的喉咙。是一位姓赵的老爷子给我急救，得以不死。七岁那年盛夏，我得了瘩背，也就是痈疽，生命垂危，是一位姓田的老把式觅来一个偏方，妙手回春。

在抗日战争的烽火中长大

一九三七年七月七日卢沟桥事变。那一年的那一天，我一岁零四个多月。

我那生身之地的儒林村，距离永定河上的卢沟桥，直线只有几十华里。八十多岁的母亲常说，那天炮弹的爆炸声，震得房子掉土，炕面颤动。儒林村百姓全都逃到村外，村西的乡亲钻进河滩的林莽和乱草蓬蒿中，村东的躲到青纱帐内的坟地柳棵子里。

二十多天后，通州的伪冀东防共自治政府保安队抗日，日寇飞机狂轰滥炸通州城。儒林村民又一次逃避到河滩和青纱帐。幼小的我，不知忧愁不懂恐惧，但是遭受蚊子咬、雨水淋和闷热蒸烤，全身长起了黄水疮，痛痒难熬，直到入冬才痊愈。

又过了两年，我开始记事。留在我记忆里的是每年涨大水和刮黄风，村村冒烟闹土匪，日本鬼子在运河西岸修电车道（京津公路）。这些故事，在我的小说《狼烟》《京门脸子》《野婚》《水边人的哀乐故事》……都有详细的描写。

连年大旱，颗粒无收，野草却漫天遍野丛生。吃杨芽、柳叶、榆钱、槐花、马齿草……也吃苲蓬籽磨出的糙面。苲蓬籽磨出的糙面蒸窝头，是个黑紫色的铁疙瘩。事过半个多世纪，我闭上眼睛还能看见，一个头上脚下一丝不挂的小男孩，嘴里啃着黑紫色窝头追在说书人身后，跟场听书。

日寇的战线拉得过长，顾头顾不了脚，汉奸催粮逼税之外，农村的地主联庄会和土匪集团是两大武装势力。我的亲戚，就有的是联庄会，有的当土匪。有一个联庄会会头的老爹出殡，几股土匪头子都是座上贵宾。我跟着家人随份子，亲眼得见。

民国二十八年（一九三九年）涨大水，我只隐约记得，儒林村村外四面汪洋（儒林村海拔二十四米，通县县城海拔十八米，乡政府所在地海拔十五米），村庄、树林、青纱帐全被淹没。

大水过后，老百姓缴不上田税，联庄会和土匪集团也不许粮食外运，城里的日伪军才感到脚下不稳，立足不定，便派兵下乡“剿匪”。软硬兼施，有打有拉，日伪军占领了西集镇。

西集镇是北运河东岸到潮白河西岸之间的政治、经济、商贸中心。在我的童年心目中，西集是个大都会。一京二卫三通州，西集就得排列第四名。日伪军在西集镇驻扎重兵，主要是为了阻挡潮白河东岸的八路军，不能过河到北运河东岸扩展。一九四二年秋，八路军冀东军区副司令员，14军分区司令员包森率战无不胜的13团，冒着敌人的炮火，头顶着“土坦克”（八仙桌上覆盖三床水湿的棉被），一举攻克西集镇这个鬼门关，解放了北运河东岸的几十个村庄。13团的战士，不少是29军和伪冀东保安队士兵，精通武术，身背大刀。那天清早，我头顶着星星上学，一路上遇见好几个从西集溃败下来的日寇，有的被砍掉一只耳朵，有的被砍下一只胳臂，屁滚尿流，抱头鼠窜。我和小同学们高兴得拍掌跺脚大叫：“打，打，打！杀，杀，杀！”他们就更魂飞魄散，一溜烟飞跑。

八路军解放了北运河东岸，儒林村地处运河滩死角，交通不便，不引人注意，却又林莽连绵不断，有个风吹草动，隐蔽林莽深处，很难发觉。于是，便成为通（县）三（河）香（河）联合县县委、民主政府和县支队的堡垒村之一。八路军人要化名，部队要有代号，儒林村也被改叫西刘村。我的多卷体长篇小说《村妇》中所写的小村刘家锅伙，便是为了纪念西刘村这段往事。

我六岁加入抗日救国儿童团，从此爱国思想深入头脑内心。后来，更进一步“赤化”，十二岁在国统区的北平，加入党的外围地下“民联”，算是正式参加革命，时在一九四八年冬。日寇对北运河东岸每年都进行几次大“扫荡”，推行强化治安运动，实行烧光、杀光、抢光的“三光”政策，我们每天上学都要带一兜干粮和一瓶凉开水。日寇刚一行动，老师就带领我们钻进青纱帐，逃奔安全地带。记得有一回，天上下着雨，日本鬼子的机关枪打得高粱叶子如落叶纷飞，我们不敢歇脚喘一口气，马不停脚跑出十八九里。来到潮白河畔，我收住脚步，忽然感到脚疼钻心；低头一看，一双鞋跑丢了，脚上扎满蒺藜狗子。这一年我上小学三年级不到八岁。

忽如一夜春风，传来日本鬼子无条件投降的消息，家家敲锣打鼓放鞭炮，杀猪宰羊喝喜酒。

一天晚上，听说缴械投降的日本鬼子乘坐大卡车，经过京津公路到塘沽港，搭乘火轮回国。村民们都放下酒杯碗筷，拿起铡刀、斧头、棍棒、红缨枪，举着熊熊火把，河堤田野一片怒吼声和喊杀声，挤满京津公路两侧。后因传言不实，失望而归。

大运河人民对于日寇的仇恨，并没有消除。老乡们回忆起那血淋淋的往事，仍愤恨不已。

一九四五年日本鬼子投降前夕，我这个京东北运河边儒林村的抗日救国儿童团团员，常常站在河堤土坎上，面对山海关外方向高唱：“东北四省三千万同胞，好似囚犯坐监牢。忍泣吞声十四年了，思想起来好心焦……”唱着唱着，情不自禁淌下滚滚热泪，声音呜咽，心如刀割。

这是因为，我的家乡京东地区，跟东北四省有着相似的苦难命运。

一九三三年，也就是东北沦陷两年之后，日寇又入侵关内。国民党不抵抗，屈膝乞和，签订丧权辱国的《塘沽协定》，允许日寇在北宁铁路沿线驻军。从此，我的家乡便遭受日寇的铁蹄蹂躏。又过两年，一九三五年十一月，大汉奸殷汝耕在日寇卵翼下，以我的生身之地通州为首府，建立了国中之国的伪冀东防共自治政府，自任行政长官，宣布脱离中央政府，拥有自己的军队、货币、外交、报纸、教科书、广播电台……伪冀东自治政府的西部边界，就在现今北京市朝阳区大黄庄，界碑尚存。今日的年轻人可以设想一下，日寇竟在距离天安门十公里之外，制造了一个“二满洲”，这是何等的奇耻大辱！我认为，为纪念抗日战争胜利五十周年而进行爱国教育，应该凭吊卢沟桥，也不忘通州城。

我的整个童年，是在烽火连天、兵荒马乱的抗日战争中长大，我对侵略者充满深仇大恨，永远不会宽恕这些毫无人性、杀人如麻的野兽，我也无比痛恨奴颜婢膝、为虎作伥的汉奸卖国贼。因而，我看到某些借改革开放之名而崇洋媚外的人，不但十分反感，而且忧其后患，倘不及早针砭救治，一八四〇年（鸦片战争）后遗症的软骨病，又要传染流行。所以，我主张在纪念抗日战争胜利五十周年之时，应该大声疾呼宣扬没有丝毫奴颜与媚骨的鲁迅精神，振作鲁迅先生的民族魂。

抗日战争中，我的村庄是共产党八路军的堡垒村，从小接受党的教导走上革命道路，敢说一辈子腰杆不弯，脚步不乱。

我的乡土小说，很多是以三十年代的抗日救国活动为时代背景，长篇小说《狼烟》更整个是抗日战争题材之作。

《狼烟》写的是卢沟桥事变中，一位北京大学毕业生在党的指引下，回乡开办抗日学校，收编民间自发抗日武装的故事。我写的也是抗日战争时期京东的历史真实。

“一二·九”运动的学生领袖之一的董毓华，他曾率领北京的大学生在寒假中下乡宣传抗日，屹立于固安城下，高声朗诵英国诗人雪莱的诗句“冬天来了，春天还会远吗？”而留下历史佳话，抗日战争爆发，他成为京东抗日军的司令员。另一位“一二·九”运动的著名猛将、东北临时大学学生白乙化，后来成为地跨京北和京东的军分区的司令员。这两位使日寇闻名丧胆的书生将军，被人民引以为骄傲的传奇性英雄人物，最后献出了青春似火的生命，是非常可歌可泣的。一九四二年我见到的第一位八路军干部，也是个大学生。

写大学生和江湖儿女同仇敌忾，共赴国难，对抗日战争题材有所拓展。过去，我们写抗日战争，多是以阶级斗争为纲，而把民族矛盾放在次要地位，这就与党的抗日战争路线和方针（阶级矛盾降为次要矛盾，民族矛盾上升为主要矛盾）不大符合，不能不影响“工农兵学商，一齐来救亡”的爱国主义艺术魅力。

抗日战争，写得不足，写得不够，还应从多方位、多层次、多角度大写特写。

第二章　难忘童年

我在田老师门下受业四年

一九四二年正月新春，我不满六周岁，到邻村小学读书。

我们的学堂，原是供给店的关帝庙，四个班挤在一座大殿里。侍立两厢的关平、周仓、王甫、赵累四座泥胎，被抬到耳房，横躺竖卧；扛枷罚跪的糜芳、傅士仁、刘封、孟达，被粉身碎骨，茅房里垫坑；只留下关云长手捧着《春秋》跟我们一同上课。关云长正襟危坐，目不斜视，比我们守规矩；只是他光看一页，老不翻篇儿。我们四个班摇头晃脑念书，像吵蛤蟆坑，关云长却闭着嘴默不作声。这座大庙已经荒凉破败，配殿和院墙只剩下断壁残垣，每到我们吵蛤蟆坑的时候，白杨树上的喜鹊便叽叽喳喳，在榆树上的老鸹也哇呀哇呀，跟我们高声唱和。

老师姓田，名文杰，属虎的，阴历腊月三十日诞生，那一年他二十八岁。

田老师自己念的是私塾，他是我的外祖父柏秀峰先生的得意门生；后来到县立简易师范受训，十七岁便开始在家乡的小学执教。

在我的家乡，有两位教师的影响最大。一位是我的外祖父柏秀峰先生。运河滩上的几个村庄，八十岁以上念过私塾的人，差不多都是他的学生。他一直教私塾，有了“洋”学堂便收科了。再一位便是田文杰先生。运河滩上十几个村庄，四十岁以上，七十五岁以下念过小学的人，也差不多都是他的学生。

两代相传，师生为继。田文杰先生从我外祖父那里学到一手好文章、一笔好字和历史知识，也继承了我的外祖父那“教不严，师之惰，不打不成才”的教育思想和教育方法。

我的祖父牵着我的手，走进这座破庙中的小学。论乡亲辈分，田老师管我的祖父叫老叔，我应该管田老师叫大伯。

“文杰，我把这个孩子交给你了。”祖父命令我给田老师恭恭敬敬地行了个拜师礼，“该打你就打，可不许心慈手软；该打你不打，我就要恼你。”

“老叔，您放心。”田老师笑眯着一双深度近视眼，“当年柏老师怎么教我，我就怎么教您的孙子。”

“那才好！”祖父哈哈大笑，非常满意，“文杰，你给这个孩子起个名吧！”

刘家到我这一代，是绍字辈儿。田老师略一思索，便给我起名叫“绍堂”。田老师选用礼堂这个“堂”字，是不是有把我作为登堂入室弟子之意呢？我没有问过他。后来，我的外祖父又因这个堂而赐我以“学升”为字。那是以班超自请出使西域而得到三升堂（晋级）的待遇为史据，希望我能像班超那样大有作为。不过，我稍长之后，便自作主张，把礼堂的“堂”改为海棠的“棠”了。这是因为我本草命生（落生时假死），改为“棠”字以表示我乃草木之人。更大一点儿，多念了几年书，才知道召公甘棠树下三握发和周公吐哺同为历史佳话，绍棠便可作继承召公一解，那是歪打正着，始料所不及。至于我外祖父赐我的字，由于刘学升和留学生同音，我怕被人玩笑，一直秘而不宣。

我在我的许多长、中篇小说里，常常写到乡村教师，大多以田老师的某个侧面为原型，有时也以我的外祖父的形象做补充。

田老师很有口才，文笔也好。

开学头一天，我们叩拜大成至圣先师孔夫子的木主之后，便排队进入教室。每个一年级小学生，配备一位三年级的学兄带笔。田老师先给二年级和四年级学生上课，就命令三年级的学兄把握着一年级学弟的小手，描红摹纸。

红摹纸上，一首小诗：

一去二三里，
烟村四五家，
亭台六七座，
八九十枝花。

田老师先把这首诗念一遍，串讲一遍；然后，以这四句诗为起承转合，编出一段故事，娓娓动听地讲起来。

我还记得，故事的大意是：

一个小孩儿，牵着妈妈的衣襟儿，去住姥姥家，一口气走出二三里；眼前要路过一个小村子，只有四五户人家，正在做午饭，家家冒炊烟；娘儿俩走累了，看见路边有六七座亭子，就走过去歇脚；亭子外边，花开得茂盛，小孩儿越看越喜爱，伸出指头点数儿，嘴里念叨着："……八枝，九枝，十枝。"他想折下一枝来，戴在耳丫上，把自己打扮得像个迎春小喜神儿；他刚要动手，妈妈喝住他，说："你折一枝，他折一枝，后边歇脚的人就不能看景了。"小孩儿听了妈妈的话，就缩回了手。后来，这八、九、十枝花，越开越多，数也数不过来了，此地就变成一座大花园……

这个故事，有思想，有人物，有形象，有情趣。

我听得入了迷，恍如身临其境，田老师戛然而止，我却仍在发呆；直到三年级的大学兄捅了我一下，我才惊醒。

那时候的语文叫国文，田老师每讲一课，都要编一个引人入胜的故事；一、二、三、四年级的课文，都是如此。我在田老师门下受业四年，听到上千个故事，有如春雨点点入地。

从事文学创作，需要发达的形象思维，丰富的想象力；在这方面，田老师培育了我，给我开了窍。

我每逢回家乡去，在村边、河畔、堤坡，遇到老人拄杖散步，仍然像五十年前的小学生那样，恭恭敬敬地向他行礼。谈起往事，我深深感念田老师在我那幼小的心田上，播下文学的种子。老人摇摇头，说："这不过是无心插柳柳成荫。"

十年树木，百年树人；插柳之恩，我怎能忘。

首先，我感激田老师在我该打的时候，毫不心慈手软地狠打。

我自幼天资较好，记忆力强，学习成绩一直在全班领先。初小四年，每个学期的月考、期中考、期末大考，一直考第一名，在全校也只此一人。月考、期中考和期末大考都要发榜。我的祖父虚荣心强，发榜那天，他起大早头一个来到榜前，看到孙子每个学期都是“三连冠”，扬扬得意，眉飞色舞。田老师陪同我祖父看榜时，对我大加夸奖，赞不绝口。我也就难免沾沾自喜，傲视同学。但是，不出三天，田老师必定找个因由，打我一顿；把我的趾高气扬打得一干二净。

当时，我感到十分委屈，更感到非常奇怪，田老师为什么如此不近情理？待到我长大成人，有了儿女，读陆游的《放翁家训》：“后生才锐者，最易坏。若有之，父兄当以为忧，不可以为喜也。切须常加简束，令熟读经学，训以宽厚恭谨，勿令与浮薄者处，如此十许年志趣自成。不然，其可虑之事盖非一端。吾此言，后人之药石也，各须谨之毋贻后悔。”我才恍然大悟，田老师打得对，打得好。

当然，我并不赞成对孩子实行体罚，但是我也反对对孩子娇纵溺爱，更不可对早慧的孩子滥加吹捧，大抬轿子。清人彭端淑《古论撷粹》说：“聪与敏，可恃而不可恃也；自恃聪与敏而不学者，自败也。”

再有，我在田老师的训诫下，养成了一个好习惯。就是无论写任何文字，都要打草稿；正式誊写，必须卷面整洁。

凡是跟我打过交道的编辑同志都知道，我的手稿，哪怕是二三十万字的长篇小说手稿，都抄写得工工整整，清清楚楚。不但写小说，写论文，即便是给我爱人写信，都要先打一遍草稿，然后再斟字酌句地抄好。

田老师不仅要求国语（语文）作业要交草稿，而且对算术作业也要求交算草。没有草稿的国语作业或没有算草的算术作业，他都不收，一分不给，甚至恼怒地撕掉，喝令伸出手来痛打，一边打一边训斥：“我叫你手懒，我叫你手懒。”其实，这并没有加重学生们的负担，反倒是当教师的负担至少增加了一倍。

目前，我们的小说创作，短篇不短，长篇太长，中篇臃肿，主要原因之一便是作者在语言文字上极不讲究。很多人是一稿完成，遣词造句很不准确精练，废话连篇而未被删除；浪费纸张，浪费印刷，浪费读者的时间和钱财，也浪费国家的稿费支出；更大的流弊，还是造成文风的不正。

我怀念我的启蒙老师，是他老人家教我第一个汉字：人；也是他老人家给我取了学名刘绍堂（后被我自己改了一个“棠”字）。我在我的长篇小说《京门脸子》《这个年月》和有的回忆文章中多次描写和讴歌敬爱的田老师。然而，我和田老师之间，却曾有过二十多年的隔阂。

解放前，国民党通县党部和教育科强令公立小学教员集体加入国民党，否则开除教职。田老师为了养家糊口，只得忍辱屈从，解放后便成为政治上有污点的人。我却是解放前就参加了党的地下外围组织，解放后不久入了党。五十年代，界线分明，我回乡不跟田老师照面。后来，田老师努力追求进步，工作勤恳辛劳，经过孜孜不倦、锲而不舍的多次申请，终于被批准参加中国共产党。于是，我们师生之间又恢复“邦交”。当时，我正在本乡挂职深入生活，田老师入党之后也当上校长。我向母校赠送我写的书和其他图书，以及体育用品。田老师竟下令全校停课，举行盛大隆重的接受赠书仪式。我正奉召回京，到中南海怀仁堂，听陆定一做“百花齐放、百家争鸣”报告，没有出席目睹这个盛会。一年之后反右，我是御批要犯，全国共讨，田老师也因在接受赠书仪式上发表对我大加赞扬的演说而被调往外村。我受到处理，还乡务农，沦为不可接触的贱民，师生当然不敢来往。十年浩劫，田老师因有历史污点，被造反小将翻出老账，加重罪名，百般凌辱，惨遭毒打。田老师难以忍受精神、肉体的双重折磨，逃进青纱帐当了“野人”。有一回，我到青纱帐中割草喂牛，撞见田老师正生吃玉米；饥不择食如茹毛饮血，衣衫褴褛、蓬头垢面像史前时期的原始人。田老师看见我，大惊失色，掉头就跑，向青纱帐深处逃去。我想他不是怕我告密出卖他，而是感到如此模样与昔日得意门生无颜相见。

一九七九年我平了反，田老师也被落实政策，师生都恢复了党籍。我重返文坛，田老师退休养老，师生各得其所。第一个教师节，中央电视台要拍摄我到我曾学习过的北京大学和北京二中旧地重游，我坚决主张到大运河边，拍摄我在家乡的母校潞河中学和沙古堆小学，重点拍摄我登门拜望启蒙老师。此时，师母已经病逝，田老师孤身一人栖居一座农家小院，眼睛已经半盲。随后，我又被新华社对外宣传、图文并茂的《国际》杂志看中。这份以多种外国文字出版的杂志刊登了他们对我和田老师的专访，还刊登了我和田老师的几幅合影。

我半身不遂行动困难，回乡探亲便要惊扰地方当局，前呼后拥令人难堪，倒不如文人无“行”情有可恕。然而，谁都能忘，却忘不了田老师。每年教师节和春节，我都寄上敬函和贺卡；每有新作出版，也必寄呈如交作业。田老师收到，当即短信作复，视力虽已锐减，仍能工工整整写出馆阁体蝇头小楷。这些墨宝，都已交予我的文库珍存。然而这二年我寄去的敬函、贺卡和新书，一直得不到回音。不祥之感常袭心头，我却不敢深思多想。孔子活了七十三，孟子活了八十四，我愿我的老师至少活到九十五……

谁想，几天后一位不速之客来访，来客正是田老师同村人。一见面我就急忙问她田老师的近况如何，才知道田老师已经逝世两年多。田老师没有儿子，他当过校长的那外村小学，派人将老人的遗体送到火葬场火化，没钱举行追悼会。来客离去，老妻也外出未归。我熄灭了所有房厅的灯光，一团漆黑中伫立阳台上，遥望家乡方向，大放悲声。

差点儿跟比我大六岁的女孩订亲

我写了几十年乡土小说，主要是写乡土女子，怎么没娶一个农村姑娘（俗称柴火妞子）为妻呢?

其实，我有过娶乡女为妻的机会。一九四二年春我六岁，差一点儿跟一个比我大六岁的女孩子订亲。

这个女孩子的父亲，是个赌鬼和白面客，负债累累，逃到开滦煤矿下井挖煤。这个女孩子的母亲，为还夫债，到城里当老妈子，把女儿寄养在叔父和婶母家里。她的婶母，是我村常家的姑娘，我称之为常大姑。因而，拐弯抹角我也就管这个女孩子叫表姐。麦收和秋收时节，表姐常到我村拾庄稼。她长得高颧骨，豆荚眼，桃花脸，我很喜欢她。她偷收割后的田野上晾晒的麦捆和豆铺，我给她望风。她乳名小红，我喜欢管她叫红靛颏儿。红靛颏儿是羽毛艳丽、啼声悦耳的运河美鸟。

我的家乡有个习俗，娇生惯养的男孩，都娶大媳妇。为的是大媳妇早进门，家里多个劳动力，还能代替婆婆哄孩子，以便婆婆继续生养。大媳妇知道疼小丈夫，婆婆很放心。我是家里的娇哥儿，毫无疑问也得早婚。常大姑为了赶快扔包袱，便想把表姐许配给我。

常大姑的老爹常三爷跟我祖父相好，便亲自保媒。我祖母很愿意。祖父却认为自己的孙子自幼不同凡响，长大必定贵不可言，婚姻上应该攀龙附凤，竟一口回绝。常三爷大丢面子，怒气冲冲拂袖而去；一出我家门，正遇见我家隔壁的三大娘。三大娘的丈夫外出当兵，一去无音信，带着个孤儿过日子；家有七间半房和十几亩地，是个小肉头户。常三爷在我家碰了钉子，便决定把表姐许配给三大娘的儿子。三大娘的儿子跟表姐同岁，双方三言两语就凿定了这门亲事。当时我虽是个乳臭未干的黄口小儿，却因对表姐印象极佳，跟祖父母哭闹了一场。

又过了六年的仲夏时节，我从共产党的北运河东岸解放区，到国民党统治下的北平（京）报考公立中学官费生，五千人中考取了第一名。有如一举成名天下飞扬，此事轰动了运河滩的村村庄庄。我从北京回村，听说十八岁的表姐已经举行婚礼，嫁到了三大娘家。我的心里好像感到一阵难过，过了一会儿也就烟消云散，并未产生“失恋”的痛苦或失落的惆怅。我在家里歇了歇脚，就到三大娘家看望表姐。表姐穿着粉红衫子和黑洋布裤，大辫子改梳圆髻，比婚前更好看。三大娘的儿子在县城里当店员，婚后三天就回了柜上。这一天，三大娘到外村走亲戚，只有表姐留在家中。她见我走来，一惊一怔，神情很不好意思，似有歉疚之意。寒暄几句，表姐心情平静下来，手忙脚乱给我做饭。她原来想吃贴饼子拌豆角，我这个贵客临门，理当优待，便改做荞麦面大馅饺子待客。

那个年月，农民生活穷苦，一年难得吃几顿白面。北运河年年闹水灾，水灾之后赶忙抢种一茬荞麦，弥补水灾造成的歉收。荞麦面蒸熟呈黑褐色，看着硌眼，吃起来顺口。表姐的荞麦面大馅饺子最有特色，最为出众。首先，火候恰到好处，蒸出来不那么黑褐，吃着像白面蒸饺那么柔软滑润。她又会调配菜馅，三鲜什锦的菜馅她都调配得色、味、香俱全，令我吃了还想吃。九月一日中学开学，我提前一天报到，表姐给我做了一双千层底布鞋，送我离村进京深造。

从那时到一九七八年我解脱了“贱民”身份，三十年间，不知吃过多少回表姐的荞麦面大馅饺子，一直吃不够，没个够。至今每忆往昔，仍然回味无穷。

现在，吃不到了。运河不但不闹水灾，而且水源不足，产量很低的荞麦绝了迹，没人种了。表姐已经六十六岁，巧妇难为无米之炊，两人见面，只能“纸上谈兵”，精神会餐，望梅止渴，画饼充饥。说得兴高采烈，仍能令我垂涎三尺，吃不着反比吃到口更可回味。

有缘千里来相会，无缘对面不相逢，信哉斯言。

我的第一行作品

春雨惊春清谷天，夏满芒夏暑相连，秋处露秋寒霜降，冬雪雪冬小大寒。村风乡俗中，四时二十四节色彩缤纷，而最有鲜明地方特色的浓郁乡土风味的却是二十四节之外的春节。

春节是现在通行的官称，我却跟我的运河乡亲父老一般守旧地尊称为过年，或曰大年。

想当年，我小的时候，家乡的大年从腊月初一就开始预热。一天比一天增温，一天比一天红火，发烧直到年根下。

腊月初一晚上，家家炒花生、炒瓜子、炒玉米花儿；炒完一锅又一锅，一捆捆柴火捅进灶膛里，土炕烫得能烙饼。玉米粒儿在拌着热沙子的铁锅里噼啪噼啪地响；我奶奶手拿着锅铲，口中念念有词："腊月初一蹦一蹦，孩子大人不得病。"花生、瓜子、玉米花儿炒熟了，装在簸箕里，到院里晾脆，然后端进屋来一家人团团围坐，大吃大嚼。吃得我食火上升，口舌生疮，只得喝烧煳了的锅巴泡出的化食汤。化食汤清净了胃口，烂嘴角的食火消退，又该吃腊八粥了。小米、玉米糁儿、红豆、红薯、红枣、栗子熬成的腊八粥，占全了色、味、香。盛在碗里令人赏心悦目，舍不得吃。可是吃起来却又没有个够，不愿放下筷子。喝过腊八粥，年味儿更浓重。卖糖葫芦的小贩穿梭来往，竹筒里抽签子，中了彩赢得的糖葫芦吃着最甜。卖挂落枣儿的涿州小贩，把剔核晒干的老虎眼枣儿串成一圈，套在脖子上转着吃。卖糖瓜和关东糖的小贩，吆喝叫卖，此起彼伏，自卖自夸。还有肩扛着谷草把子卖绒花的小贩，谷草把子上插满五颜六色的绒花，走街串巷，大姑娘小媳妇把他们叫到门口，站在门槛里挑选花朵。上年纪的老太太，过年也要买一朵红绒花插在小疙瘩鬏上。村南村北，村东村西，一片杀猪宰羊的哀鸣。站鸡笼子里，喂养了一个月的肥鸡，就要被开刀问斩。家家都忙着蒸馒头和年糕，穷门小户也要蒸出几天的豆馅团子，天井的缸盖和筛子上冻豆腐，窗沿上冻柿子，还要渍酸菜。妇女们忙得脚丫子朝天，男人们却蹲篱笆根晒太阳，说闲话儿。腊月二十三过小年，香烛纸马送灶王爷上天。最好玩的是把灶王爷的神像揭下来，火化之前，从糖瓜上抠下几块糖粘儿，抹在灶王爷的嘴唇上，叮嘱他上天言好事，下界才能保平安。灶王爷走了，门神爷也换岗了，便在影壁后面竖起天地杆儿，悬挂着一盏灯笼和在寒风中哗啦啦响的秫秸棒儿，天地杆上贴一张红纸："姜太公在此。"邪魔鬼祟就不敢登门骚扰了。腊月三十的除夕之夜，欢乐而又庄严。阖家团聚包饺子，谁吃到包着制钱饺子最有福，一年走红运。院子里铺着芝麻秸儿，小丫头儿不许出屋，小小子儿虽然允许走动，却不能在外边大小便，免得冲撞了神明。不管多么困乏，也不许睡觉；大人给孩子们说笑话，猜谜语，讲故事，这叫守岁。等到打更的人敲起梆子，梆声中才能锅里下饺子，院子里放鞭炮，门框上贴对联。小孩子们在饺子上锅之前，纷纷给老人们磕辞岁头，老人们要赏压岁钱。男孩子可以外出，踩着芝麻秸到亲支近脉的本家各户，压岁钱装满了荷包。天麻麻亮，左邻右舍拜年的人已经敲门。开门相见，七嘴八舌地喊嚷着："恭喜，恭喜！""同喜，同喜！"我平时串百家门，正月初一要给百家拜年。这不仅是为了尊老敬上，也为了欣赏各家的对联词句。一出门，便看见"抬头见喜"四个大字。牲口棚上写着"槽头兴旺"，猪圈上写着"肥猪满圈"，大车上写着"车行千里路，人马保平安"。大门上的对联形形色色，我家年年是："忠厚传家久，诗书继世长。"平日我最喜欢的一副对联："南通州北通州南北通州通南北，东当铺西当铺东西当铺当东西"，却因"当"字不吉而上不了门板深为遗憾，引发了文思冲动，我把下联改为"金运河银运河金银运河运金银"。对仗虽不工整，立意有出新，竟被写对联的先生采用，以丰腴肥厚的颜体字写出，张贴在门面上人前显贵。也许，这个下联应算我公开发表的第一行作品。

通州模范小学的"文侠"

我十岁到通州城内念高小，级任戴鸿珍老师是通州女子师范毕业生，回民。戴老师擅长算术教学，国文课却不如算术课教得好；她在思想上也是重算术而轻国文的。

第一堂作文课，戴老师命题。出了一个什么题目，我现在已经想不起来了。反正是引不起我的兴趣；于是，我便不做。别的同学都已经动笔，我却不打开墨盒，也不展开作文本，只是坐在椅子上失神发呆。

"刘绍棠，你怎么不做呀？"戴老师问我。

"不会做！"我歪着头回答。

"别人都能做，你怎么就不能做呢？"

"我觉得这个题目没意思。"

戴老师火了："什么题目才算有意思？"

"我自己给自己出的题目。"

"依你，写！"

"我在课堂上写不完。"

"你想到堂下抄别人的吧？"

"您发现我抄别人的，打我的手板。"

"好！"戴老师愤愤地同意了，"我看你写得怎么样再说。"

我在课堂上构思，晚自习便写起来，题目叫《西海子游记》，连写了五册作文本。

我们的学校，坐落在通州城内西海子东岸，我常到这百亩碧水的柳荫翠堤上玩耍，也曾下水凫来凫去，惹得警察把我脱在岸上的衣裳扔到树梢上，我对西海子的风光景色十分喜爱，因而下笔千言。

我把这篇作文送交戴老师审阅，戴老师读后给我打了满分，从此便允许我自由命题，不必当堂交卷。

当时，学校有一个佳作栏，类似墙报，由一位爱好文学的国文老师主编；每周将各班的优秀作文集中起来评选，入选者重新誊写，画上题图尾花，张贴公布于大墙上。戴老师很爱面子，每次作文都要叮咛我："刘绍棠，想个好题目，写得好一点，争取每周都有咱们班的佳作上墙。"

啊，那时候自己的作文能上佳作栏，比今天获得这个那个大奖和溢美之词的赞誉，更令人感到喜悦和激动。

不久，通州潞河中学的三位学生创办油印杂志《益智》周刊，读者主要是城内各小学的高年级学生，每期发行数百份。《益智》周刊选登我的作文，后来又连载我的模仿刘大白先生的《三儿苦学记》的小说《飘零》。戴老师感到脸上光彩，却又声严色厉地对我说："刘绍棠，别光顾了在《益智》周刊上出风头，还得把课堂上的作文写好！"戴老师喜欢打人，我不敢在课堂作文上偷工减料。

然而，我还是挨了打。

那时，除了两周一次作文以外，每天还要写一则日记，算是课外作业。戴老师新婚，常回北京家中与丈夫团聚。我是班长，她便委我以代阅的重任。我觉得有机可乘，便从中捣鬼，不但自己不写，还免除了一些要好同学的"劳务"。不料，有一天戴老师忽然检查我的作业本，发现我一连数日都未写一字，气得当众对我进行严惩，以杉木板子的窄面打我的手心，格外疼痛。

我常常偷偷到通州万寿宫大街听评书，渐渐的听书不过瘾便买武侠小说来读。戴老师是严禁学生阅读武侠小说的。我不但违禁偷阅，而且暗中写起武侠小说来。我给全班同学都分配了角色，有的是侠客义士，有的是绿林响马，每人又都有一个江湖绰号，逐日编写一个故事，同学们争相传看。

一九四七年初夏时节的一个下午，北京通县模范小学五年级甲班教室里，一个剃着光葫芦头的十一岁的男孩，身穿一条蛛网背心，一条打补丁的短裤，趴在临窗的一张课桌上，挥汗如雨，笔走如飞，正在写作一部就地取材而又异想天开的武侠小说。他的前后左右，高高矮矮、胖胖瘦瘦的小学生，伸长脖子，瞪圆眼睛，围了个风雨不透。

“文侠，你把玉面银蝶写得够多了，该写我啦！”一个虎头虎脑的男孩子，急不可耐地搓手跺脚。

“不行！还得给我写一段。”那个被命名为玉面银蝶的学生，也粗脖子红脸地喊叫，“我要跟龙虎太保大战三百回合，不分高低上下。”

于是，七嘴八舌，各不相让，教室里吵得像蛤蟆坑。

“要知后事如何，且听下回分解。明天再写！”光葫芦头小男孩把笔一扔，揉搓着累得酸痛的腕子。

七手八脚争抢光葫芦头小男孩面前那写得密密麻麻的稿本，都想先睹为快。

“不要抢啦！”龙虎太保大喝一声，“文侠，你念给大伙儿听。”

光葫芦头小男孩满面得意神气，清了清嗓子，刚才还是鸡吵鹅斗，一霎时鸦雀无声了；于是，他便以说书人的腔调，朗读起来。

这个十一岁被称为“文侠”的光葫芦头的小男孩便是当年的我。那时，我从运河滩上的儒林村来到县城念高小，已经一年了。

我的家乡，盛产说书艺人，其中有一位田万顺，全家都说书，而且桃李满京东。此外，还有不少业余爱好者，挂锄时节歇伏，冬至到春分的农闲三月，也开场表演。我从四五岁听说书就上瘾，到县城念书，万寿宫大街上，茶馆、酒肆、撂地摊儿，都有说书艺人演出。但是，我是住校生，除了星期日，平时不许走出校门。书瘾难熬，中午溜出学校，听上一两段，未能尽兴，又只得恋恋不舍而归；倘被发觉，违犯校规要受处罚，很不美妙。迫不得已，便偷偷阅读武侠小说；越读越如饥似渴，入了迷又开了窍，不知不觉摸到了武侠小说的路数，情不自禁地想照葫芦画瓢。

首先，就地取材；然后，异想天开。

武侠小说的地理环境，要有山有水，还要有荒郊野外的茅店、寺院、尼庵。这个好办。我们的学校，有一大片海棠树林，正可以夸张为窝藏绿林好汉的所在；校园里还有一座土堆和一座砖垛，又被我幻化为占山为王的山寨。校墙外，是西海子公园；百亩碧水，芦苇丛生，荷花满塘，更有用武之地了。有了地理环境，接着就是搭配人物。这也难不住我，同班同学几十人，我可以随便分配角色。

说书要有书胆，唱戏要有主角儿，我便扮演了穿针引线的角色。全班同学数我岁龄最小，又长得单薄，不是武侠的材料儿；然而，我的功课最好，年年考第一名，颇为自命不凡。因人设事，我在小说中把自己写成进京赶考的书生，又和行侠仗义的江湖豪杰结为知己，便也有个文侠的美名。当时，班上有个姓阎的同学，比我大几岁，也是个农村少年，跟我亲如手足。他力气大，打架无敌手，又是全县小学运动会的赛跑冠军，名声不小，老师们常常称赞我俩是一文一武，我便把他写成是众侠之首，绰号龙虎太保。凡是跟我俩相好的学友，我都封为侠客，赐以美称。我最讨厌的是班上一个姓单的学生，这个家伙是一家赌场和烟馆的少老板，也就比我大几岁，已经懂得男女苟且之事；不但喜欢在女同学面前摇头摆尾，而且还有人看见他和东门外的妓女拉拉扯扯，我便认定他应该扮演采花淫贼。此人脸皮比脚掌上的茧子还厚，一点也不在乎，反倒央求我写他多采几回花。他的脸色白中透青，一副女相，我赏给他的外号是玉面银蝶。他很感谢我抬举他，把从家里带来的大白馒头给我上供。他也有几个相好的，都是嘎杂子琉璃球儿，我都把他们归为匪类。有三两个性情顽皮的同学，喜欢扮演反面人物，我也满足他们的要求。武侠小说虽然主要是写剑侠贼寇，可也少不了才子佳人。不过那时候我年幼无知，对于爱情故事不感兴趣，没有在这方面花费笔墨。然而，全书没有一个女角，便要缺乏色彩，我是知道的。有一天我跟那位玉面银蝶吵了一架，当天下午我便在小说中报复他。眉头一皱，计上心来，叫他被一位女侠打得丢盔弃甲，屁滚尿流，丢尽了脸。我们班上的几位女同学，不是弱不禁风，就是扭扭捏捏，不配扮演女侠。恰巧，我到一个同学家里串门，同院有一位铁路工人，铁路工人有个刚满周岁的女儿，乳名叫蓉仙；顺手拈来，蓉仙便成了打败玉面银蝶的女侠客。果然，那位玉面银蝶引以为奇耻大辱，哀求我把这一段撕掉。我心肠一软，撕掉了这一段，他却又造谣，说我这个文侠想娶这个蓉仙做媳妇儿，翻手给我脸上抹了一把黑，羞得好几天抬不起头。

这部武侠小说，写了一两个月，以每天两千字计算，只怕也有五六万字。舞文弄墨的兴致正浓，不料东窗事发，我这个第一篇小说竟被腰斩了。

学校规定，下午放学，走读生必须在一个小时之内离校，然后净校关门。不少走读生因为贪看我的小说，放了学不走，净校之后出不了门，便偷偷爬墙跳出去。看守校门的工友，睁一只眼闭一只眼。后来，这些同学们被我的小说迷醉得产生幻觉，自以为真个就是江湖侠客和绿林好汉，肆无忌惮，为所欲为起来。他们明目张胆地爬墙，还在墙头上追逐厮杀，大打出手。看守校门的工友忍无可忍，报告了我们的级任老师。

这一天下午放学之后，我又在临窗的课桌上纵笔驰骋，同学们又是风雨不透地围观。窗外，几棵海棠树绿荫遮窗，谁也看不见悄悄走来的人影。

级任老师破门而入，将我们一网打尽。

走读生们列队站在教室门外，级任老师一个个痛加申斥，当众把我那个武侠小说的稿本扯碎。走读生们被宽大释放，级任老师又押解我到宿舍，查抄没收了我收藏床下的十几本武侠小说。

从此，我跟武侠小说一刀两断地告别了。

不知不觉走上文学之路

告别了武侠小说，我又模仿当时在小学生中很受欢迎的《国语千字报》，办起手抄小报。我买了一张白纸，仿照《国语千字报》的样式，划分版面和栏目，以仿宋字体抄写我自己的和其他同学的稿子，还用水彩画一些花花草草，装饰标题。每期小报在全班同学的手中传阅一遍，回到我手里已经是一张烂纸了，但是我的心里非常快乐。

手抄小报出版了两三期，本班的一位同学告诉我，“益智”学会的人想跟我交朋友。我是住宿生，只有星期日才能走出校门；那位同学是走读生，每天下学就回家。一个春光明媚的星期日，那位同学把我带到北门外的崔家老客店。

我们走进客店后院的菜园。

菜园里有一眼辘轳井，一个剃光头的青年，只穿一条背心，挽着裤腿，正在打水浇菜。他见我到来，便停止打水，笑容满面地走过来跟我握手。他是潞河中学高中二年级学生，名叫崔振林；我那位同学是他的邻居，所以他不但知道我的作文写得很好，而且还会写小说。他给我拔了一堆红水萝卜，在柳罐斗里洗干净，请我吃了个痛快，然后又带我进城，找一位名叫酆德昭的同学。酆家就在模范小学的西墙外。这位酆德昭也在潞河中学念高中二年级，年轻英俊，他的父亲是一位中医。

我们三个人又穿过整个通州城，走出旧城南门，到南下关村找他俩的一位老同学。他俩的这位老同学名叫王连城，初中毕业以后失学，又找不到工作，在家里吃闲饭。

王大娘给我们做午饭，我听他们谈话。这才知道，他们三个人都十分崇拜鲁迅先生的思想、道德、文章，对国民党的黑暗统治非常不满。他们成立“益智”学会，阅读进步作家的作品，希望将来也从事文学创作，为社会服务。他们想有一分热，发一分光，创办以小学生为对象的油印杂志《益智》周刊。他们商定，《益智》周刊的二分之一篇幅，发表小学生的优秀作文，另外的二分之一篇幅发表知识小品和高小毕业生报考初中的试题解答。王连城和崔振林各自负责二分之一的编选刻印工作，酆德昭负责印刷、装订、发行。他们要我写一篇小说，在《益智》周刊上连载。

创刊号发表了我的作文《我在歌声中》，此后各期便连载我的小说《飘零》。那是我模仿刘大白先生的《三儿苦学记》，以我从农村到县城上学的经历为原型而写出的一连串故事。《益智》周刊发行几百份，只收成本费。出版了二三十期，被国民党县警察局勒令停刊，我这部小说又半途而废。

在王家，“益智”学会办了个图书馆，会员可以借阅。从此，我每个星期日都到王家借阅小说，先后读过鲁迅、茅盾、老舍、巴金、曹禺、丁玲、沙汀、艾芜、萧军、萧红、黄庐隐、谢冰心等人的作品，打开了我的文学眼界。我在学校，每天吃的都是窝头、咸菜、菜汤，王大娘疼爱我像她亲生的孩子，给我切面条、蒸馒头、包饺子，解一解馋。她家的日子也很窄，却舍得给我吃。

我的生活经历，使我对鲁迅先生的《风波》和《社戏》感受最多，也最深刻。在我写作中篇小说《蒲柳人家》的时候，从《风波》和《社戏》中所得到的潜移默化，暗暗起到很大作用。《蒲柳人家》并无模仿或脱胎于《风波》和《社戏》之处，在整个写作过程中，也没有想到过《风波》和《社戏》。然而，自从我十一岁读了《风波》和《社戏》之后，鲁迅先生的小说的艺术情趣，几十年来对我的影响根深蒂固，不知不觉地便流露出来。我要把读者带进我的童年时代的运河滩，被我的家乡的风光所迷醉，为我的乡亲的美德所感动，只有我也返回童年时代，充当读者的向导。《蒲柳人家》中那个扮演穿针引线角色的顽童何满子，我便是他主要的生活原型。我想，这可能是从《社戏》得到引发。不过，读者不是从平桥村乘白篷船，月夜到赵庄看铁头老生翻筋斗，而是到运河滩上感受京东的乡情。

一九八〇年底，我对我的一九八〇年的作品进行反省和总结，也对我的一九八一年的创作提出几条要求，其中之一是“少（人物少）、小（事件小）、短（篇幅短）”；这不仅是我从自己创作实践中得出的经验，也是我从鲁迅先生的小说中得到的教益。

《孔乙己》只用了两千多字，写出了孔乙己那潦倒的一生。《风波》只有五千多字，而小说中的九斤老太、七斤、七斤嫂、赵七爷都各有个性。《故乡》六千字，闰土和杨二嫂给人留下难以磨灭的印象。中篇小说《阿Q正传》，不过两万多字，刻画出阿Q这个无与伦比的典型艺术形象。《离婚》也只有六千多字，庄爱姑、庄木三、七大人、慰老爷、小畜生，也都颇具面目。我常常为短篇不短和中篇贪大求全而苦恼，学习鲁迅先生的小说，如入文章病院，立见疗效。我从一九八一年到现在创作和发表的几十部中篇小说，都能控制在三万字到三万五千字之间，短篇小说都是几千字。但是，鲁迅先生的小说那以小见大，从微观洞悉宏观的广度、深度和高度，是需要毕生努力学习，也难得其妙的。

鲁迅先生最能抓住每个人物独具的特点，从衣着、神态、行动、性格上下笔，几笔便能出神入化，描写出各不相同的形象。鲁迅先生尤其能以人物的个性语言，刻画人物的个性：孔乙己的“窃书不能算偷”和“多乎哉，不多也”，九斤老太的“一代不如一代”，闰土那一声“老爷……”，阿Q的“儿子打老子”，赵七爷的“你能抵挡他么”，庄爱姑的开口闭口“小畜生”，都使人物的性格活灵活现，跃然纸上。同时，鲁迅先生还善于精选和使用生动活泼的农民口语，吸收和运用富有生命力和古典文学的语言。鲁迅先生通过人物在行动中的动态描写，把形形色色的人物描写得栩栩如生；他的小说的叙事语言都极有动态，为刻画人物增色，使情节引人入胜。鲁迅先生的小说的对话少而精，句式短而精，这是由于他精通中国语言，对古典文学具有博大精深的造诣。鲁迅先生在他的小说中每写一个场景，都是一个画面，人物活动在情景交融中，给人以立体感。因此，鲁迅先生虽然是在小说创作中吸收外国文学某些形式和手法的第一人，却又是最全面地继承和发展了中国古典小说的民族风格。

我致力于乡土文学，立志要使自已的小说创作民族化。因此，我在中国气派、地方特色和风土人情上，从鲁迅先生的小说中汲取营养；也在人物刻画、场景描写、叙事、状物、抒情、对话、句式上，从鲁迅先生的小说中汲取营养。读鲁迅先生的小说，能使自己的创作长进，我是深有体会的。而每长进一分一厘，又都因为“写完后至少看两遍，竭力将可有可无的字、句、段删去毫不可惜”。

第三章　崭露头角

永远照亮在我心中的那面镜子

一九四八年我十二岁，入北平市男二中（现在的北京市二中）读初中一年级。这座学校创立于清朝雍正二年闰四月初五，即公元一七三四年五月二十七日。一九四九年四月一日北平军管会正式接管这所学校，从此便以四月一日为校庆日。

以一九四九年四月一日为时界，此前为老二中，此后为新二中。我在老二中时代入学，新二中时代毕业。身跨新旧两个社会，兼受新老二中教育，也就对北京二中因熟悉而热爱，因热爱而深情。同学们选我当校友会会长，或许这也是原因之一。

北京二中的大事小情，有多少我都淡忘了，然而我总忘不了在改建高楼之前，校门内过厅那面镜子。

二中校园，本是晚清内务部衙门。旧社会打开铁栅栏大门，是门子大爷坐镇的号房。过了这道关，升阶而进过厅，便有一面比人还高的镜子迎头而立，从头顶一直照到脚跟。镜框之上，还有一位大书法家所写的校训。每个学生进校都要在镜子前面站一站，整理一下穿戴。穿戴整理完毕，都免不了抬一抬头，挺一挺胸，便会看见镜上的校训词句，入脑铭心，三省“吾身”：“为人谋而不忠乎？与朋友交而不信乎？传不习乎？”我想，悬镜高照，必是从唐太宗的名言“以铜为镜可以正衣冠，以史为镜可以知兴替，以人为镜可以明得失”得到启发。我在北京二中读书期间，三位校长有两位是学历史的，都是辅仁大学出身。我离开北京二中四十三年，更换四任校长，有一位也是历史学家。前几年，上海《文汇报》有文分析，为何北京二中出作家？据该文作者论证，这是因为焦菊隐先生当过北京二中校长。然而，焦先生首先是大戏剧家，何以北京二中没出大演员呢？不过，北京二中的文科数一数二，那倒是真的。恢复高考以来，曾有文科“三连冠”的出色记录，这跟历任校长多是文科出身有关。有谁知北京二中也出官。跟我同时在校学习的师兄弟中，当部长、省长的够一打。那只能说校园本是内务部衙门，内务部衙门有风水。

还是说那面镜子。

北京二中的校风表现为勤学、诚实、清苦、质朴，我深受熏陶，始终不变。

北京二中是北京的名牌中学，但往日今朝的校舍，比普通学校还不如。北京二中那面镜子早已不存在了，可是在我的眼前和心上，依然存在。倘有不良表现，无所遁其形。

我参加地下“民联”的活动

当年，我的家乡北运河东岸一带自一九四二年便是共产党的解放区。战争年月顾不上教育，北运河东岸几百个村庄没有一所中学。我念完了小学进一步深造，只能到国民党统治的北平报考官立中学公费生。北平市立男二中招收初中一年级新生一百二十名，考生竟有五千人。我这个穷乡僻壤的农家子弟，虽然是头一次进京赶考，土头土脑却勇气十足，出场毫不怯阵。旗开得胜，马到成功，五千人中考了头一名；受到学校当局的青睐，也引起地下党组织的注意。

国共两党，一个反动，一个革命，我该站到哪一边？是脚踩两只船还是不左不右中间站？

我虽年幼，并不无知。是非我分得清，黑白我看得明，我对国民党学校当局疏远而冷淡，却在日常表现中自然亲近地下党。这是因为我早就是共产党的儿童团团员，不得不来到国民党统治区求学，但身在“曹营”心在“汉”。

六岁那年，共产党八路军解放了北运河东岸。我们儒林村由于地处运河的河湾死角，运河滩上草茂林深，一直被日、伪、国民党军忽略。共产党、八路军（解放军）、民主政府的领导机关，便以儒林村为“堡垒村”，隐蔽休整秘密办公。我家就住过14军分区司令员，三（河）、通（县）、香（河）联合县支队长，京郊武工队的杨队长。他们三人都是参加二万五千里长征的老红军。杨队长是个神枪手，非常喜爱我的顽皮、淘气，常带我去看他打枪。他喜欢在月黑天，百步之外插上十支点燃的高香，两支驳壳枪左右开弓，嗒嗒嗒嗒……十颗子弹飞出，十支香火熄灭。不知不觉潜移默化，我有了政治觉悟，加入抗日救国儿童团，站岗、放哨、查路条……

我虽然来到国民党统治区上学，但是共产党的教育在我的头脑中根深蒂固。国民党利用解放区土改运动中“左”倾幼稚病的过火表现，恣意歪曲事实，进行反共宣传，我便在同学们中以自己的所见所闻说明真相。国民党学校当局把我传唤到训育处，对我威胁恫吓，我沉默不语，但拒绝“认错”。早已参加地下党外围组织的高年级同学便认定我是“自家人”，带我到北京大学民主广场和三院礼堂参加活动，观看演出，学唱解放区革命歌曲……

解放军包围了北平城，国民党学校当局鸟兽四散，停课、停水、停电、停止伙食。学生宿舍被国民党兵强占，留校同学挤住在几个教室里，自谋生活，自己做饭。我虽然是公费生，但国民党并不准时发放公费（老师的薪水也月月拖欠），所以我还得在课外卖报挣钱，勤工俭学。学校停课以后，我变成了“专业”报童。每天卖报返校，都带回多种报纸，供同学们阅读。国民党报纸不是造谣就是撒谎，于是我便加以剪贴，组合一张新报。每日停电，冬季又夜长昼短，大家都天天盼望光明到来，我顺应民心民意，就给这张剪报命名《光明报》。国民党报纸的谎言自相矛盾，破绽百出，我分门别类剪贴，一一对照比较，同学们读后哈哈大笑。一天，丙班同学张勃青找我，问我愿不愿意参加“民联”，即地下党的外围组织民主青年联盟。我问还有谁参加，他说他只知道刘选秀一人。刘选秀是当时二中的一位高才生，比我高一班。我对他很佩服，他参加的地下“民联”我也就愿意加入。地下“民联”单线联系，张勃青之上是刘选秀，张勃青之下是我。刘选秀之上是谁？我不知道，张勃青也不知道。刘选秀是地下“民联”初中成员负责人，另一负责人徐亦尤，比我高两班，也是品学兼优。

加入地下“民联”以后，我接受的任务是在同学们中间宣传和平谈判迎接北平和平解放。从此我剪贴的《光明报》，每天都是和谈的消息。为和谈奔走的何思源先生（何鲁丽的父亲）的公馆被国民党特务扔弹爆炸，夫人和次女（何鲁丽的母亲和胞妹）遇害，我非常愤慨。这天黎明时分，我卖报从干面胡同傅作义将军官邸门外路过，故意大声吆喝："看报呀看报，看看和谈的消息！"站岗的卫兵端起枪追了我很远。

我和张勃青商量，想把《光明报》改成油印。打开粘贴封条的教务处，虽有油印机，却无蜡纸和油墨。当时国民党严格控制印刷商品，穷学生没钱买，也买不到，只得退而求其次，改为手抄。不久，北平和平解放，同学们各自回家，我也回北运河家乡过春节，《光明报》停刊。一九四九年二月我从家乡回来，另行创办《雄鸡》文学壁报。雄鸡报晓光明来临，翻身解放的人民大众进入新社会，开始了新生活。

对解放前的这一段革命历史，我只当是少年时代的风险趣事。直到我的母校北京二中八十年校庆，以严肃治史的实事求是精神，在撰写校史中把地下"民联"活动放在首位，我才认真重视起来。地下"民联"的老战友们见面，当年风华正茂的青少年，都已花甲内外了。张勃青在公安部门工作半生，后到一家工厂当厂长。刘选秀成为高级科技专家。徐亦尤在一个国家机关任党委书记。地下"民联"总负责人，高中三年级的夏国治，是著名地质物理学家，曾任地质矿产部副部长。

我们虽已夕阳黄昏，但回首往事，仍能热血沸腾，心潮澎湃，焕发青春活力。将近半个世纪的斗争考验做出历史见证，证明我们这些老地下"民联"成员，每个人都对党和人民做出了自己的贡献，不愧为将革命进行到底的先锋战士。

不食嗟来之食

中国老百姓有句俗谚：人要脸，树要皮。进一步又说：人活一张脸，树活一层皮。如果中国老百姓骂谁不要脸，那么这个人也就没有一点人味儿了。

可见，在中国人心目中，脸面就是尊严，是人格、风骨和气节的表现；应是我们引以为骄傲的中国特色，必须继承和弘扬的优秀民族传统。

“士可杀不可辱”“君子不食嗟来之食”“宁为玉碎，不为瓦全”“人生自古谁无死，留取丹心照汗青”……这些古圣先贤的至理名言，一直被历代有正义感的中国读书人奉为做人的最高信条。

是的，中国文人最讲究品格，也就是既讲作文的高低，更讲做人的优劣。文和人都要上品够格，才是正路。文人无行，为人不齿。

文化人是民族之精华，更要重视脸面。然而，令人忧虑的是，浅薄虚荣，崇洋媚外，追求享乐，见利忘义，拜金主义……侵蚀和腐化着某些文人。有损人格和国格的言行，时有发生。这些年，文坛上有少数人只要某个洋人夸一句，便觉得三生有幸，光宗耀祖。有的外国小城市，为了招揽游客，设立名目繁多、毫无权威性的文学奖。于是，有人便如获至宝，自以为已经“走向世界”，这实在是种误解。

医治这种“1840（鸦片战争）软骨病”，必须每日每时每刻服用增强骨气的钙片。这种增强骨气的钙片便是鲁迅精神。因为“鲁迅的骨头是最硬的，他没有丝毫的奴颜和媚骨”。

我常常回想一九四八年严冬的北平，宁肯饿死也不吃美国洋白面的朱自清先生，告别人间不久，北平国民党当局已经风雨飘摇，朝不保夕。当时我在市立男二中读书，是个公费生。国民党当局正准备鸟兽四散，哪里有公费发给我们？我要上学，更要吃饭，便在好心的同学帮助下，当上了报童。每天清晨三点到报贩子那里趸报，卖到早晨七点回校上课。天寒地冻，滴水成冰，我的旧棉袄里，只有一件打满补丁的小褂，冷风吹得割肉透骨。恰在此时，美国救济总署北平分署，向公立学校的住宿生，发放“救济物资”。我得到一件美国海军陆战队的旧茄克，一桶牛肉土豆罐头。对于我这个在凛冽北风中奔走九城的报童，这件美国兵穿剩的破烂儿，可算济燃眉之急的必需品。但是，学校共产党的外围地下“民联”，号召全体同学，把这些“救济物资”投入已经干涸的贮水池，泼上汽油，一把火烧光。我虽然有些心疼，然而强烈的民族自尊心和正在觉悟的革命意识，还是使我忍疼割“爱”，把旧茄克和牛肉土豆罐头扔进了火堆。不久，我加入了地下“民联”。因此，我参加革命的日期是一九四八年十二月。

一个跟我要好的同学，舍不得把这些“美援”交出去，请我跟他分享那桶牛肉土豆罐头。这些美国罐头早已过期，我们两人吃过之后都跑肚拉稀；他吃得多，一泡稀屎全拉在了裤裆里。所以事隔多年，赫鲁晓夫大吹土豆烧牛肉，我只感到翻胃。

进入八十年代，我被编入英、美、法、澳、印、日各种名典，载入形形色色名人录。新华社、电台、报刊都做过报道，我也曾暗暗感到高兴，虽然没有面露骄色，得意忘形。

一两年后，事情不妙了。在要求补充填写成就的来函中，同时也附上了订书单，每册一百多英镑，优惠也得六七十镑。如果认购若干册，还可以得到奖状和奖章。我国某些人士自欺欺人，竟偷换概念，把“奖”章译成“勋”章，糊弄不知实情真相者。何物“洋奖”，原来如此！我自认为头脑还算清醒，仍然被花样百出的洋人耍了。还是多加些小心，少些个“一不留神”吧！

生存竞争的头一回亲身体会

一九四八年七月，我考取北京市立男二中的公费生。每月可以免费领取美国救济总署的三十斤高级面粉，另外还可低价购买十五斤。二者到市场上出售，得钱足够一个普通中学生两个月的膳费。当然得吃窝头，喝菜汤，不沾荤腥儿。但是，“美援”时常姗姗来迟，我无公费可领，就得自谋生路，勤工俭学。

我的同班有个跟我同姓的同学，我给起个外号叫刘满街。出自明人解缙的打油诗：“春雨贵如油，下得满街流；滑倒解学士，笑煞一群牛。”他虽不是公费生，但是每天起五更爬半夜九城卖报，也能挣出学费、杂费和自己的吃喝。他见我领不到公费闹饥荒，就劝我跟着他当报童。刘满街家住朝阳门内南小街的一条死胡同。他的父亲是个城市贫民，没有固定职业；有时拉水车，有时扛大个儿（装卸工），有时卖烤白薯，是个性情粗犷豪爽的汉子。他虽是个半文盲，却一心要培养儿子成为文墨书生。我常随刘满街到他家串门，因为我在几千名考生中名列榜首，这位刘大伯对我非常另眼相看。

当个报童，也不是想当就当的，必须得其门而入，才能当得上。

那时办报，市内发行都不经过邮局，而是通过垄断发行的报把头来零整批发。每个报把头都有自己的势力范围，月底要向当地国民党的党部、社会局、警察局、税务局烧香上供，送钱贿赂。报把头手下有很多报贩子，报贩子批发了报纸，分发到报童手中，然后走街串巷叫卖。据我所知，报把头以四成的纯利润从报社批发，自留纯利二成，又以二成纯利分发给报贩子。报贩子自留一成纯利，又减价一成卖给报童，报童卖给读者，早卖可以高出原价一成以上。一过早晨七点钟卖不出去，只能当生炉子的引火，或贱卖小商贩当包装纸，那就赔大发了。

当报童要交押金，才能在报把头和报贩子那里入册。我记得清清楚楚，我交了押金四千五百万元法币。今日的读者一见这个天文数字，一定大吃一惊。但是，要知道那时一只最便宜冰棍就卖三万元，对开四版的一张报纸定价十万元，也就不足为奇了。这四千五百万元押金，报把头拿走三千万，报贩子押下一千五百万。一位家里有钱的同学，借给了我押金，又另外借给我一千五百万元做周转费。于是，我赶快拜见报贩子，入了册早日上路。

上路之前，刘满街又叮嘱我道："明天可别误了早起，晚到分不着好卖的报，连本钱也赚不回来。"

我发了愁，说："我睡觉睡得死，一觉睡到大天明，又没有闹钟吵醒我，如何是好？"

刘满街眨巴眨巴小眼睛，想出个主意，说："你临睡之前喝两大杯水，尿憋醒了正是时候，比闹钟还准时正点。"

我照计而行，凌晨果然自己醒来，急忙穿衣起床，一出校门撒腿就跑。

北京市立男二中坐落在内务部街，我跑出胡同口，隔着东四南大街的马路对面就是灯市东口。我三步两步从马路上飞跑而过，一口气跑到建国东堂影剧院门外。

刚有四个人排队，我在前五名。又过了一会儿，才看见刘满街揉着眼睛，打着哈欠走来。他像司令官检阅部队，从队尾到排头瞄了一遍，等到发现了我，连忙夹在我的身后，嘻嘻哈哈笑道："明天还得早起，天天排头。"我低声问他："要哪几种报？"他说："我到你前边去，你王小二过年瞧街坊。"于是，他又升前一步。

当时北京有《世界日报》《新民报》《新生报》《平明日报》《北平日报》《国民新报》《纪事报》《民强报》，名义上都是民营报纸。此外，还有国民党的党报《华北日报》。《世界日报》是报界元老成舍我办的，销路最好。目前居住台湾的女作家、《城南旧事》作者林海音，当时就是该报的见习记者。其次是《新民报》，社长兼主笔是小说家张恨水。《新生报》受国民党影响而自称中立，著名美籍华人陈香梅曾是该报记者。《平明日报》是傅作义掏钱办的，有一些进步人士在该报隐蔽活动。《北平日报》和《国民新报》以社会新闻吸引读者。《纪事报》和《民强报》的大量篇幅刊登电影明星和京剧演员的消息。国民党主办的《华北日报》纸好而又价低，但是由于连篇累牍都是造谣说谎，充满反共谰言，打折扣贱卖，也仍然销售不畅。

排队来得早的报童，可以多要《世界日报》和《新民报》，好卖而又多赚；来得稍晚，主要分到《北平日报》《新生报》《平明日报》《国民新报》《纪事报》和《民强报》；多跑几条街，多钻几条小胡同，也能有赚不赔。如果到得太晚，分到的以《华北日报》为主，那就十之八九要赔本，喊破嗓子跑断腿，也只能少赔一些。如果见势不妙不领报，报贩子便狗脸一变，逼你交出腰牌。

排队等候不到半小时，黯淡的月色里，寒风送来排子车的吱扭吱扭声，报贩子拉着一辆装满一捆捆报纸的排子车，他那个妓女从良的老婆在车后推动，助两臂之力。车到建国东堂门外的电线杆下停住，卸下报捆，解开绳子；报贩子分报，他老婆收钱。

刘满街在我前面，要了最高限额的一百份《世界日报》，一百份《新民报》，又要了一百份其他各报，只是一张《华北日报》也没要。轮到我要报，也想跟刘满街一样，派（分配）报的报贩子眼珠一瞪，说："只优待前五名。"

我这才知道上了刘满街的当。商业竞争，也是一种生存竞争吧！可是这种竞争是如此不择手段，这是我头一回亲身体会。

领够了报纸，我夹在腋下，退出队列，刘满街已经跑得无影无踪，只听见他那高、亮、脆的嗓子，在灯市东口吆喝叫卖。

我恼他不讲交情，赌气跟他各奔东西。从灯市口，向东跑去，进干面胡同，串史家胡同，模仿刘满街的腔调，也抖丹田呐喊一声，开口吆喝起来："看报来看报呀！《世界日报》《新民报》……"

从此，在旧北京千百个报童的清晨大合唱中，也有我那并不优美动听的童音。

潘逊皋先生教我学古文

升入初中，教我国文课的潘逊皋先生，白洋淀人。他是三十年代北京大学国文系毕业生，清末翰林潘龄皋的堂弟，古文学识渊博。

我和潘先生也已经阔别多年了，但是潘先生那温和敦厚，可亲可敬的形象，仍然清晰如初地留在我的记忆里。他个子不高，穿一身半旧蓝布长衫，戴一副深度近视眼镜，头发已经稀疏，站在讲台上，满面和蔼的微笑。潘先生的神态举止，使我觉得他很像朱自清先生在《背影》中描写的父亲。

也许因为我这个满身土气的乡下孩子在五千考生中抢了个第一名，又由于个子小而坐在第一排，从第一堂课我就引起了潘先生的注意。每一堂课，潘先生都喜欢对我进行提问；在我回答问题的时候，潘先生从镜片后面笑眯眯地望着我的脸，目光中充满慈爱。

潘先生讲授古文，绘声绘色，津津有味，如醉如痴，完全进入文章中所描写的境界。时至今日，我写这篇短文的时候，又仿佛看见潘先生在讲台上一唱三叹地吟诵欧阳修的《醉翁亭记》："环滁皆山也。其西南诸峰，林壑尤美，望之蔚然而生秀者，琅琊也。山行六七里，渐闻水声潺潺而泻出于两峰之间者，酿泉也。峰回路转，有亭翼然临于泉上者，醉翁亭也……"我坐在讲台下，情不自禁地也轻声低诵起来。潘先生不但不生气，反倒笑呵呵地说："对，对！学古文，就要多读，多念。"至今我有独自高声朗读古文、诗、词的爱好，便是少年时代接受潘先生的影响而养成的习惯。

潘先生住在学校的一间斗室，住宿生下晚自习到熄灯就寝，还有三十分钟的自由活动时间，我常常跑到潘先生的宿舍聊天。十回有八回，潘先生坐在床沿上，两脚泡在脚盆里，手中却捧读一本书。我进屋去，潘先生便拔出脚来，光着水淋淋的双脚，从放在小书桌上的暖壶里给我倒一杯白开水，然后仍回床沿，脚泡盆中，跟我谈话。我年幼无知，一个接一个地提出许多愚蠢的问题。比如，李白的诗好还是杜甫的诗好，韩愈的文章好还是柳宗元的文章好，苏洵、苏轼、苏辙父子谁最棒，等等。潘先生笑出了眼泪，同时命我检取一本书来，为我讲解李、杜、韩、柳、三苏诗文的各有千秋，这等于是在古文教学上给我吃偏饭，使我深受教益。

潘先生不大看重现代文学，讲授课文中的现代文学作品，不像讲授古文那样有兴致。但是，我记得，他独为推崇鲁迅先生。如果不是潘先生深刻分析鲁迅先生的散文《秋夜》中的名句："在我的后园，可以看见墙外有两株树，一株是枣树，还有一株也是枣树。"我只觉得这些名句平淡无奇，不知其中淡远幽深的韵味。然而，潘先生又对我说："鲁迅先生的文章好，因为他的古文造诣高。"原来潘先生评价现代文学作品，仍然念念不忘古文。

对于作文，潘先生非常强调"文章"二字的涵义。我旧习不改，请求自由命题，潘先生面有难色，沉吟半晌，才点头同意；不过，又预先声明："自由命题是要扣分的。"我只想争取自由，分数倒不计较，便写了一篇小说交卷。谁想，发还作业一看，潘先生不但没有扣分，而且给这篇小说打了高分。在讲评课上，潘先生还当着全班同学的面，像吟诵古文那样朗读了这篇小说，大加赞赏。下课后，我想听一听潘先生的指教，潘先生含笑摇头，说："我不懂得怎样写小说，所以除了纠正几个错别字，一句未改，有一些农村土话，我不明其意，画了问号。"但是，我不依不饶，潘先生凝神思索了一会儿，说："我想，要写好小说，也要学好古文吧。"

我记住了潘先生的这句话。在几十年的文学创作生涯中，我越来越懂得，汲取古典文学精华的重要性。我在一篇谈创作的文章中写道：“学习古典散文吝字如金，用字如凿，扣人心弦和激动人心的感情气势，飞扬而深沉的文采，可以使我们写小说时少写废话、空话、套话，遣词造句精炼、准确、贴切。六朝散文，形式重于内容，但是可以从中学习语言的节奏感和音乐性。写小说的人也应该学习古典诗词的画面和意境。诗话和词话虽然只是谈诗论词，但是学而思，却可以提高小说创作的精神境界和美学水平。这个观点，虽属一己之见，却是经验之谈。”

胡泽生先生支持我写小说

我深深怀念我的班主任胡泽生先生，他又是我的数学老师。

他是保定府人，哪一县我就不知道了。一九一九年，他正在北京大学数学系读书，参加了五四运动，而且是火烧赵家楼、痛打卖国贼章宗祥的勇士之一。但是，老先生对我讲过，他当时只不过是热血沸腾，并没有革命思想，发泄了满腔愤怒之后，到东安市场的小饭摊上吃了两碗豆腐脑儿，又回学校做功课去了。

胡先生为人刚正，但是秉性中和。他的儿女众多，都是共产党员；有的在抗日战争时期就参加了革命，入了党。他自己，一生是个散淡的人。

我做胡先生的学生的时候，胡先生已经五十多岁了。他的身体魁梧胖大，紫糖大脸，剃光头，声音浑厚，喉音很重，走路四平八稳，很像一位田舍翁。老先生年高德劭，却喜欢穿学生装，不肯穿长衫，也许是想在衣着上保存五四运动的朝气。他与师大附中的傅种孙先生（擅长几何，后任北京师范大学副校长）、四中的马文元先生（擅长代数，后任武汉测绘学院教授）并称北京中学界的数学三杰。胡先生擅长三角，所以绰号胡三角。他曾任北京市立高工、四中、二中的教务主任，几个大学都聘请他当教授，他却辞而不就。记得，我还劝过他接受聘请，他呵呵笑道："我教中学，越教越胖，为什么要到大学去，越教越瘦？"

由于我入学考试的三门课程（国文、算术、常识）都得一百分，算术的成绩更显得突出，又是个剃光头的农村孩子，胡先生便对我产生了偏爱；虽然我在全班年龄最小，人不压众，他却指定我为班长，因而接触较多。胡先生认定我有一颗数学脑瓜，一心想把我栽培成为他的得意高足。

胡先生讲课，就像聊闲天。他走上讲台，师生行礼已毕，便从古今中外到人生琐事，街头见闻到读书偶得，慢言慢语地聊起来，不知不觉中书归正传。他讲得深入浅出，幽默风趣，我们听得津津有味，也在不知不觉中受到潜移默化的影响。

他希望我热衷数学，我却有负他的期望，爱好起文学来了。我感到心中有愧，不敢跟他接近了；他发现了这个变化，把我找去问我是怎么回事儿。我从实招来，他笑了笑，说："人各有志，岂可强求？也许你更适合搞文学。过去，朱子说过，一为文人，便无足观，这是要引以为戒的。"胡先生虽是一位数学家，但是也很通晓文史，训诫弟子时，常常引经据典。

我的习作不断在报上发表出来，对于文学就更上瘾。每天晚自习，匆匆做完作业，便在课桌上写小说，这是不合法的。胡先生并不住在校内，他的家与学校相隔几个胡同，但是他每天要等学生下晚自习，熄灯就寝后，才回家去。胡先生查堂，见我正写小说，不但不加干涉，而且悄悄站在我的背后，俯下身子观看，只是常常矫正我的写字姿势，说：“眼睛离纸远一点，不然要近视的。”

在胡先生的关心和爱护下，我从十三岁到十四岁的下半年，习作进步很快，接连发表小小说和短篇小说，其他各门功课也没有荒疏。

一九五一年二月，我到河北省文联工作，半年后又被保送到通县潞河中学念高中，从此便跟胡先生失去了联系。

一九五三年六月，我入党之后，又出版了第一本短篇小说集《青枝绿叶》；我十分想念胡先生，便从通县坐火车到北京，向胡先生汇报师生分别二年来的情况。那是一个下小雨的星期日，我来到胡先生过去的住处，同院的邻居告诉我，胡先生已于一九五二年逝世，胡师母也到在河南工作的女儿家去了。

我从胡先生的旧居走出来，站在雨里，忍不住哭了。我冒雨步行十里，走回前门车站，一路走一路默默流泪；到前门车站已经全身湿透了，我带着无限的凄伤返回通县。

中国人是尊师重道的，这是我们民族的传统美德。一字之师，终身难忘。何况这些在我的童年和少年时代，以他们的道德和学问培育过我的恩师呢？

母校如母

拜读金易先生遗著《宫女谈往录》，百感交集，发而为文，写出一篇评介文字。

金易先生本名王锡璠，解放前在北平市立男二中教国文。他教乙班和丙班，我是甲班学生。王先生虽没有教过我，但是我曾多次在课外向他请教。他的学识渊博，令我钦敬。建国后他应聘到西北当大学教授，我就再没有跟他见面的机会。一九五七年他也被划为右派，辞职返京，在一家工厂夜校当语文教员。六十三岁中风退休。七十岁年已古稀，在学生杨乃济的敦请下，写成《宫女谈往录》一书，由紫禁城出版社出版。王先生一九九二年逝世，享年八十一岁，没有看到他一生心血凝成的杰作面世。杨乃济是著名的红学家和古建筑学家，在北京二中念书时比我高四级，是我的学兄。王先生的《宫女谈往录》是一部高水平、高品位、高档次的纪实文学珍品。我深悔过去我只知道王先生教书好，却不知王先生文笔更好。早知王先生能“妙手著文章”，我必通知各路报刊编者，纷纷登门讨索，就会“挤”得王先生多写一些美文。如今，王先生羽化登仙，我只有仰天长叹了。

八十一岁的潘逊皋先生，古文专家，商务印书馆编审。解放前潘先生教我国文，给我打下古典文学“童子功”。我是潘先生的早期弟子，对老师怀有终生难忘的感念之情，多次把我的感念之情写进回忆文章里。一九九二年老先生在几位后期弟子伴护下，大老远地光临舍下看望我，师生叙旧话今两个多小时。临别，我拄着拐杖陪送也是携杖而行的潘先生到电梯门口，又急忙返回我家的阳台上，目送潘先生的身影远去，不知不觉竟潸然泣下，泪糊满面。

我为何感伤哀哭？是因为老师的老态龙钟和我的老、弱、病、残而难过，还是为自己在健步如飞之时，没有恭赴潘先生府上问安请教而愧疚？或许是剪不断理还乱的离愁别绪，在我的内心深处引起种种难以言传的悲凉，化为泪雨直泻如注？

大年初一，我起床梳洗之后，顾不上吃早饭，就给北京二中老校长薛成业同志打电话拜年。薛校长是一位老党员，解放前长期从事地下工作，解放以后直到离休，一直没有离开过教育岗位，是一位劳苦功高的老教育家。然后，给教导主任兼党支部书记蔡公期先生电话拜年。解放初期，党支部书记并不专职，每年改选一次。我记得我在二中读书期间，就换过三回党支部书记。党支部真正做党务工作，深得人心。后来，三两年就要闹一回整人的运动，党支部才专职而又庞大；甚至不务正业，以党代政。蔡先生出身世家，风度翩翩，温文尔雅，本来是要派驻国外当记者；由于北平军管会接管教育部门，人才不够，临时把蔡先生借调而来。谁想，临时工变成了终身制；几十年一直当中学校长或教育局长。离休以后，反倒有了第二职业，从事桥牌运动的组织领导工作，并且译有专著。蔡先生当教导主任时，还是一位全行当的“替补队员”；哪位老师因事或因病告假，他便代课救场。我念初中三年级时，蔡先生教过我三天英文课，水平相当高。蔡先生是清华大学研究院的社会学研究生，完全可能在学术研究上取得重大成绩。现在，社会学“潮”得“走俏”；我倒希望年过七旬的蔡先生重操旧业，老将出马，一个顶俩。

也已经是古稀老人的王兆榛先生，是我四十五年前的班主任，王先生北京大学历史系毕业，解放前是地下党的交通站站长。他也是临时借调，服从党的需要而一生从教。他是山东人，性格豪爽，感情外露。我顽皮淘气，他常因我不听话而发火。师生每碰撞一回却更加深一步感情。一九八八年八月我中风左瘫的同时，年老离休的王先生在街上行走，被违反交通规则的个体户汽车撞伤，昏迷在病床上。两年后，王先生的老伴又不幸病故。但是，王先生那令我敬佩的革命乐观主义精神，竟使他从蒙受双重灾祸的困难中挺立起来，健步行走，给我这老、弱、病、残的学生树立了榜样，不向病痛残疾低头。我打通电话，激动地喊道："王先生，我给您拜年！"王先生哈哈大笑，嚷道："绍棠，我想你呀！"声若洪钟，神完气足，比我强壮多了。王先生告诉我，正月初二将有不少老同学到他家拜年聚会，希望我也能出席。我行动困难，怕给王先生添麻烦，婉谢告罪。十年前，我曾到王先生府上拜望问安，怕王先生责怪我"摆谱儿"，没向机关要车。谁知我从公共汽车上走下来，当时已经六十大几的王先生竟蹬着三轮车到车站接我；我不会骑车，只得忐忑不安坐在车上，有劳老师蹬车拉着我回家。这个情景，我每一回忆，心就发酸，眼就噙泪。正月初二我不能到王先生府上欢聚，便请我的老伴带着我新出版的一部长篇小说和一部随笔集，给王先生拜年和向王先生交"作业"。在王先生家聚会的老同学，都是解放前地下"民联"的老成员，与我可算是同学加同志，同志加弟兄。

北京二中二百七十周年校庆，要我为纪念册题词，我题写的是："饮水思源，母校如母。"我想不出更能表达我的思想感情的字眼了。时光不能倒转，我不能返老还童，重入二中念书。但愿我那九岁的孙子有出息，三年后踏着爷爷的足迹，昂首阔步走进北京二中的校门。

引我走上文学创作之路的良师

一九五一年二月，我在北京市立男二中读初中三年级。寒假结束，我从我的家乡，北运河畔的儒林村返回北京，传达室存放着一封寄自河北省文联的给我的来信。我打开一看，清秀流畅的文字写满两页信纸，寄信人署名远千里。当时，我还不知道远千里同志是一位杰出的诗人和河北省文联秘书长。对于一位陌生人的来信，我感到奇怪。仔细看下去，才知道一个月前，远千里同志来北京为河北省文联招考编创人员，考场设在南长街的北京市立男六中；正值寒假，我回家乡了，没有报考。我的几个爱好文艺的同学前去报名，跟远千里同志谈起了我，说我如果在北京，一定也来考试。那时，我已经在北京的几个报刊上发表过几篇小说，而发表在《河北文艺》上的小说《新式犁杖》，还得了个评奖第三名。因此，远千里同志邀我到河北省文联工作。

我被分配到文学组，组长是柳溪，她同时兼任编辑部副部长。

全组到齐之后，过了一会儿，柳溪叽叽嘎嘎说笑着走来了。柳溪坐下来，问我是哪儿的人，我说是通县的。她说：“我在通县女师读过书。”

我估摸了一下她的年龄，便问道：“民国二十六年七月二十九日通州事变，你在吗？”

“怎么不在呀，好凶哟！”她绘声绘色地说，“日本飞机轰炸，我趴在了新城南街东口的木厂子门外，亲眼看见炸死了很多人。”

我说：“我也在新城南街住过，那个木厂子改米粮店了。”

柳溪爱说话，我又是个小杂学，我们常常古今中外、海阔天空地闲聊，破坏了上班时间不准聊天的规定。我在办公室坐不住，借故偷跑出去，或上资料室，或在文联大院里玩耍，或是给其他各组打开水。柳溪或“御驾亲征”，或派人将我“缉拿归案”，除了由于我违反工作纪律这个原因外，还因为我不奉陪她聊天之故。

柳溪当时二十七岁，穿一身灰布女干部服，剪着农村妇女的短发；如果不是戴着一副深度近视眼镜，我再也想不到她是大学生出身。

柳溪热心肠儿，喜欢在写作上帮助人，谷峪的成名之作《新事新办》，就是在她指导下修改成功的。

我到河北省文联时，谷峪已从文学组提升到《工人俱乐部》杂志的编辑组长。他比我大十岁左右，是一位老大哥。我当时太小，所以不甚接近。后来，他到文学研究所学习，我到北京大学读书，曾有来往。在同辈人中，谷峪被公认为写农村生活的一把好手；他的作品充满生活气息，人物和故事都富有情趣，语言上很有功夫。如果不被残酷斗争、无情打击长达二十余年之久，他的成就是不可估量的。

我在河北省文联仅仅工作了半年。当时，我刚满十五岁，天真幼稚，顽皮淘气，在办公室里坐不住，不是溜出去游荡，就是钻进图书室看书。远千里同志和其他领导同志都很爱护我，让我多看书。我在河北省文联工作了半年，读了一些古今中外的名著。

由于我的年龄太小，省文联通过省文教厅，保送我到通县潞河中学读高中。临行之前，远千里同志和我促膝长谈到深夜十一点多钟，才依依惜别，相约不忘。他送我走出他的办公室，还久久伫立在大院高台上，连连挥手，目送我远去。

此后，我在孙犁同志主编的《天津日报·文艺周刊》，以及其他报刊上，接连发表小说，写信向远千里同志汇报情况。他很快就回了信，喜悦之情洋溢于字里行间。他不许我再称呼他的职衔，提出要跟我兄弟相称；而且果然从第二封信起，就称我为"绍棠弟"。远千里同志比我年长二十多岁，又曾是我的首长，如此平等而亲密地对待我这个十五岁的少年，使我终生感念不忘。

一九五三年我入了党，又出版了第一本短篇小说集《青枝绿叶》，远千里同志高兴得给我写了一封长信，又是热烈祝贺我，又是谆谆告诫我。这一年夏天，我到深县段家佐村体验生活，途经保定，下车直奔文联，闯进他的卧室，他正有病，还没有起床；我们分别两年，相见分外激动，双手握着双手，就在床边畅叙起来。一九五四年春天我到保定出席省文代会，一九五五年夏天我到昌黎体验生活，又在保定逗留，都曾跟他见面欢谈。一九五六年夏天，他在北戴河疗养，我也住在天津休养所，我们虽然不住在一处，但是几乎每天晚饭后都一起散步，也一同洗过几次海水浴。我爱睡懒觉，他为了让我看大海日出，大清早就来到我居住的楼下喊我。半个月里，我们在他的卧室内，在小楼外的藤萝架下，在海滩上，在山谷间，在北戴河的林园和名胜地，我们触景生情，倾诉衷肠，往事、理想、创作、爱情……无所不谈。他正阅读我那本刚刚出版的中篇小说《夏天》，喜欢得要命，当着我的面朗诵了一大段；我从来没有见过像他这样喜欢我的作品的人。

一九五七年，我出了事，全国批判，口诛笔伐，头顶华盖，沦为不可接触的贱民。然而却在此时，深秋肃杀的十一月，我接到远千里同志仍然称我为绍棠弟的一封长长的来信，信中充满同情与惋惜，寄予信任与希望。当时，他身为河北省委宣传部副部长和省文联党组书记，写这封信是冒着可怕的风险的。

但是，从此我们也不得不断绝了音问和来往。

“文化大革命”中，北京家人焚烧了我所珍存的全部信件，其中也包括远千里同志历年给我的二十多封信。我匿居运河岸边弹丸之地的小村，得以苟全性命于乱世；寒村苦夜，常常思念千里同志，更担心他的命运。直到一九七六年十二月的一个雨雪霏霏的阴天，我在北京大栅栏街道上，猝然与阔别二十年的远千里同志的爱人于雁军相遇，才知道千里同志在一九六八年含恨而死。我望着于雁军那形容憔悴的样子，回忆起千里同志对我情深义重的往事，心中阵阵酸痛。我不知该怎么安慰她，也不敢安慰她。雨雪中，我们心情沉重地行走在前门大街，直到地铁车站，才怅然分手。

全国第四次文代会上，在庄严雄伟的人民大会堂，三千二百多名代表全体肃立，为惨遭林彪、“四人帮”迫害而死难的著名作家、艺术家默哀；当念到远千里同志的英名时，抚今追昔，我的泪水夺眶而出。泪影中，我仿佛看到远千里同志那高大英俊的光辉形象。他品格高尚，廉洁奉公，心地善良，珍惜人才；他是一位美好的人；他是我踏上文学创作道路后的第一位良师。

我的短篇小说处女作

我从十三岁开始在报纸上发表小小说，那时候叫生活小故事。

发表了十几篇生活小故事以后，进入十四岁的下半年，我才开始发表几千字的短篇小说，《蔡桂枝》便是第一篇；因此，它可以算是我的短篇小说处女作。

《蔡桂枝》这篇小说，我并没有保存底稿或剪报，五十年代出版的四本短篇小说集，也没有收入这一篇，所以，我和我的短篇小说处女作也已经阔别多年了。《丑小鸭》将这篇小说重新发表，我才得以久别重逢，又重读了一遍。就像忽然重睹自己十四岁时的照片一样，心情是百感交集，非常激动的。

回首往事，仍如带露折花；旧景重现，恍如昨日。写作这篇小说时，我正在北京市立男二中念初中三年级，寒假回到我的家乡北京通县儒林村，参加村里的春节文娱活动。我们儒林村的小车会，在运河滩上久负盛名。小车会共有男女角色十名，载歌载舞，为农民所喜闻乐见。一九五一年春节以前，小车会的所有角色均由男人扮演，我一直是扮演傍车的少女的主要演员。解放以后，推倒了三座大山，压迫在最底层的妇女也翻了身，积极上冬学；一九五〇冬天开展的同仇敌忾的“抗美援朝，保家卫国”运动，更激发了农村妇女的政治热情，投身到宣传活动中去。小车会不再男扮女装，本村的大姑娘小媳妇争当演员；在运河两岸串村演出，引起巨大的轰动。与此同时，又成立村剧团，我是编剧，编演了反映农村新生活的戏剧节目，也是男女同台，在全区会演中获奖。那种如火如荼的热烈场面，今天回忆起来，仍然使我热血沸腾。我就是在这样的火热的时代气氛中，写出了《蔡桂枝》。

今天看来，《蔡桂枝》写得稚嫩而粗糙，正是一只乳黄未褪，羽毛未丰的丑小鸭。然而，它也标志着我在创作上跨出了新的一步。《蔡桂枝》发表以后，我的短篇小说便有如春汛，一年之中接连发表十多篇，而被共青团和文学界所注意，选定了适合我的发展，发挥我的优势的创作道路，一直沿着这条创作道路走到今天。

痛惜我的《大运河的儿女》

我一九四九年发表第一篇习作之前，曾经长时间练笔。练笔中写过一部十几万字的长篇小说，描写的是我的家乡一九四九年土改后民兵游击队同地主还乡团的残酷斗争。这是读过《吕梁英雄传》和《新儿女英雄传》之后的仿造之作，题名《大运河的儿女》。我的家乡北运河东岸，从一九四二年便成为解放区，我也加入了抗日儿童团，亲历目睹八路军、游击队同日伪军的战斗。日寇投降以后，国民党发动了反革命内战。一九四七年老解放区开始土改。为保卫土改胜利果实，区、村民兵游击队同反攻倒算的地主还乡团，三日小打，五日大打，没有一天不拼个你死我活。对此，我更是目睹亲历，记忆犹新。《新儿女英雄传》和《吕梁英雄传》写的是抗日，我便略有变化，不写抗日战争而写解放战争，虽属仿作，但大同中有小异，也算有所创新。

当时我正在北京二中读书，教导主任得知我写了一部长篇小说，便拿去审阅，却忘了退还我。一九五一年春我离开二中，也不好意思开口讨回。

谁想，一九八六年我应邀回到母校做报告。报告会结束以后，我在会客室休息，一位三十多岁身穿工作服的男同志推门进来，彬彬有礼地向我鞠躬，问道："刘老师，还记得您写过一部《大运河的儿女》吗？"我吃了一惊，反问道："你听谁说过？"他满面愧色，低下头说："我把这本小说传丢了。"事出意外，莫名其妙，不能不问个究竟。我这才知道，“文革”砸烂图书馆，这位工人当时也是二中学生，他从图书馆里发现我的《大运河儿女》手稿和三大张考卷。一九四八年我从家乡到北京投考二中，在五千考生中得了第一名，国文、算术、常识三科都考了一百分，引起轰动。母校十分重视这三张百分试卷，从解放前保存到解放后，连同《大运河的儿女》手稿一直保存到“文革”，不因我被划右而毁弃。谁想，已成档案资料保存的手稿和试卷，也难逃“文革”劫数，落入这位“红卫兵小将”之手，自己看过之后又交给别人传阅。“奇文共欣赏，疑义相与析”，最后杳如黄鹤，不知去向。

这位经过了风雨见过了世面的“老兵”，痛悔年轻无知时的作为，使我不但谅解了他，而且以轻松淡化的口气安慰了他，帮他解除自我良心的谴责。

我把我自己的无限痛惜，埋在了心底。

当时，中国少年儿童出版社的一位老编辑，听说我十三岁时写出的长篇小说的下落有了线索，自愿代我寻找，公开出版，意欲使我这个当了爷爷的老“神童”，重现昔日小“神童”的“非比寻常”。我没有同意。

那位长大成人的“红卫兵小将”的忏悔，已经弥补了我的损失。

也许我有资格当七国大使呢

一九一九年五四运动到一九四九年新中国诞生之前的作家，被称为现代作家。他们的作品，被称为现代文学。这些现代作家中的大多数人，都有深厚的中国古典文学造诣，又通晓一门以上的外语。共和国建立到今天所产生的作家，被称为当代作家，他们的作品便是当代文学。我从一九四九年开始创作生涯，在开国的礼炮声中登上文坛。我是共和国的第一代作家之一。我们这些当代作家比起前辈作家中的大多数，差不多都有两大弱点和缺陷：一个是古文底子薄，一个是不懂外文。我虽念过小学、中学、大学，受过比较完整的正规教育，却因少壮不努力，古文程度只够半瓶醋、二把刀，外文更是连字母都忘得所剩无几了。

我学过一年日语，两年俄语，六年英语。学日语时我八岁，正念小学三年级。我的家乡北运河东岸，已是八路军解放区。抗日民主政府允许小学生学一点日语。日寇下乡“扫荡”，小学生来不及转移，就拿出日语教科书，扯着脖子吼叫日语哄骗敌人，敌人走后便呼喊抗日口号，高唱抗日歌曲。胸中充满民族仇恨，毫无兴趣；学了一年日语并没有记住几个单词，发音更不讲究，现今日本《每日新闻》总编辑迁康吾，一九八一年当驻北京记者，对我进行专访。我说了几句日本话给他听，问他水平如何，他客气地笑了笑，说：“跟贵国电影中鬼子军官说中国话‘大大的，小小的，死拉死拉的，良心坏了的干活’的水平，分不出高低上下。”

上中学我学了六年英语，教我英语的三位老师都是超一流的专家。其中蔡文萦先生，后来是北京师范大学外语系教授，《英汉大词典》主编，美国进步女作家史沫特莱著作的翻译者。然而，我却听课不专心，左耳进右耳出，大脑皮层竟无所贮存，还比不上水过地皮湿。蔡先生是一位柔弱女性，管不了我这个淘气孩子，对我只得放任自流。我自以为得计，越发不肯用心和努力。蔡先生讲课，我听而不闻，放在面前的课本，我熟视无睹。每到考试，便平日不烧香，临时抱佛脚，即所谓“临阵磨枪，不快也光”，死记硬背，混个及格，又扔在脖子后头，念了六年英文，我整个儿是个滥竽充数的南郭先生。高中毕业以后，英语学得过硬的同学，有的在中学教英语，有的到科技或贸易部门当英语翻译，都是优秀人才。

我考上北京大学，结束了英语学习，如释重负；有如孙猴子从五指山下爬出来，只觉得轻松愉快。

谁想，俄文变格复杂繁乱，我没学几课便眼花缭乱，头大如瓮，钻进迷魂阵里转开了磨。这个俄国洋罪更难受。熬到我离开了北大，做噩梦还耳边萦绕着舌头打嘟噜的俄文字母。噩梦减少，俄语忘光。有一年我到苏联访问，进入莫斯科海关，验查护照时，边防警察笑容满面，态度非常友好。照理我应说一声“谢谢”，无奈我那记忆之箱的铁锁上了锈，怎么也想不起那句“四八塞八”！只能含笑点头招手。我身穿中山装圆口布鞋，高大肥硕身躯啤酒肚，苏联海关警察还以为我是中共高层人物；一个个都表现得受宠若惊，诚惶诚恐。

大、中、小学，俄、英、日语；九年时光，挂一漏万，愧煞人也。不过，我看到不少新潮人物，不识洋字儿而侈谈洋务，不通西文而鼓吹西化，又觉得我完全有资格身兼驻俄、日、美、英、澳、加、新（西兰）七国大使呢。

第四章　最美好的岁月

我把第一本样书献给党支部

一九五三年，我在通州潞河中学加入中国共产党。回首往事，历历在目，言犹在耳；又像回到三十年前的青年时代，热血沸腾，激动不已。当时，我正念高中二年级，十七岁。

整个中学时代，是我一生中最美好难忘的岁月。

十六岁那年我申请入党时，已经发表了三四十篇小说。

那时候，我的一篇小说编入高中二年级语文课本，出版了一本短篇小说集，在校内外担任许多社会工作，经常参加文艺界和其他社会活动，在同学中是个特殊的人物。但是，党组织严格要求我，不得有特殊化的思想和表现。在生活上，不但要和所有同学一样遵守校规和一切制度，而且要起模范作用。例如，课外劳动和卫生值日，要带头干脏活和累活；冬天在宿舍里，要睡在把门和临窗的床位，事事吃亏让人。我们的伙食很苦，男同学每月伙食费六元六角，女同学每月伙食费六元，大家一起吃大锅饭，每天都是窝头、咸菜、白菜汤。我因为有一些稿费收入，星期日就请几位放假也不回家的同学下小馆，吃肉丝炒饼和牛肉面。党组织知道后严厉批评我，指出应该养成艰苦朴素的作风，不得沾染贪图享受的恶习。在学习上，党组织提醒我不要重文科，轻理科。学校开展优等生活动，优等生的重要标准是各科都在八十五分以上，总平均在九十分以上。党组织要求我在学习上达到优等生标准，不能醉心于写小说而荒废功课。

高中三年，我在校内担任学生会副主席、《红楼新闻》日刊主编、团支部书记和志愿输血大队的大队长；在校外担任专区学联、区抗美援朝分会和保卫和平委员会的宣传部长，还常常到省里和北京开会。党组织教育我，一言一行坚持党性原则，执行党的方针政策。

讨论我入党和转正的两次支部大会，不但有全体党员参加，而且邀请全校师生自愿列席。每次大会都使用三天的下午课后时间，充分地给我提出宝贵意见。

几十年风风雨雨，崎岖坎坷，我仍然珍存着入党前后的日记和入党宣誓那天的讲话原稿；在困难中我多次重温这些文字，从中汲取生活和奋斗的力量。

我的第一本书，是短篇小说集《青枝绿叶》，一九五三年六月上海新文艺出版社出版。当时，我十七岁。收入这本书里的四个短篇小说，是我十五岁和十六岁时的作品。

从十三岁的下半年到十五岁的上半年，我发表了二十来篇短篇小说习作，都是写农村和农民的。那只不过是编出一个个比较完整的故事，没有刻画出生动形象的人物，也缺乏鲜明的地方色彩。十五岁那年夏季，我在家乡儒林村，开始自觉或不自觉地总结自己两年习作的得失，研究前辈作家的创作经验，思考同辈人在创作上的优劣长短。于是，我确定了我今后的创作方向——写农民、写家乡。我从鲁迅先生、孙犁同志和苏联的肖洛霍夫的小说中悟出一个道理，那就是在创作上一定要有个人特色，努力形成独特的艺术风格。

短篇小说集《青枝绿叶》是我从习作进入创作，从萌芽进入成长，从试探进入定向的标志。

《青枝绿叶》的第一版，是个插图本，收入四个短篇。封面是青年农民宝贵牵着一头大骡子进村，许多人在村口围观。收入的四个短篇是《红花》《修水库》《青枝绿叶》和《大青骡子》。第二版，增加了《摆渡口》，撤掉了插图，重新排版。封面也改为三分之二浅绿，三分之一深绿。深绿部分还有一条垂挂的青藤。第三版和第四版，浅绿部分分别改为鹅黄和豆青色。四版共印六万两千册。

《红花》和《修水库》是我十五岁时的作品。《红花》受到当时的《中国青年报》编委兼文艺部主任柳青的赞赏。它于一九五二年一月一日以整版篇幅，加编者按发表。于是，我引起文艺界和广大读者的注意，得到团中央的培养。柳青专业创作，回陕西深入生活，接替他的工作的吴一铿同志，更热情关心我的成长。《修水库》发表在孙犁同志主编的《天津日报·文艺周刊》上。我从一九五一年九月开始在《文艺》周刊上发表小说，与当时主持该刊编辑工作的孙犁、邹明、李牧歌同志建立了师友之谊，迄今已持续了三十多年。

《青枝绿叶》《摆渡口》和《大青骡子》是我十六岁时的作品。

那是一九五二年上半年，正是我高中一年级的下学期，我写出了《青枝绿叶》。《中国青年报》为发表这篇小说，曾经邀请康濯等同志审阅原稿，他们分别和我谈了话。从此，我在创作上不断得到名家指教。《青枝绿叶》在《中国青年报》发表以后，被编入一九五三年的高中二年级语文教科书，因而影响较大。一九五二年下半年，是我高中二年级的上学期，我又写出《摆渡口》和《大青骡子》，先发表在《天津日报·文艺周刊》上，后又得到邵荃麟同志的厚爱，转载在当时他担任主编的《人民文学》上。

我十六岁时写作的这三个短篇小说，几十年后，仍然被公认为我的代表作，先后收入各种选本。

当时的上海新文艺出版社很注意扶植年轻作者。出版社主动联系，给我出版短篇小说集。在事隔三十年后，我才从上海《文学报》的一篇专访知道，《青枝绿叶》的责任编辑是耿庸同志。抚今追昔，激慨万端。

在我接到这本短篇小说集样本书的前几天，即一九五三年五月二十七日，我宣誓加入中国共产党。因此，我把第一本样书敬献给党支部。

第二本样书，我呈赠当时的团中央第一书记胡耀邦同志。他多次和我谈思想，谈创作，指导我的做人和作文。一九七七年我和他久别重逢，他还记得这本书和这本书的篇目。

那一年正召开青年团第二次代表大会，当时的苏联、捷克斯洛伐克等国青年团组织，都派代表团参加大会。团中央有关部门安排我和这些代表团会见，赠送这本书。他们分别授予我名誉团员称号。阿朱别伊是当时苏联《共青真理报》副总编兼文艺部主任；他访问了我，并且写了一篇访问记。不久，苏联青年近卫军出版社翻译出版了这本书，另一个国家也根据俄译本转译了一部分。我现在还保存着这两种译本，以及翻译《摆渡口》的英文杂志。

几十年过去了，我的手中只有《青枝绿叶》的第二版和第四版的版本。那还是我的妻子保存下来的。第二版是我们订婚时我送给她的礼品。我在扉页上写下了对她的诺言，时间是一九五三年十月五日下午。

这本书的四种版本，很难找到了。北京的群众出版社出版我青少年时代的作品选集，大32开，半精装本，四十万字。我不仅把这第一本短篇小说集的各篇全部收入该书，而且以《青枝绿叶》作为这本选集的书名。

布谷鸟的啼叫为我的小说开了头

一九八九年秋季，我从事文学创作四十年整，纪念卡上要列出我的主要作品篇目。敝帚自珍，文人通病。我虽未必脱俗，但还是想趁机自我反省和自我认定，力求律己从严。因此，在短篇小说一栏，我只保留了《青枝绿叶》《摆渡口》《大青骡子》和《蛾眉》四篇，并且承认自己是短篇小说创作的失败者。

这四个短篇小说，三篇（《青枝绿叶》《摆渡口》和《大青骡子》）是我十六岁时写的，当时我是北京通州潞河中学的高中生。其中《青枝绿叶》因编入高中语文教科书第三册，影响较大。现在五十多岁的知识分子，差不多都读过这篇小说。

我十五岁就确定了扬长避短的创作道路，即写家乡、写乡亲的乡土文学之路，创作上深受作家孙犁和苏联的肖洛霍夫的影响。不少短篇小说刊登在孙犁主编的《天津日报·文艺周刊》上。因而我也被称为以孙犁为代表的“荷花淀派流”的主要成员。中国文坛上有没有“荷花淀派流”？我看五十年代曾有过雏形，但因政治运动的摧残，终究未成气候。待到春回大地，主要成员变化不同，人各有志，不可能也不必要重整荷花淀的旧日风景，留下个“雏形”作为历史纪念，反倒更令人珍惜。

那时，《中国青年报》刚刚创刊，也有个不定期的文艺版。主编是作家柳青。康濯、马烽、谷峪都在这个文艺版上发表过小说。我也心动手痒，写出小说《红花》寄去。柳青读后大为欣赏，与总编辑商定，在一九五二年元旦，以整版篇幅发表《红花》，并加编者按。当时，我十五岁，读高中一年级。这篇小说在全国青年中反响强烈，团中央便对我进行重点培养，希望我多写农村青年题材小说。

一九五二年夏，学校放暑假，我又回到我那生身之地的小村。我自幼串百家门，颇得乡亲父老喜爱，长大出外读书，是全村的“头名状元”；假期沿着童年的足迹到各家走动，更受欢迎。一年四季，我最喜欢家乡的夏天，蓝天、白云、大河、树林、田野、青纱帐……无处不风景如画，无处不令人心情激动。我不但坐遍各家的炕头，而且走遍河畔、堤边、田间、地头，整日奔忙在乡土上，跟乡亲们打成一片。那时，村里刚有几个农忙临时互助组。每组都是十来户人家，农忙时节人力换工，牲畜伙用，农具互通有无，不但提高生产，而且增进感情。这个新事物新气象，引起我浓厚的兴趣，我便走这个组串那个组，仔细了解了各组的情况；感到各组各有所长，也各有所短，如果集各组之所长于一体，那该多么称心如意。有了想象，便有了小说。于是，我从真实出发，写我想象中的人、事，在不知不觉中便有了艺术加工。

我已经产生创作冲动，但从何入手，却还捉摸不定。

是布谷鸟叫，给了我创作的灵感。

酷热的夏季，夜晚也闷热如蒸笼。我像本地的农家小伙子一样，天黑后扯一张苇席，到村外找个风凉空地，睡到后半夜，天降露水，再回家睡下半截觉。我已经十六岁，智力早慧，心理早熟，夜晚入睡之前免不了浮想联翩。恰在这时，河边树林里布谷鸟声声啼唤："光棍好苦，光棍好苦！"声音清亮悠远动人心弦，更使我辗转反侧，夜不能寐。

布谷鸟的啼叫给我的小说开了头，小说的开头就写了男女主人公在布谷鸟的啼叫声中相会河边。

小说写出来以后，就寄给了《中国青年报》。这时，柳青已经离开报社，到陕西长安县皇甫村落户。接替柳青的文艺部主任吴一铿和总编辑陈绪宗审阅了小说，一致认为写得好。他们对这篇小说非常重视，又请作家沙汀、周立波、严文井、康濯审阅，也得到充分的肯定。沙汀、周立波、严文井、康濯分别跟我谈了话，周立波的话我至今记得。他主张一篇作品的人物要尽可能少，开篇出场的人物更不能多，以免笔墨照顾不过来。

《青枝绿叶》中有名有姓的只有五个人。我的小说所写的人物，从来都有生活原型，经过我的添枝加叶而成艺术形象。小说中的永春大哥和永春嫂，甚至保持原型的真实名字。永春大哥是种菜园的把式，永春嫂是个改邪归正的风流女人，嫁给永春大哥以后没有再犯老毛病。永春嫂不能生孩子，我在小说中给她锦上添花，弥补了这个缺憾；不但怀了孕，而且到医院接受新法接生。

这篇小说我借鉴了民族传统手法，把民间故事糅进了小说。我后来概括的乡土文学创作原则“中国气派，民族风格，地方特色，乡土题材”，从这篇小说开始，初见规模。

《青枝绿叶》又在《中国青年报》以整版篇幅发表出来。由于比较生动感人地反映了萌芽状态中的农业合作化的新气象，小说中的新人形象也令人喜爱，因而引起广泛注意，我接到大量读者来信。小说发表不久，就被臧克家主编的《新华月报》文艺版转载，也因而得到当时担任人民教育出版社社长的叶圣陶先生的赏识，编入高中语文教科书第三册，更加扩大了影响。后来，上海新文艺出版社又以《青枝绿叶》为书名，出版了我的短篇小说集。这是我的第一本书。

小说在全国各地中学讲授，也就要接受成千上万读者的检验。一位中学语文老师指出，小说中“三星正南”一段，星象与季节不符；我接受这个批评意见，再版时改为“夜深人静”。从此，我在写小说时对细节描写更加仔细推敲，不敢疏忽大意。

《青枝绿叶》发表于一九五二年九月，回首往事，令人不能不兴子在川上之叹：“逝者如斯夫！”

谱一曲清新优美的田园牧歌

《摆渡口》和《大青骡子》这两个短篇小说，现在读起来，仍然激动人心，令人强烈地感受到五十年代那个美好的时代风情，字里行间充溢着清新优美的田园牧歌情趣。

只有那样美好的时代，才有那样纯情的作者，才能写那样天然本色的作品。

因身患重病而衰老的我，重读我这两篇四十多年前写出的小说，一下子好像又回归到当年那个十六岁的少年身上了。

那是一九五二年夏季，我暑假回村，七月写完《青枝绿叶》以后，创作激情不但没有减低，反而意犹未尽，兴致勃勃，有如水涨船高，处于最佳竞技状态。八月雨量更多更大，三日小下五日大下；北运河槽涨满了水，河上拆除了木桥，过河的人马车辆，都靠大船摆渡。

摆渡船有官有私。官船是乡政府的，收费有官价，每过一人只要旧币一千元（折合现在人民币一角），价格不涨不落，固定不变。私船是沿岸农民的副业，收费较高，也不固定。但是，官船行动迟慢，人马车辆不凑够一批便不起锚。私船却只要给钱多，单身一人也可以过河。心急赶路的人，不怕花钱的人，都坐私船。

我每天都到摆渡口闲坐，跟官船的管船人张老头谈天说地，讲古论今，有时也帮他给过往行人搬一搬跳板。细心的读者可以发现，在我的五十年代作品中，每一写到渡口管船人，管船人都姓张。事隔三四十年之后，一九九〇年我动手写一部长篇小说，在写到一个北运河渡口时，竟又好像身不由己，又让管船人姓了张。可见当年留下的印象多么深刻，深刻得不可磨灭。

我也跟撑私船的农民打成一片。撑私船的农民五光十色，良莠不齐。这些人中，有勤劳朴实的庄稼汉，挂锄时节撑一撑渡船，挣几个活钱，打油买醋，换盐扯布。但是，也有不少赌徒和酒鬼，挣几个钱便在渡口柳荫下，掷骰子推牌九，喝大酒打死架。我村有个姓赵的小伙子，水性大得像鱼鹰子；几丈深的河水，他一个猛子能扎到河底，捞上淤沙中的鹅卵石，活像鱼鹰子下水叼鱼。他每天都到河边捕鱼捞虾摸螃蟹，也搭救过不少溺水的人。我的一个远房侄女，在河边洗野菜，一阵头晕栽下了河，俗称被水鬼拉了替身，就是被他抢救上岸，幸免于难。姓赵的小伙子是我童年最亲密的伙伴，虽没有上过几天学，却求知若渴，我上了高中，他更喜欢跟我接近，形影不离。在河边，我跟管船老张说话，他去看赌鬼拴船要钱，故意跟他们捣乱。有时手痒闲不住，便解下赌鬼拴船的缆绳，撑船过岸渡人，分文不取。过往行人都夸他热心肠儿、好心眼儿。

阴历七月初七那天夜晚，我坐在河堤下乘凉，仰望夜空银河两岸的繁星，心中忽有所动，当夜便在睡前构思了这篇小说。人物是现成的，故事也现成，我只不过添枝加叶、缝连补缀而已。

小说的主人公俞青林，分明就是姓赵的小伙子。两个二流子的原型，来自撑私船的赌徒酒鬼。

我添枝加叶有两个人，一人是爱上俞青林的少女春兰，一是教育俞青林的党支部书记关山。

非常巧合，姓赵的小伙子后来结婚，媳妇就叫春兰。不幸的是姓赵的小伙子在四十岁时，身患癌症而死。

《摆渡口》最初发表在孙犁同志主编的《天津日报·文艺周刊》上，偶然被当时担任《人民文学》主编的邵荃麟同志看到，颇为欣赏，批示转载。这是我第一次在《人民文学》上露面，从此我便成为《人民文学》的基干作者之一。

我的第一本书——短篇小说集《青枝绿叶》中，收入了《摆渡口》。我将这本短篇小说集赠送当时的团中央第一书记胡耀邦同志。他从头到尾读了一遍，也很喜欢《摆渡口》，但是同时指出缺点："为了体现党的领导，便写了个党支部书记讲一些大道理，是公式化概念化的败笔。"以后，我又把这本书送给前来中国访问的赫鲁晓夫的女婿阿朱别伊。阿朱别伊当时是苏联《共青真理报》副总编辑兼文艺部主任。不久，苏联青年近卫军出版社翻译出版了这个短篇小说集，封面上画了《摆渡口》的一个场景。

到生活中寻找创作的冲动

写完《青枝绿叶》和《摆渡口》，团中央安排我到河北省深县农村深入生活。深县的蜜桃，全国闻名。从八月中旬到九月中旬，我先后在深县段家佐村和贾各庄村住了一个月。在段家佐村我住在白大娘家，在贾各庄村我住贾大伯家里。

白大娘是个热情好客、温和爽快的老太太。她的儿子在乡里工作，二女儿在县里工作，大女儿已经出嫁。家里除了她，还有儿媳和小女儿。那一年深县水涝，农民口粮短缺，白大娘为了叫我吃好，变着法儿给我粗粮细做。我爱吃油炸辣椒，她便四处找辣椒换菜油，充分满足我的口味。她的大女儿嫁到外村，当八路的丈夫在战场上阵亡，大女儿又改嫁本村的一个农民，她觉得大女儿给她丢了脸，多年不肯来往。我一方面觉得白大娘的封建思想过重，一方面也感到她对革命烈士的深情。我劝她跟大女儿和好，她默默不语。我在她家住了十八天，临别想交饭钱，怎么说她也不要。回到县城，我买了一块衣料，交给她在县里工作的二女儿，表示一点我的心意。

贾大伯是个颇有传奇色彩的人物。他年轻时不但在本乡扛长工，打短工，还到外乡烧砖、赶脚、背纤，眼界较宽，心胸也广。解放初期有名的两大贪污犯刘青山和张子善，他都熟悉。他跟刘青山一起烧过窑，跟张子善的哥哥是把兄弟。当年跟他是江湖弟兄的人，还有的当了将军。一九三七年吕正操将军在冀中建立人民自卫军，他曾想参加，但那时他已四十岁左右，团长就是他烧窑的哥们，感到收下他很难安排，就劝他到地方上当村长。他把十六岁的儿子留在部队，自己回了村。一九四五年日本鬼子投降，儿子回家探亲，在家住了三天，娶了本村一个姑娘，一九四八年冬，儿子已经当上营长，解放锦州时牺牲。贾大伯大哭一场，擦干了眼泪便把儿媳收为干女儿，替儿媳择婿再嫁，嫁到距离贾各庄村很远的外地。我住在他家，称赞他的嫁媳之举表现了胸怀宽广的先进思想，他苦笑着摇了摇头，说："啥个先进！她年纪轻轻，怎能守得住？等她给我丢人现眼，还不如我赶早把她打发走，眼不见为净。"原来，他只是明智，而不是开明。一九五二年的贾大伯，不但是一村之长，而且是一社之长。他响应党的号召，带头在贾各庄村成立了一个初级农业合作社，当时叫土地社。土地社仍然保持土地私有，劳五地五分红，抽取一部分公积金。贾大伯用公积金买了一头大青骡子。他疼爱这头大青骡子如自己的亲生儿女，养在他家，亲自照管，不许别人碰一指头。我到贾各庄村时，正值挂锄的农闲时节，他每天牵着大青骡子到滹沱河边吃嫩草，我都随他同去。在河边，我听他讲了很多闻所未闻的故事。有一天，天色一变下了雨，我们赶忙回家。他脱下了衣裳罩在大青骡子背上，自己却淋得像落汤鸡。我又夸他不愧为先进人物，他又摇头否认，说："先进个啥！我一辈子就是喜爱好牲口。"

我离开贾各庄村，贾大伯牵着大青骡子把我送出十多里地，大青骡子的背上驮着我的行囊。

我从深县归来，暑假已经结束，《青枝绿叶》和《摆渡口》已经发表，新的创作冲动又在心中升腾着。我坐在教室里，心思常常飞到深县。我从教室的玻璃窗向外远望，眼前变幻着白大娘和贾大伯的面容身影。在十月的一个秋雨连绵的傍晚，我的创作冲动阵阵高涨，突然有如河汛决堤，动笔便不能遏止，一口气写出了《大青骡子》。

《大青骡子》中的桑贵老头的原型是贾大伯，桑老奶奶的原型是白大娘。我只是把地理环境，写在北运河农村。在小说创作中，我常移外地之花，接家乡之木。

白大娘和贾大伯如果还活着，都已是百岁老人了。

汗滴禾下土

七十八岁的老教育家方田古同志，从一九三七年春教书，到一九八六年离休，五十年如一日，终身从事中小学教育这一崇高的职业。离休后又历时八年写出回忆录，要我为这部回忆录命名，我不假思索就题名《汗滴禾下土》。

"锄禾日当午，汗滴禾下土。谁知盘中餐，粒粒皆辛苦。"方田古同志一辈子为培育人才而费尽心血，正像滴汗锄禾、春种秋收的老农。子曰："吾不如老圃。"方田古同志敢说是教育园地的老园丁。孔夫子弟子三千，方田古同志弟子何止六千人？孔夫子是当官不成才教书，方田古同志入党五十九年，目标始终如一教书育人，没有当过一天官。有人说方田古当不上官是因为他脾气不好，一贯抗上，想当官也没人用他。我却要反问一句，难道媚上是当官的必备条件吗？媚上者，阿谀奉承，奴颜婢膝是也；共产党员岂可为了当官而变得如此下流？

方田古同志入党五十九年，没有当上七品县令，五品知州，四品道台，三品侍郎，二品尚书，一品首辅，不算不光彩。一袭布衣，两袖清风，培育成千上万学子，何等劳苦功高，何等令人钦敬。

我们已经把“万般皆下品，唯有读书高”打翻在地，踏上不知多少万只脚；我们何不彻底粉碎“万般皆下品，唯有做官高”的封建思想观念。少一些官迷官僚，多一些埋头苦干的孺子牛，才是党之大幸，国之大幸，民族之大幸，社会之大幸！

我和方田古同志曾有百日师生之缘。一九五四年春夏之交，他调任通州潞河中学（曾先后改名河北通县中学，通县一中）校长时，我即将高中毕业，升入大学深造，来不及接受他更多的教导。但是，在那极“左”横行的年代，方田古同志一直肯定我的主流和本质是好的，因此而受到多年连累，我是感念不忘的。为出版这部回忆录，我和各届学弟们捐款集资，不光是感谢师恩，更是为了弘扬老共产党人的风骨和正气，垂范后人。方田古同志婉拒赠款，转交通县作为教育基金，又一次表现出老教育家的高尚情操。

方田古同志三十六岁来到通县工作，至今仍在通县寓居，他虽是外省他乡人，但正如李卓吾先生，在我的心目中早已是大运河的乡贤。

在这部回忆录中，方田古同志总结了他几十年献身教育事业的心得体会，我是外行，不敢妄言长短。但是，历史的经验值得注意，他的心得体会是几十年血汗和泪水积聚提炼而成，也就必然具有很高的借鉴价值，应该引起重视。

眼看八十岁了，方田古同志在给我的信函和电话中说："绍棠，我也走不动路了。你还能为党做很多工作，千万保重呀！"我非常心酸难过，越发不敢稍有懈怠，坐吃老本。

金无足赤，人无完人。上无愧于党，下无愧于民，方田古同志当之无愧。

悼念顾竟夫先生

悲哉秋之为气也！萧瑟兮草木摇落而变衰。一九九二年九月二十九日上午九时，我的老师顾竟夫先生，因患肝硬变医治无效，在愁煞人的秋风秋雨中与世长辞。

四十一年前，我在通州潞河中学念高中，顾竟夫先生教我《范氏大代数》和《立体几何》。我的妻子跟我是同年级同学，也是顾先生的弟子。

那时，我十几岁，顾先生二十多岁，年龄差距不大。顾先生性情活泼，诙谐风趣，留学生头，穿学生装，不知道的还当他是高中三年级学生。他的三胞弟，跟我同班，兄弟之间常开一开戏而不谑的小玩笑。于是，我们也就沾顾老三的光，把顾先生视为老大哥，师生之间的小玩笑也开得不少。

顾先生本来读的是燕京大学建筑系。由于家庭人口多，只靠老父一人赚钱难以糊口，在兄弟姐妹中排行老大的他，便责无旁贷地中途辍学，教书挣钱养家。

燕京大学和潞河中学同属一家美国教会和教育基金会，也像哥哥和弟弟。

顾先生绝顶聪明，心灵手巧，教《范氏大代数》层次分明，论证严密；教《立体几何》自制教具，亲手画图。他是建筑系出身，手制教具和图表精确而美观。讲课也语言准确而生动，没有一句废话；但常有幽默的言辞，引起哄堂大笑。他的讲课深受同学欢迎，连我这个对理科感到头疼的学生，上他的课也不犯怵。

我最悦服他的批改作业和抽查小考。那时，教师授课的课时多少，决定经济收人高低，顾先生教学水平高，家庭又需要他多挣钱，每周要教几门课，三十多个课时。然而，他却不因教课多，头绪多，学生多，作业多，便漫不经心，偷工减料。他每日收阅上百本学生作业，都一丝不苟批改；蝇头小楷，工整清晰。我的手笨，制图常有误差，顾先生都用红笔一一订正，使我在对照中大受启发。

当时，同学们在学习中有个偏向，那就是追求演算华而不实的难题，显示自己"出乎其类"，却忽略熟练掌握正常的基础知识。顾先生为了纠偏，并不多费唇舌，只在课堂上进行"突然袭击"式的五分钟抽查小考。试题都很平常一般，却又是"情理之中，意料之外"，看似容易做起来难，常使许多自以为"出乎其类"的同学一败涂地而"幡然悔悟"。事实胜于雄辩，寓教于意在不言中，同学们无不心悦诚服。

我在中学时代便走上文学创作道路，数学学习成绩只够中等，也就不大接近顾先生。但是，顾先生喜爱古典文学。师生偶有交谈，都是只聊文学不论数学。顾先生对于文学所表现的求知精神，远胜于我对数学那“浅尝辄止”的轻浮态度。

从潞河中学毕业，我考入北京大学，此时的北京大学已从沙滩红楼迁入顾先生过去读书的燕京大学旧址。后来，我成为专业作家，潞河中学校长请我回校跟师生们见面。顾先生已经三十多岁，由于家庭负担沉重，实行固定工资以后收入减少，所以还没有结婚，我这个比他小十多岁的学生，却已经抢了头阵，不但娶妻而且生子。顾先生说要等他的弟弟妹妹都男婚女聘之后，才解决自己的个人问题。我很伤感，忽然觉得他极像巴金长篇小说《家》中的大哥觉新。

从此一别二十五年。二十五年后我重回母校，急着见到顾先生，却听说他一直病体在家。顾先生在“文革”中，被他所教的“红卫兵”学生扣上“反动权威”帽子，批斗、毒打、凌辱、强迫劳动……心灵受创伤，身体被摧垮，已经上不了讲台，只能给数学教研室的青年教师做一些辅导工作。校长留我吃饭，我本想饭后登门拜望顾先生，谁知顾先生听到我返校的消息，竟大老远地从家里步行赶来看我。他已年过花甲，伤病缠身，体力衰弱，走一段路就要坐下来喘息。从家里到学校，走走停停，几次歇脚。时隔四分之一世纪，我和顾先生久别重逢，一见之下使我大惊失色，当年那位“高中三年级学生”模样的顾先生，已经变成花白头、伛偻着腰的老夫子。我请顾先生也坐下来吃，顾先生戴着大口罩，摆手说有传染病，不肯就座。但是，他却一直作陪，给我斟酒夹菜。他告诉我他在四十出头时结了婚，生有一女名叫顾荃，已上中学。他问我的孩子情况，我说都上了大学。他跟我玩笑道：“你一辈子超前，我一辈子滞后。看来，你得四世同堂，五世其昌。”

顾先生虽不能上讲台教课，但他是北京通县首屈一指的中学数学教师，级别高，荣誉多；他不愿“不劳”而获吃“闲饭”，病情稍有减轻便四处讲学，并且经常对学校的各项工作提出合理化建议。

我和顾先生开始通信。他说，他跟他教过的最初五届学生最有感情。那个年代大家都年轻，人际关系单纯真诚，师生亲如兄弟。这些老学生现今虽已五六十岁，有的甚至名扬中外，身居高位，却贵而不骄，仍旧毕恭毕敬执弟子礼。他对“文革”中的学生打老师，深恶痛绝，伤心至极。

顾先生的身体已如风烛瓦霜，却不料晚年又遭沉重打击：爱女顾荃春游跌下山谷身亡。于是，病情恶化，住院疗救。

在顾先生卧病期间，我也中风左瘫，丧失行走能力。老师有事，弟子服其劳；我只能转求他人，为顾先生介绍医生和安排医院。今春，顾先生生命垂危，朝不虑夕，北京和外地的“老五届”学生，聚会为他祝寿。顾先生激动万分，还喝了酒。我本想恭赴寿宴，不想我的老父病逝，服丧期间不宜参加喜庆活动，只得捎话致贺。

国庆节前夕，顾先生自知不久于人世，弥留之际，跟侍奉床侧的赵荣鲁学兄谈起他思念和想见的“老五届”弟子。说到我时，一再叮嘱荣鲁学兄：“不要告诉刘绍棠，事后再告诉他，免得他心里别扭。”同时，又要荣鲁学兄代他向我致谢。最后，留下遗言：“希望刘绍棠注意身体，给人民多写好作品，替人民说话，反映人民心声。”顾先生火化安葬一周之后，荣鲁学兄才来信通知我。

我正因心脏病发作卧床，展读荣鲁学兄的长信，百感交集，感慨万端，心脏阵阵绞痛，泪水淌下眼角，不停地喃喃自语：“顾先生，顾先生……四十一年，四十一年……”我的妻子怕我痛极伤身，劝我道：“等你的心脏正常了，写一篇悼念顾先生的文章，心情会好过一些。”

赵荣鲁学兄在信中也要求我写一篇悼文发表，为顾先生身后传名。

我像手里捏着一团火，不写出悼文心脏更加难受。于是，我口服速效救心丸，含悲忍泪分几次把这篇悼文写出来。

顾先生，您这一生，辛苦了！

负责在政治上指导我的人

文艺界都知道丁玲同志在延安曾经主编《解放日报》副刊，但是没有多少人知道丁玲同志当时的助手肖玲，便是吴一铿。一九八四年秋季，丁玲同志领衔，筹办《中国》文学双月刊，我和大多数副主编都不能主持具体编务工作，丁玲同志慨叹一声，说：“如果肖玲……吴一铿活着，她来管这些事最好了。”我也是这么想。然而，吴一铿早已与世长辞，一去不复返了。

我认识吴一铿，是在一九五二年一月，那时她刚接替柳青同志，担任《中国青年报》编委兼文艺部主任。

一九五一年十一月，我在通县潞河中学念高中一年级，把短篇小说《红花》投寄《中国青年报》。文艺部主任柳青和总编辑陈绪宗都很欣赏这篇小说，决定以整版篇幅并加编者按，发表在一九五二年一月一日的第四版上。在这期间，吴一铿曾跟我通信联系。她的字写得拳打脚踢，男子风骨，一铿又像男性名字，所以我只当她是个男同志。

不久放了寒假，吴一铿写信叫我到报社做客。一见之下，出人意外，原来她是个娇小玲珑的四川女子。那一年她三十出头，穿一身深灰色的女干部服，梳两条辫子，是一位美丽的革命大姐。她为人像一团火，说话如雨打芭蕉，一支接一支地吸烟，又很能喝酒，颇有女中丈夫之气魄。她亲自安排我跟领导同志见面，听取他们对我的指教，又召集报社的同志们听我讲农村的新人新事，并且留我住在她家里，热情款待，促膝长谈。从此，我和她经常通信，无话不说。一铿的信中虽然语多教诲，有时也有苦恼的流露和哀怨的心曲，只是我年龄很小，并不理解；不过也能感到，这位革命大姐已把我这个革命小弟引为知己。

一九五二年七月，我又写出短篇小说《青枝绿叶》，一铿和陈绪宗同志看了原稿都十分高兴，又请沙汀、周立波、严文井、康濯等前辈作家过目，也得到了肯定。暑假，一铿邀请我和几位青年作者到报社，举办了一个讲习会。半个月时间，许多著名作家应邀跟我们见面恳谈，我大受教益。《青枝绿叶》发表以后，引起很大反响，我这个头顶着高粱花的农村少年才算走上文坛。可以说，我走上文坛是一铿大姐扶上马的。

我十六岁提出入党申请，一铿同志对我的入党问题十分关心，每信必有垂询和指导。一九五三年五月我入了党，一铿同志正在成渝铁路工地上采访，不能参加我的宣誓大会，来信深以为憾。过了一些日子，她从成渝铁路归来，顾不上休息，便冒着大雨从北京来到通县看望我。那时北京和通县之间只有一趟长途汽车，交通很不方便。从长途汽车站到我读书的学校，还要步行一里路。大雨中道路泥泞，非常难走。我至今记得，一铿大姐身穿一件粉红色雨衣，挽起裤腿，扒下鞋子，一步一陷，深一脚浅一脚，走进潞河中学，浑身上下溅满了泥浆。我想打水给她洗一洗，她只叫我领她到自来水龙头下冲了冲，便急忙找党支部书记谈话。谈过话吃了饭，又冒雨而去。我送她到车站，淋了一个多小时才上车。

五十年代，早恋盛行，一镗同志也要为我安排婚事，对方是她很喜爱的一位女演员，我不同意。我爱上我的一个十五岁就入了党的女同学。一镗大姐很不放心，一定要亲自看一看。我陪我的爱人（也就是已经跟我患难与共四十多年的妻子）跟她见了面；她目测口试之后，才改变了原来的安排。此事虽属干涉他人内政，却也可见一镗大姐对我的深切关怀。我违背了她的意愿，但是一直感谢她的好意。

一九五五年我从大学出来，专业创作，负责在政治上指导我的人，换了别的同志；我和一镗大姐变为私人交往，减少了拘束，更为推心置腹。这时她才向我讲述自己的身世。她本是四川一位世家小姐，爱好文学，追求进步，脱离家庭，投身革命，抗战前便参加了中国共产党。她经历曲折，见闻多广，曾经担任较高的行政职务，都因个性太强，感情用事，多次挨整。弃官从文，也由于个人和环境的种种原因，未能取得成果。她在延安曾患子宫癌，开刀摘除，不能生育，年岁大了常常感到寂寞。苦闷时借酒浇愁，却又酒入愁肠，更损伤了身体。

一九五七年一镗大姐在我之后划右，我们也就再没有见过面。一九六一年她癌症复发而死，听说死得很悲惨，面容都脱了形，令人目不忍睹。

但是，我保存着一九五二年夏季时她的两幅照片，因此在我的心目中永远保留着她四十多年前的优美形象。

“优美”二字，一镗大姐是当之无愧的。

我的目光只投向侨女白樟身上

我的妻子曾彩美是海外归侨，祖上是福建同安（今属厦门市）人。当年她在海外加入地下党时，化名白樟。这个名字已经没有几个人知道，只有我喜欢挂在嘴边。

入党时她十五岁，白樟是她自取的名字。十五岁的白樟正如杜牧诗云：“娉娉袅袅十三余，豆蔻梢头二月初。”永不褪色，永不凋谢，永不衰老。

一九五一年的六月，白樟突然向父、母、兄、姐告别，要远渡重洋，回归举目无亲的祖国。一家之长的严父，体弱多病的慈母，千言万语苦劝女儿回心转意。从来温顺服从的女儿却一句话也听不进去，竟将生死置之度外，不畏艰险，一意“孤行”。他们哪里知道，这个不动声色、不露锋芒的女儿，早已是个赤色分子。新中国与他们的侨居国建交，党决定组织机构和有关党员撤退回国，以免有碍和平共处五项原则。

辗转迂回，九曲十折，白樟来到我的家乡——北京通州潞河中学插班读书，跟我成为同年级同学，又是同一个党小组的同志。我十二岁加入国民党统治区的地下共产党外围组织，十七岁提前一年入党。我和白樟，可谓有共同的政治信仰和思想基础。此时，我在当代中国文坛，小荷才露尖尖角。五十年代，生搬硬套苏联的早恋、早婚、多子女。我的少年成名，引人注目。但是，我的目光只投向侨女白樟身上。她文静、典雅、端庄、秀丽，酷爱读书。在几十位女同学中，她最具有大家闺秀的神韵和风采，我觉得她颇像中国古代的贞女。

五十年代初到苏联留学，比现在到美国留学神气得多。能到苏联上大学，不仅是优秀人才的标志，而且更是极高的政治待遇。因而，选拔留苏学生的政审，可说是放在显微镜下看了又看，查了又查。

那时，我已是共产党员，被认为是“政治可靠”；又出版了一部短篇小说，小有文名，被认为智商较高。留学苏联不必挑选，舍我其谁？然而，我一听是到列宁格勒学化工，便吓得三魂出窍，忙打退堂鼓。中学六年，初中和高中，我念过两遍化学，那时按优、良、中、差、劣，五级计分制。初中我能拿个“良”，高中便落了个“中”；如果留苏，那必定是个“差”。我敬谢告免，有关部门不肯照准。于是，我只有向当时的团中央第一书记胡耀邦同志求助。我委托同班好友冯希章（现为河北师范大学教授）带着我的信去找胡耀邦同志。后来团中央回信明确表示想把我培养成专业作家。有关部门打消了派我留苏的念头，又把目光落在我的未婚妻身上。她入党比我还早，为人温和内向，沉默寡言，高中时代她学的是俄语，政治上和行为上更令人放心。但是，我们已经准备结婚，鸳鸯分飞，难舍难离。我又找到党支部书记，诉说我的苦恼。党支部书记有一副月老儿心肠，便从出国留学生名单中划掉我爱人的名字。留学抢都抢不上，我爱人不去，正可礼让给求之不得的人。

后来，我考取了北京大学中文系，她考取了北京师范大学中文系。大学期间，我们结婚生子。一九五七年我被划右，白樟拒绝跟我离婚而被取消党籍。涸辙之鲋，相濡以沫，她心甘情愿地陪伴我度过了二十二年艰难困苦的岁月。一九七九年我的冤案平反，白樟也“夫荣妻贵”，恢复了党籍，被公认为具有民族传统美德的贤妻良母典型。

我一九八八年中风偏瘫，丧失生活自理能力。白樟每天帮助我穿衣起床和脱衣睡觉，起床和睡觉之前量血压。我又患有糖尿病，她要给我计量配餐、服药、验尿。由于我半身不遂，她还得辅助我洗脸、刷牙、洗澡、擦身。我外出参加活动，她随侍左右，推着轮椅送我进入会场。我在偏瘫之后所写的三部长篇小说和两部随笔集，都是我写草稿，白樟代为抄写寄出。后来编选出版的《刘绍棠文集·大运河乡土文学体系》十卷，也是白樟承担全部技术整理工作，我只管校定。十卷文集要有一篇总序，我请白樟写个千字文，骂几句也好。但她不肯赏我的光，甘愿默默无闻。

不过，她要求把我和她的四十周年（红宝石）婚庆照和全家福照片（我和她，儿子、儿媳、孙子，长女、女婿、外孙女，次女、女婿、外孙），收录在文集扉页上。文集十卷，除标准像外，还要收录六十幅生活照，白樟应该占有首要位置。

我和她，一对白头偕老的伴侣，同呼吸共命运，携手同行。

我读外国小说比中国小说多

潞河中学是美国教会一百三十年前在北京通县开办的洋学堂，完全照搬美国学校的校园模式。校园空阔而幽静；鸟语花香，小桥流水，像一座大花园。全校只有五百多名男女生，实行住宿制。

每个星期六晚上，住宿学生的大多数都离校回家过假日，熄灯就寝时间也就不再严格限制。这一天我的同室同学都回家了，只剩下我一人独处，正好关门闭户，静下心来读书。

头一回阅读《静静的顿河》是在一九五一年的深秋时节。

秋夜，校园一片寂静。宿舍窗外秋风阵阵，吹下片片落叶沙沙响，窗根下秋虫唧唧，反倒使我凝神专心。我打开第一部卷一第一章的第一页，没读几句便被强烈吸引，整个身心投入肖洛霍夫描写的顿河岸边月申斯克村的人情世态和风光景色中。书中的顿河和我的家乡的大运河，月申斯克村和我那生身之地的儒林村，相似之处俯拾皆是。

阿克西妮娅、娜塔莉娅和葛利高里那死去活来的爱情，震撼我那青春少年的心灵，令我泪如雨下。那时我还不知爱情为何物，但我通过阅读《静静的顿河》，产生了对爱情的向往。

我一边流泪一边阅读，一口气读到第一部收尾，从欧洲战场归来休假的葛利高里，发现情人阿克西妮娅发生了变化，在寒风中伤心地撕毁本想送给阿克西妮娅的头巾。第二天又挥鞭痛打奸占阿克西妮娅的地主李斯特尼茨基公爵，扔下了阿克西妮娅回到娜塔莉娅身边去……我心如刀绞，用被蒙头痛哭起来。

阅读第四部，眼泪流得更多。阿克西妮娅到顿河边上的叛军营地探望丈夫归来，一路上思念情人葛利高里；娜塔莉娅伤心至极，流产身亡；阿克西妮娅哺养葛利高里的子女；跟随葛利高里外逃被流弹击毙；葛利高里在黑色的阳光下挖地埋葬阿克西妮娅……这些章节都使我的眼泪滔滔不绝。

从十五岁起，《静静的顿河》便被我随身携带，时常翻阅。后来买了一套人民文学出版社的大32开精装本，摆在书橱里观赏。

掐指计算，这辈子我看外国小说比看中国小说多得多。初学写作那些年，主要是啃俄罗斯（原苏联）小说，其次是法国小说；后来扩大到英、美、德、意、印度、日本、东欧、南美各国小说。现在年纪大了，阅读小说减少，但仍以外国小说为多；盲目排外的帽子戴不到我头上，把我塑造成义和团大师兄是歪曲了我的庐山真面目。

孙中山先生曾“以俄为师”，我也走过“总理遗嘱”之路。普希金和屠格涅夫的语言艺术，我一读三叹。作为小说家，我最佩服的是果戈里，托尔斯泰次之，以下是契诃夫、蒲宁、库普林……肖洛霍夫对我影响最大。法国文学，我差不多读遍了译成中文的巴尔扎克的小说，而对梅里美最为偏爱。英国和美国小说我读着没有俄国和法国小说亲切。凡是具有浓厚美国佬儿气味的小说我都爱读。印度文学，我崇敬泰戈尔，但更愿与普列姆·昌德接近。拉丁美洲作家，我觉得亚马多比马尔克斯更有成就……

乡土文学作家虽然只写方寸之地，却不能身心作茧自缚，眼界划地为牢。相反，更应胸怀五大洲三大洋，眼观六路而又耳听八方。目光短浅，器量狭窄，孤陋寡闻，只能因小失大，萎缩了乡土文学。中国气派、民族风格和地方特色，主导着我的乡土文学创作。但是，过去和现在，我都注意博览和研读外国小说，一是为了了解，二是为了比较，三是为了借鉴。普希金的短篇和中篇小说，屠格涅夫的中篇和长篇小说，以优美的语言，美妙的表述，精简的人物，精彩的情节，合成精美的文体艺术。在他们之后，蒲宁和库普林的小说也是如此。我从中懂得了一些规矩，学会了掌握某些行文尺寸。梅里美小说的传奇色彩，在他的十分考究的文体艺术的制约下，纵横捭阖而又适度完整，我每读一遍都为之倾心和艳羡。四十六年创作生涯，我写中篇小说最多，在创作和修改过程中，常常受到这些文体大家的感召。由于我个人经历、志趣和笔力的局限，我在进行长篇小说创作时，严格要求自己“长篇短写，武戏文唱”，也就是要人物少、事件小、篇幅短，以便充分扬长避短而藏拙见秀。在这一点上，屠格涅夫的长篇小说为我做出“示范性动作”。我至今出版的几部长篇小说，部部都在二十万字左右。不过，我对屠格涅夫作品的贵族气和脂粉气并不喜爱。相比之下，还是果戈里的《塔拉斯·布尔巴》，托尔斯泰的《哈泽·穆拉特》《哥萨克》对我更有吸引力，学着更起劲儿。

托尔斯泰的《战争与和平》和《安娜·卡列尼娜》令人叹为观止，但是最能激动我的心灵的却是《复活》，这是由于我来自下层，对下层人民的遭遇和命运能够感同身受。巴尔扎克的长篇小说使我着迷，是因为巴尔扎克所描写的十八九世纪的法国社会风情和人间百态，使我大长见识，也还由于巴尔扎克的长篇小说创作手法，跟中国传统小说的写法颇多相似之处，读起来顺当，学起来便当。可惜，我对巴尔扎克过于偏食，又受马克思二女婿拉法格的影响，因而对雨果产生了偏见，到现在仍然没有多大兴趣。我曾想在巴尔扎克之外向左拉讨教，读多了却令人作呕。福楼拜和司汤达的文笔使我为之倾倒，司汤达更适合我的口味。读莫泊桑的小说像吃奶油冰激凌，然而我对他不能产生敬意，因为我心目中有个可敬的契诃夫。

我硬着头皮读过一些英国和德国小说，对我影响甚微。意大利乔万尼的《斯巴达克思》是一部具有巨大震撼力的史诗。美国小说家中我读得较多的是马克·吐温、杰克·伦敦、德莱塞和欧·亨利的作品，他们对我的影响也不大。海明威和福克纳是两位大家，但不是巴尔扎克和托尔斯泰那样的巨人。正如我将保罗·萨特和罗曼·罗兰对比，罗曼·罗兰是多么博大精深，高雅俊逸。我读了一些译成中文的萨特的作品，他不能使我信服和钦佩，我觉得萨特好像一位身穿珠光大礼服的魔术师。而病态心理、孱弱性格的卡夫卡，更是个套中人。他们属于他们那个社会，属于他们那个世界，属于他们自己。我们可以各取所需，洋为中用，但不必奉若神明，顶礼膜拜，更不可削足适履，生吞活剥。

塞万提斯的《堂·吉诃德》那永远洋溢着无穷的艺术魅力的语言，至今使我如醉如痴，汲取营养。马尔克斯的《百年孤独》，对我这个中国乡土文学小说家启发很多。马尔克斯是为了与西方现代主义对垒而从西方现代主义的桎梏中解脱出来，转向开掘印第安文化、黑人文化和拉丁美洲的独特地理和社会环境，进行“传奇的现实”题材的创作。使用葡萄牙语的巴西作家亚马多是一位当之无愧的文学巨匠，他的《无边的土地》《黄金果的土地》《饥饿的道路》，给我留下不可磨灭的印象，在拉丁美洲作家中我最推崇此人。

泰戈尔的小说不亚于他的诗歌，长篇小说《沉船》是多么完美的艺术精品。但是，这个老头儿太超凡，太空灵了；所以，阅读了普列姆·昌德的小说我才落到实处。日本作家川康端成虽然获得了诺贝尔文学奖，读了他的几篇作品之后，却使我十分怀疑诺贝尔文学奖评委们的目力，不在二五眼以下，也不在二五眼以上，不多不少丝毫不差正是二五眼。

我和我这一代（五十年代）作家，都深受苏联文学的熏染，学到若干优点，也传染不少毛病。肖洛霍夫的作品使我找到了如何扬长避短的创作道路——写自己的家乡，致力于乡土文学创作。

从十月革命到五十年代中期的苏联著名作家的作品，翻译到中国来的我差不多都读过。肖洛霍夫的影响决定我今生在中国文坛的生存和发展。

我成名很早，当我已被承认为新中国文学橱窗里的一个小小展品时，跟我同辈而又比我年龄大的青年作家破土而出，蜂拥而上。我是写农村题材的，其中几位写农村题材的青年作家，见识比我广，阅历比我深，生活积累比我厚，我是写不过他们的；何况还有众多的写农村题材的前辈名家，更是我所望尘莫及。我的存在发生了危机，急中生智便从肖洛霍夫的作品中悟出了一个道理，那就是欲进而退，以守为攻，专写乡土和乡亲，便可以在局部上取得最大优势，而在文坛割据一席之地。文坛不能有皇上，也不能有霸王、盟主、龙头老大，只有割据称雄才能百花齐放，我喜欢自称一亩三分“地主”。这条路我已走了四十六年，我在我的长篇小说《十步香草》的后记中写道：“我要以我的全部心血和笔墨，描绘京东北运河农村的二十世纪风貌……留下一幅二十世纪家乡的历史、景观、民俗和社会学的多彩画卷，这便是我今生的最大心愿。我的名字能和大运河血肉相连，不可分割，便不虚度此生。”

我对肖洛霍夫的《静静的顿河》佩服得五体投地，但是并不盲目崇拜地视为尽善尽美。我想，肖洛霍夫如果能像阿·托尔斯泰那样精炼文字，全书三部曲足矣。《静静的顿河》第一部最为迷人，第四部一座艺术高峰，第二部和第三部显得塌陷，第二部尤甚。当然，阿·托尔斯泰《苦难的历程》第三部收尾，也塌下去了。十年内乱，我苟全性命于荒村寒舍，农闲时节，夜静更深，我曾利用一套老本《静静的顿河》，将其第二部和第三部精选焊接为一册。可惜，今已不存。

不假思索，即兴写来，一孔之见，信口开河。萝卜白菜，各有所爱。我吃“羊肉”，是为了化为己有长人肉。

第五章　在北大“串门”

马寅初校长拦住我们做广播操

我爱北大，想北大，却又怕回北大。

一九五四年我到北大念书，才十八岁，正是“恰同学少年，风华正茂”。现在重返北大，却是“别梦依稀咒逝川”，惜往日之不可追了。

我在北大念书的那一段生活，回味起来是美好的；老同学们一起追忆往事，心情是激动的。然而，身临其境，望见校门便近乡情怯，走进校园更是感慨万千。现今北大每一位学弟师妹的面孔，都像一面镜子，照见我的“乡音未改鬓毛衰”。看见他们一个个就像早晨七八点钟的太阳，我不能不感觉自己“老冉冉其将至”了。

最令人伤感的，是我所敬爱的许多师长再也见不到了。

我念书时的三位正副校长，马寅初、江隆基和汤用彤先生都已作古。那时的北大虽没有现在这么大，学生和校长也很难直接接触。不过，马先生尽管身兼若干要职，但是学校凡有重要活动，都出席露面，喜欢讲话。在我的记忆里，江校长好像隔上几天就在大饭厅给学生们做大报告，每次长达数小时，常常推迟开饭时间。汤先生那时已经以轮椅代步，开会坐在主席台上，我没有听过他演讲，这位哲学界的老前辈，很像鲁迅先生笔下的《出关》中的老子。

还记得三十四年前的数九寒冬，未名湖冰冻三尺，我们在外语楼下了大课，转移到文史楼上专业课，途中路过马先生那松竹梅掩映的办公室。马先生早已从办公室里走出来，张开双臂，拦住同学们跟他一起做广播操。当时马先生已经七十二岁，正是我的年龄的四倍，却只穿了一身旧西服，西服里套着一件毛衣，满面红光，毫无寒意。我们不得不服从校长的命令，或者说不好意思驳校长的面子，也就列队站成方阵，在音乐的伴奏下手舞之足蹈之。马先生屹立在最前列，每个动作都非常认真，一丝不苟。相形之下，我们这些青春年少的门生，却一个个缩头拱肩，蜷手曲臂，敷衍了事，不成体统。而且，往往趁马先生自我陶醉于忘情之中，偷偷捡起放在足下的书包，悄悄溜之乎也，把马先生晾成了“光杆司令”。后来，马先生有所发觉，拦住同学们做操，还要同学们脱下大衣，摘下棉帽，解下口罩，褪下手套，并且面向同学们示范，随时进行监督。我身为本班班长，却总是扮演逃兵头子的可耻角色。

我崇敬马先生，不仅因为他以不唯上的经济学家的远大目光力主计划生育，还由于听说他是跟胡适竞赛才力争当上北大校长的。他当北大校长，想把北大办得比胡适当校长时好得多。不知他被迫辞职离开北大时，是否抱憾而去，也不知他在九泉之下跟胡适见面，两位老先生是否进行较量。我几次应邀回到北大给同学们做报告，每一回都说到此事，为的是激励同学们给马校长争气，使胡适先生不认输也得说声“差不多”。

我的学问是野狐禅

北大中文系有四大一级教授，他们是：教音韵学的王力先生，教古汉语的魏建功先生，教先秦文学史的游国恩先生，教文艺学概论的杨晦先生。我虽可自吹为名师之徒，却实在是吊儿郎当于门墙之外，不曾登堂更未入室，连卖狗皮膏药的资本也没有。

相比之下，我上游先生的课，还算用心听讲。那是因为，课后我要当“二道贩子”，给外国留学生辅导。不用心听讲而在辅导中出了差错，被揭露出来便要犯“国际”错误。在五十年代，那可不是闹着玩的。

游先生是一位典型的学者，做学问一丝不苟，讲课极有章法，待人接物和蔼而有分寸。他那时的年龄，跟我现在的年龄差不多，但是已经白发稀疏；冬季穿缎面长皮袍，外罩青呢大氅，头戴水獭皮帽，更显得夫子风度而又含威不露。他上课下课非常准时，时间精确得几乎不差分秒。

作为楚辞研究大家，游先生的论述讲究缜密的考证，学识之博大精深令人心悦诚服。文章不写一句空，讲课无一句赘言。连我这个在椅子上坐不住的人，也听得如醉如痴，入脑铭心。现在回想起来，我在北大那些日子，在游先生堂上学到的东西最多。

但是，在游先生眼里，我是个浪漫派；要想做学问，必须转变作风。

那年期末大考，文学史课考的是楚辞，中国学生做一篇论文，外国留学生抽签口试。我是留学生总辅导员，带领十来位部下，采取人盯人战术，将朝鲜、蒙古、民主德国、波兰、捷克斯洛伐克、罗马尼亚等国的留学生分别包干，确保每人都能得到五分。其中有几位留学生，对他们各自的辅导员很不信任，却对我这个总辅导员颇为迷信。所有口试的试题，都已经发下去，他们偏要我给每个试题都写出答案，供他们死记硬背。我迫不得已，昼夜突击，仓促脱稿，装订成册，雅兴大发，题名曰《佛脚集》。一位女留学生问道："为什么叫这个名字？"我为其解题，答曰："平日不烧香，临时抱佛脚也！"逗得她哈哈大笑。

我写惯了小说，笔下喜欢使用艺术化语言；《佛脚集》中的试题答案，多是非学术性的夸张词汇。口试那天，这几位留学生对答如流，妙语连珠，有如演员朗诵台词。游先生目瞪口呆，莫名其妙。游先生治学严谨，论文和口试答题中凡有引证，必须说明出处。那位女留学生为了省事，每个引证都回答引自刘绍棠《佛脚集》。游先生虽博古通今，却不知《佛脚集》为何物，于是惊诧不已。

当时我正忙着写小说《运河的桨声》，不想一心二用，便把《佛脚集》掐头去尾，改头换面，重新"组装"一遍，作为考试论文交卷。虽是琵琶半遮面，游先生却窥见了《佛脚集》的眉目嘴脸，他给打了个"5-"。那几个留学生的口试，人人都是5分，高我一等。

文学专业只有三十名中国学生，游先生发还每篇论文，都要找每个人谈几句话。

我也被传唤到游先生面前。

游先生没有夸奖我，也没有批评我，只是笑眯眯地说："闻一多先生是一位大诗人，浪漫派；但是他写楚辞论文，却不见了诗人脾气。冯沅君先生笔名淦女士，年轻时是个浪漫小说家，后来从事学术研究，便没有了小说家的影子。”

闻一多先生是游先生的挚友，冯沅君先生是游先生的同学，游先生很推崇闻、冯二位先生的学术成就。

不言自明，我已经知道游先生对我的论文的评价了。

我无法改变浪漫派的脾性，所以写了一辈子小说。谈论学术，都是野狐禅，不成正果。

魏建功先生欠我一堂课

魏建功先生教我们《古代汉语》。协助他的是梁启超的胞弟梁启雄教授。梁先生是荀子研究专家，给我们上答疑课。

考入北大以前，我对魏先生就仰慕已久。这倒不是因为他被原苏联学术界誉为中国三大语言学家之一（其他二人是王力和黎锦熙先生），也不是因为他与王力、游国恩、杨晦先生并称为北大中文系四大一级教授；我敬仰他的是二十年代他在北大上学，为听鲁迅先生的《中国小说史略》，竟在课桌上刻下自己的名字。鲁迅先生讲课极受学生欢迎，每一开讲，人满为患。外系学生和各种来路的旁听生蜂拥而至，抢占课桌，本科生反而被喧宾夺主。于是，作为本科生的魏先生，便在面对讲台的课桌上，刻下自己的名字以示永久使用。这张课桌一直保存在沙滩红楼的一间教室里，不知现在还有没有。

魏先生上课，完全是北大遗风，学识博大精深，授课却不讲究章法；走上讲坛经常不知从何讲起，有时重复上一节课的内容，有时又远离前一节课的内容，自己讲得津津有味，却不注意课堂效果。我对语言学不感兴趣，听课不带耳朵，也不动脑子。冬天坐在教室后排角落的暖气旁边，暖洋洋的正得入睡；夏天坐在临窗的位子上，吹着冷风看窗外的花草树木。我的特殊表现并没有引起魏先生的注意，他的注意力集中在“工农兵学员”身上。

一九五四年，全国大学生招生十一万，高中毕业生只有五万多，于是就从在职干部中招收了大量的调干生。这些调干生差不多都“吃过糠，扛过枪，过过江”，年龄偏大，念文科的多。我们班三十几位同志，只有五六名高中毕业生，其他同学不是八路军、新四军过去的指战员，就是老妇救会、青抗先的干部，资格最嫩的也参加过解放海南岛战役和抗美援朝的汉江之战。有位同学是个老工人，在上海英国人办的《字林西报》当了二十年排字工，英文只要说出字母，他能像大词典一般把汉译回答出来，然而却一句也不会说。这些货真价实的工农兵大学生，没有受过系统的学校教育，底子薄基础差，学习《古代汉语》很吃力。魏先生每周两节课，上课前一天的晚上，从城里来到学校，住在未名湖畔备斋的一间宿舍里，课代表也必定准时恭候。每次他都叫课代表通知几位工农兵大学生到他的宿舍来，他一个个地进行辅导。

我自幼爱读古文，不管哪个朝代的古文我都能囫囵吞枣，一看就懂个八九。有了这点半瓶醋的功底，我便讨厌钻研语法。有一回，课堂作业是将《尚书》中的一篇诰译成今文，我又一挥而就交上去。看作业本是讲师和助教的工作，不想这一回魏先生却点名要我的作业。不看不知道，一看吓一跳，原来我的译文似是而非，随意性很大。治学头一条就是讲究精确，我却是随心所欲，为所欲为。

于是，课代表通知我，魏先生要给我单独辅导。

这对我虽不是奇耻大辱，却也算不得光彩；我磨蹭到晚上八点左右，才硬着头皮到备斋去。

一进魏先生的宿舍，魏先生便紧握我的手，说："我才听说你的小说选入了高中语文课本，叶（圣陶）先生选的；忙找来看了，是写得不错。"

不提古代汉语而谈文学，我就来了兴致，啜了一口魏先生给我沏的茶，问道："您青年时代跟鲁迅先生很接近，后来怎么没有从事文学研究呢？"

他说，鲁迅先生对他的思想影响很大，但是胡适聘请他到国学研究所工作，便钻进了故纸堆。他又说，鲁迅先生也是一位造诣很高的文字学家。

这一来，师生便离题万里，海阔天空畅谈起来。魏先生说，鲁迅先生的诗写得极好，但是被小说和杂文的巨大成就掩盖了。他要将鲁迅先生的全部诗作亲手誊录，亲自刻板，印刷一部具有文物价值的鲁迅先生诗集。我早就听说，魏先生的书法和篆刻都很有名；而使我感动的却是魏先生对鲁迅先生的尊师重道深情。

我们直谈到夜深，魏先生才发出一声惊呼："哎呀不早了，以后找机会再给你补课吧！"

不久，我离开了北大。

一九五六年夏，我在公共汽车上遇见魏先生，忙起立让座。魏先生看了我半晌才认出我是谁，笑眯眯地说："我还欠你一堂课哩！"我说我已经离校，他说他知道，但是自言自语地又说："光顾聊天了，欠了你一堂课，真对不起。”

事过多年了，魏先生早已与世长辞，我也步入老年，但是我常常想念这位可亲可敬的老师。尤其想到他晚景凄凉，心里更为难过。

杨晦先生为我退学发脾气

我在北京大学念的是中文系，杨晦先生是我们的系主任，给我们讲授《文艺学》。早在一九四九年十月，我念初中二年级，到北大三院礼堂参加纪念鲁迅先生逝世十三周年大会，就听过杨先生的讲话。我至今记得，杨先生当时身上披着一件灰布的棉军大衣。稍长，我更知道了杨先生是五四运动中首先冲入赵家楼，痛打卖国贼的勇士之一，是著名的文艺理论家和教育家，是在现代文学史上占有重要地位的沉钟社的主要成员。因而，我从少年时代，就很崇敬杨先生。

入学以后，我被分到文学专业，杨先生找我到他家里谈话。我来到燕东园杨先生一家居住的小楼，杨先生怀抱着他的小儿子，和我在客厅里亲切交谈。他说，他知道我已经发表了不少小说，出版了两本短篇小说集，但是这只算是小作家；如果想取得更大的成就，必须同时又是一个学者，并且列举古今中外的大作家无一不是学识渊博为证。杨先生希望我安心学习，为将来取得更大成就，在学识上打下深厚的基础。

后来，我申请离开北大，由团中央保送我到当时中国作家协会主办的文学研究所学习三年。杨先生很不同意，很不高兴，先后两次把我叫到家里批评我不听话，发了脾气。不久，高教部批准了我的申请，北大教务处在给我开具的退学证明书上，还给我保留回北大复学的权利，这是非常破例的待遇。当时，杨先生兼任北大副教务长，不知是不是杨先生的一片苦心。中国作家协会文学研究所在肃反运动中停办，我也没有重返北大继续学习。

北大图书馆成了我的创作室

一九九一年十月，北京大学图书馆将庆祝建馆九十周年，准备出版一个纪念册。编委会给我来信，要我写一篇短文，编入其中。

一九五四年我考入北大中文系，在文学专业学习。当时，北大已从城内沙滩红楼迁到西郊燕京大学旧址。但是，我进校后，最想看到的还是老北大的名胜古迹。北大图书馆当年李大钊和毛泽东同志的工作室，鲁迅先生当年讲授《中国小说史略》的教室，是我心目中的圣地。我在瞻仰和拜谒了这两个“圣地”之后，才感到自己是名副其实的北大学生了。

当时我已出版了两部短篇小说集。进入北大学习，仍然不能忘情于创作。于是，一九五五年我被调离北大，到共青团中央当了专业作家。离开北大最令我难忘的是图书馆。因为我在北大短短的一年里，“泡”图书馆的时间最多。

我曾出入图书馆的主楼，但大部分时间是待在文史专业同学使用的第三阅览室。哪怕是两节课程之间的一段休息时间，我也到第三阅览室坐一坐，翻阅各种报刊。

每天晚上自习，都在阅览室。为了抢占座位，必须提前一个来小时等在门外，时间一到开了门，同学们便蜂拥而入。我这个人缺乏等待的耐心，更缺少抢攻在前的能力，只能依靠捷足先登的同班同学给我占座。我晚上在阅览室，主要是整理白天的课堂笔记，写作课堂讨论发言稿和学期论文。根据讲课教授布置的参考书目，借阅古今学术名著，进行摘抄、对比、选择、判断。

我的课堂讨论发言稿和学期论文，虽然非常用心，很下功夫，但是常常发挥我的写小说的想象力，又喜欢表现独到见解。因此，难免苏东坡的“想当然耳”，有点郭沫若派头儿。教我先秦文学的游国恩先生，是一位讲究考证和极重论据的大学者，因而不怎么欣赏我的学风和文风。

我在北大还写了不少小说。图书馆宁静无声，最令人全神贯注，便成了我的创作室。至今仍被称为我的代表作之一的中篇小说《运河的桨声》，就是写于北大图书馆。

未名湖畔，花间树下草地上，也是我的露天创作间。

我已衰老，重病致残。回忆往事，百感交集，悲从中来，笔不胜情。倘能时光倒转，重回三十八年前，让我再念一回北京大学，我一定珍惜寸金光阴，在图书馆做出更多的学问，摘取更大的成果。

太阳下山明天依旧爬上来，花儿谢了明年还是照样开，我愿我的生命之树常青。

第六章　团中央批准专业创作

康濯和秦兆阳介绍我加入中国作协

我和康濯同志相识，是在一九五二年夏天，《中国青年报》聘请他和另外几位前辈作家，对我的小说《青枝绿叶》的初稿进行指导。当时，我十六岁，康濯同志三十二岁，在这些前辈作家中以他最年轻，而他又一向非常热心帮助初学写作者，所以我跟他建立了亲密的师生之谊。

从我十六岁到二十一岁的五年间，我经常到康濯同志家里去，穿堂入室，情同家人。他不仅指导我的创作，而且也指导我的思想，对我是非常诚恳和宽容的。我这个人的优点和缺点，长处和短处，表现鲜明，不加雕饰，因而既有过誉，也有贬抑；康濯同志总是看到我的本质，对我十分爱护。

康濯同志和孙犁同志是多年相知的好友，对孙犁同志的作品评价很高，有着精深的见解。我虽然从少年时代就深受孙犁同志作品的熏陶，但由于和孙犁同志两地相隔，没有机会当面受教，倒是康濯同志指导了我向孙犁同志作品的学习。

《运河的桨声》的第一章，原是题为《中秋节》的短篇小说，由于受到远千里同志的称赞，我便将它展开，接着向下写去。这一年，我正高中毕业，在投考大学、等待发榜的一个多月里写出了《运河的桨声》初稿，六万多字。在我接到录取通知书，前去北京大学报到的时候，把初稿放在了康濯同志那里，请他看一看。过了没有多久，我从北京大学进城，到东总布胡同22号中国作家协会参加座谈会。会后，康濯同志把我留下来，吃过晚饭，跟我详谈他对这部中篇小说初稿的意见。一谈就谈到了夜深，他就让我住在他那两小间的书房和卧室里，自己和家人挤在一起。

于是，我在北京大学图书馆，在风光秀丽的未名湖畔，在宁静清幽的朗润园，对《运河的桨声》初稿进行了全面修改。修改后，人物丰满了一些，内容丰富了一些，增加了四万多字，才交给出版社出版。

《运河的桨声》出版后，受到读者的欢迎，得到一些好评，产生了一点影响；至今，还有不少读者记得这本书。有几位读者来信，谈到他们在“文化大革命”中不忍将这本书焚毁，冒着风险，小心收藏，并把劫后残书寄赠给我，作为历史的纪念，充分表现出五十年代作者和读者之间的深厚情谊。

继《运河的桨声》之后，我又写出了它的姊妹篇《夏天》。这部中篇的几章，是在花果之乡的昌黎山中写成的。与《运河的桨声》比较，《夏天》的文字有所进步，结构也显得紧凑。北京新华书店曾在王府井南口竖立广告牌，因而比较畅售，发行量较大。这部中篇小说虽然未请康濯同志阅稿，但是也曾向他谈过创作意图和故事情节，得到了他的指教。

由于出版了这两部中篇小说，康濯同志和秦兆阳同志介绍我加入了中国作家协会，成为当时最年轻的一个会员，并因此而开始专业创作。

走自己的路

团中央养过两个文人，先是柳青后是我。柳青也姓刘。一九五七年我出了事，给团中央招来不少麻烦，因而养文人到我为止。

一九五三年，我十七岁入党，胡耀邦同志和我谈话。他不赞成我上大学，为我设计了一个“五年计划”：头一年到团区委工作，在东北地区；第二、三年到团县委工作，一年在西北地区，一年在西南地区；第四、五年到团省委工作，一年在中南地区，一年在华东地区。然后，返回团中央专业创作。因为我是京郊人，地属华北，就不在华北地区锻炼了。

当时，我是高中二年级学生，出版了第一部短篇小说集《青枝绿叶》。

谁想，一九五四年我高中毕业时，情况发生变化。党中央下达文件，应届高中毕业生必须全部报考大学，不得截留。胡耀邦同志不能违背这个决定，“五年计划”只得调整。

我考入北大，念了一年，不喜欢的课程太多，就请求胡耀邦同志把我调出来，先在团中央过渡一下，然后仍按“五年计划”的既定方针办。当时的高教部长是马叙伦先生，副部长是周建人先生和刘子载同志。不知花了多少气力，才由刘子载同志批准，允许我离开北大，转入中国作家协会文学研究所（后改名讲习所）学习三年。不想，文学研究所因受“胡风事件”与“丁（玲）陈（企霞）反党集团”牵连而停止了正规化办学方针。我不愿做短期训练班学员，参加了两个月的肃反运动，就带领一个工作组到湖南去搞农业合作化。

在合作化运动中，我发现自己有两大致命弱点：一个是对群众心软，却又对领导嘴硬；另一个是除了北京地区，我到哪儿都水土不服。因此，我对胡耀邦同志设计的“五年计划”发生了动摇。当时我的政治待遇，到县可以当团县委副书记，到省可以当团省委的副部长。然而，我的傲上脾气使我出不了县就得落马。于是，我决心提早专业化，以向肖洛霍夫学习为理由，回乡挂职，深入生活。胡耀邦同志没有反对，我就自己走自己的路了。

如果我按照胡耀邦同志的设计方案生活和创作，我现在可能是什么样子呢？是不是比现在好一点呢？我无法回答。写出来只是为了提供一点史料。

走村串户的“无任所大使”

一九五六年春，我回乡挂职体验生活，当了乡党委副书记。挂职，也就是客串，人家并不当真，自己也不能以假乱真。官场有一套看不见摸不着的规矩，不可随心所欲。所以，除了开会，我每天都溜溜达达，走村串户，整个儿是一个“无任所大使”。

那时，衙门口小，乡里的干部只有书记、副书记兼乡长、乡秘书和乡公安是国家工作人员，副乡长以下的都是农业人口但吃商品粮的社调干部。生、旦、净、丑，一人数任。大家虽有分工，却必须围着中心转；也就是上边千条线，下边一根针。只有我这个“客卿”，真正是

“不管部部长”。三夏大忙，我却像个“二流子”，于心不忍，脸上发烧，便主动要求抓供销社的筹建。

我一不要人权，二不要财权。理事会和监事会没有我的名字，主任、副主任、会计、营业员……我没有安插一个私人。那时是建国初期，百废待举，提倡艰苦奋斗，勤俭建国。乡党委和乡政府的办公地点，是在一个被没收的反革命地主分子的旧宅院里。乡党委书记是个蜕化变质分子（后来被开除出党，戴上坏分子帽子），想趁建立供销社之机，向上伸手，要一笔建房费。我坚决反对。因为我是“中央派下的人”，又列席县委会，受到县委书记和县长的尊重，他口头上没有跟我唱反调，但是心里结下了仇。一九五七年我被划成右派，他无中生有给我抹了不少黑，扣了不少屎盆子。

我走遍全乡几十个村庄，劝说农民掏钱入股。我不会骑自行车，雇了一辆二等车（自行车带人）东奔西走，南来北往。我对农民讲，掏钱在供销社入上一股（一股一块钱），便成为供销社的东家，平时买东西享受优惠，年终还可以分红。我当时虽然只有二十岁，却是这一方乡土的“知名人士”。农民相信我说的话，纷纷入股而以东家自居。有个十岁的小女孩，拿着一块多钱，想买几尺花布，做一件小褂，跟我在路上相遇，听了我的劝说，竟然也把买花布的钱交给了供销社。

供销社正式挂牌成立。主任、副主任、会计在乡党委和乡政府挤出的一间老房旧屋里办公。长工棚成为门市部，磨棚和碾棚充当仓库。我在成立大会上讲话。那个买花布的女孩从几里外前来给她爹打二两酒，我亲自为她服务，二两酒足有半斤，还笑着对她说：“东家常来照顾。”

四十年过去，供销社又归去来兮，正在恢复原状。只是我已老、弱、病、残，不能再为供销社奔走鼓呼。

我不敢续写《西苑草》

对于北京大学的影响，胡适不亚于蔡元培。我入北大，文科学生进门就要批胡。不过，我做梦也没有想到，十多年后的十年内乱中，工农兵学员一进北大校门的“破旧立新”，便是把批胡改为批刘（绍棠）。我革胡适的命，工农兵学员“割”我的命，这叫报应。

其实，我压根儿没见过胡适。我到北大念书的时候，胡适早已逃到美国，在哥伦比亚大学图书馆东方部混饭吃。北大校长换了马寅初，也从沙滩红楼搬到海淀“鸠占鹊（燕大）巢”。

杨振宁的父亲杨武能教授，是胡适的学生。所以，杨振宁尊称胡适为太老师。他获得诺贝尔奖，赶忙到台湾向胡太老师敬献奖章绶带，拜谢师恩。这时的胡适，已被蒋介石召回台湾任中央研究院院长。中央研究院曾名大学院，首任院长是蔡元培，职能相当科学院。胡适在学术上是十八般武器样样皆通，却又样样不精，但他的治学思想对各个领域都有极大影响，各个领域的学者都非常尊敬他。胡适在答章士钊的谏中，自称“但开风气不为先”，不是老王卖瓜。

我的老师魏建功、游国恩先生，算得上胡适的真传弟子，但是在当时的形势下，谈胡色变，如避瘟神，哪里还敢向我们传授一点胡派的手、眼、身、法、步？胡适虽是他们的老师，却跟我“太”不着。然而，他的“但开风气不为先”使我在不知不觉中受到潜移默化的影响。

这句话与鲁迅先生的“有真情，去粉饰，少做作，勿卖弄”，都被我奉为作文和为人之道。

我进北大，只算串了个门儿，却一辈子跟北大结下了不解之缘，也因此而在我的创作生涯中留下一篇独一无二不是乡土题材的小说《西苑草》。《西苑草》也是全国解放以后第一篇反映大学生活的小说，开了个风气。

不少五十年代的读者，对这篇小说颇有感情，一些五十年代的老同学，也觉得这篇小说记录了当年北大校园生活的某个侧面。这些老读者和老同学都曾敦促我续写这篇小说。本来《西苑草》原是一部长篇小说的开头，“反右”斗争迫使我不得不急刹车，至今还保存着可供续写的大量素材。可惜，沧海桑田，时过境迁，旧梦难以重温了。

从一九五七年我被赶出文坛，到一九七九年重操旧业，我二十二年跟田夫野老、乡女村妇朝夕生活在一起，远离高等学府的知识分子生活，对高等学府的人和事已经不熟、不通、不懂，写出来也就不像。王力和朱光潜先生生前都问过我能不能写一写北大，写一写他们那一代的老先生；我自知无能为力，未敢从命。我在北大“串门”时，王先生五十四岁，朱先生五十六岁，都比我现在的年龄小。

我不能续写《西苑草》，自然有社会历史方面的原因。

《西苑草》是我创作生涯中唯一一篇纯写知识分子的小说，也是建国以后第一篇反映大学生生活的小说。物以稀为贵，红土能当朱砂卖，头一个敢吃螃蟹的人是勇士，我似乎也可以对这篇小说大吹大擂一番。

其实，当我写这篇小说的时候，既没有想过如何如何，也没有打算怎样怎样，至于这篇小说后来被扣以大得惊人的罪名，那是别人的事。

咱们过去把芝麻夸张为磨盘或高射炮打麻雀的种种荒唐故事，足够大写特写荒诞派小说和戏剧，不必从洋人那里进口。

《西苑草》写于一九五六年夏季。五六十岁的人都会记得，是年六月，正从中南海怀仁堂吹来百花齐放的熏风；我有幸恭逢盛会。百花齐放的熏风吹得我这个当时刚过完二十岁生日的小青年如醉如痴，就连在我的心目中饱经风霜、城府很深的老同志（那时也不过四十岁上下，比我现在的岁数年轻得多），也被吹得心眼儿活动起来，嘴巴上撤了岗。今天我仍然清晰记得，在绿荫遮窗的东总布胡同22号中国作家协会会议室里，大家那眉飞色舞、畅所欲言的情景。

那一年那一月，我刚刚加入中国作家协会三个月，被批准专业创作两个月，正在我的家乡挂职深入生活，担任县委委员和以乡为单位的大社党委副书记，准备写一部反映农业合作化运动的长篇小说。百花齐放的熏风一吹，我本来铁心务农，忽然萌生杂念，想在动手写作长篇小说之前，试着写个农村题材之外的小说调剂一下，便产生了写一写大学生生活的创作冲动。那是因为我刚从北京大学走出来一年，身已不在此山中，更识庐山真面目。

当时我和上海文艺出版社的关系十分密切，他们已经出版了我的四本书。产生写一写大学生生活的念头以后，我便给他们写信；他们非常高兴，只是希望我写到十万字以上，够出一本书的。我同意了，双方便正式签订了出版合同。

八月，我在家乡的瓜棚下写出一万字的前四章，自己感到没有多大把握，就送到康濯同志家里，听取他的意见。康濯同志对这篇小说没有提出什么意见，但是劝我不写这种题材。我倒并不坚持非写下去不可，便中途下马，写我的反映农业合作化长篇小说去了，连《西苑草》前四章的稿子也没有带走。过不久，秦兆阳同志到康濯同志那里串门，不知怎么看中了这只断尾巴蜻蜓，通知我补写一章，改为短篇小说，在他担任副主编的《人民文学》一九五六年十一月号上发表。于是，我不顾康濯同志的劝告，也不考虑这前四章只不过是一部小长篇的开头，长衫改短褂只能不伦不类。然而由于发表心切，我还是匆匆忙忙安上一条两千字的尾巴，给这个故事收因结果。秦兆阳同志认为可以，便只等在十一月号上跟读者见面了。谁想，九月号的《人民文学》上，发表了王蒙的《组织部新来的青年人》，《人民文学》受到头顶磨盘的压力。城门失火，殃及池鱼。十一月上旬，我正扳着指头算日子眼巴巴盼望《人民文学》十一月号出刊，忽然接到秦兆阳同志的来信，请我吃顿便饭。不年不节，何以如此优礼有加？宴无好宴，我预感必定大事不妙。果然，在羊宜宾胡同的《人民文学》编辑部的东厢房，我跟刚从南方归来的秦兆阳同志见了面，他把从印刷厂抽回来的、画满红杠的沾满油污的《西苑草》原稿还给了我，连连道歉，似有难言之隐。然后，摆上一壶酒、几样菜和一盘又一盘的三鲜馅饺子。酒喝得不少，话说得不多，饭后握手告别，互道珍重。政治气候多变，没过两个月却又春风送暖，我的朋友郑秉谦在浙江的《东海》文学月刊主管小说，向我索稿。我正写长篇，难以应命，便拿《西苑草》搪塞，为了不使朋友骑虎难下，我先写了一信，详细介绍《西苑草》的遭遇。秉谦正被春风吹得热血沸腾，不假思索便马上给我回信：火速寄来一字不改，立即发表。于是，暮春三月，江南草长，《西苑草》在《东海》一九五七年四月破土而出。杭州的大学生们首先发出一片喝彩声。我还接到其他城市的大学生们的祝贺，激动得我加快了手头上的长篇小说的写作速度，只等这部长篇小说脱稿，马上转入《西苑草》连台本戏的制作，至少要写到两个十万字。

乐极生悲，六月下雪。长篇小说交稿以后，我正在家乡参加安排夏收工作，姚文元打响了反右斗争的“可贵的第一枪”。六月十三日，《文艺报》点了我的名；八月二十一日，我被划了右。《西苑草》被作为反党反社会主义的大毒草，批判文章的文字总数超过原作数十倍。我那部已经打出纸型、刊登了广告的长篇小说也同案处决。

此后的故事，不必赘述了。

二十二年过去，一九七九年一月二十四日，在我年届四十三岁的时候，党改正了一九五七年对我的错划问题。在逐条拨乱反正的结论中，也给予《西苑草》以公正的评价，《西苑草》又重见天日。

几家文学杂志要求我给他们写《西苑草》续篇，不少读者来信对我进行激励和推动，有的还给我寄来他们为《西苑草》续篇设想的故事提纲。

我答应了那几家杂志和读者们的要求。然而我一次又一次拿起笔来，却一字也写不出。

不仅是我一个人，而且其他一九五七年遭到厄运的作家也很少写这类作品。这个奇怪的现象，究竟是怎么回事？我自问而不能自答。也许，历史本来就应该由后人评说；而当事者迷，反倒拘泥、片面、开掘不深。

我做过一件亏情欠理的憾事

我不敢续写《西苑草》，还由于我有羞于笔墨的难言之隐。

为人没做亏心事，不怕半夜三更鬼叫门。我家的街门、院门、房门、屋门都没有被鬼叫过，但我这辈子确实做过亏情欠理的憾事，使我难成高、大、全。

我上北大时，曾跟一位女同学有过十分清纯的友情。这个女同学是一位才女，又是一位秀女。五十年代，“肃反”运动和“反右”斗争之前，同学之间的人际关系纯情得清流如水。我跟那位秀外慧中的才女，真正是非礼勿视，非礼勿动。后来我调离大学，专业创作，结了婚又生了儿子，但仍与才女书信往还，无话不谈，百无禁忌。一九五七年我被钦点划右，全国批判，这位女同学却不肯落井下石，不但不参加批判大会，且把我写给她的信全部焚毁，拒绝交出，学校党委派遣她那个班的党支部书记，找我索要这位女同学给我的信。这位党支部书记在我离校之前是我的好友，还是我担任的社会工作的助手，也跟才女谊如兄妹。我对此人充满信任，更对党满怀忠诚，便把才女写给我的信全部交出送审。

才女受到留党察看两年处分，发配边疆教书。

一别二十二年，我并不知道她因受我的株连而遭罪，心中毫无愧疚。

一九七九年一月，我的冤案彻底平反，应邀到她执教的大学讲学，才知道她为我所殃及而饱尝辛酸。平反后她出任党总支书记，但是却不愿出面接待我。她视我为卖友乞怜的小人，高昂起骄傲的头颅，对我不屑一顾。过了两年，我又应邀到她所在的城市参观访问。也许我两年来政治和创作上的表现使这位党的工作者感到满意，她带着儿子到宾馆来看我，并请我到她家吃饭。我跟她已经从昔日的无话不说变成无话可谈。吃过饭，我还有另外安排的活动，客气地道声再见便告辞而去，至今又已十几年不见。我已中风左瘫，丧失行走能力，也无外出的兴致，今生跟她恐怕没有再见的机会了。

每年岁尾除夕，都会接到她的一张贺年卡。投桃报李，有来有往，我必寄赠我出版的新书。不通信，不问候，不来往；误会虽已消除，但创伤并未愈合。

她现在是知名教授，研究唐宋诗词和明清小说很有成就的专家学者。偏是我的小说常从唐宋诗词和明清小说中“偷艺”（汲取精华和吸收营养）。我把小说送她“阅正”，提心吊胆，忐忑不安；有如“李鬼”生怕碰见“李逵”，那就露了怯。

我是北京大学出身，曾在名师门下受业。如要刊登广告，挂起招牌，左侧写道：“鲁迅亲授弟子（魏建功）传人”，右侧题曰：“胡适得意门生（游国恩）之徒”。走遍江湖卖假药，比那些狗戴嚼子胡勒的“学者化作家”靠谱多了。

然而，一想到我写出的作品要送呈我的这位女同学慧眼一览，我可就不敢装神弄鬼乌烟瘴气了。这不仅由于她是货真价实的教授学者，而且因为当年在魏、游等大家门下同学时，她的功课就比我强得多。弗如也，弗如也，我还是别对她头上那顶学者帽子垂涎三尺，必欲巧取豪夺而后快。即便我利用自己的虚名，出版几本“学术专著”，也不过是假冒伪劣产品。

我最为心惊胆怵的还是被这位大龄才女指斥为“卖友小人”。就像鲁迅先生封赏某些人为“才子+流氓”“四条汉子”“洋场恶少”“革命小贩”……因而，我虽不是每日三省吾身，至少也每月吾身三省。不然，就要感到心理不平衡，如坐针毡，芒刺在背，起卧不宁，心律失调。

我的老伴，跟我共同生活了四十年，积四十年共同生活之经验，深知我的大男子主义思想作风不可救药。见我对这位女性如此自惭形秽，不免觉得解了“恨”，出了气。但是，一看我心理失衡而自寻烦恼，便又愤愤不平起来，说：“你一辈子只有一篇小说不写乡土，那是特意为她写的，怎么还认为对不起她呀？”

老伴指的就是我所写的小说《西苑草》，新中国反映大学生活小说的开卷之作。小说中有一位才貌双全的女大学生，一多半是以我这位女同学为原型。

我已衰老，虽未途穷却也日暮，大学生是“早晨八九点钟的太阳”。朝霞夕照不同时，我今生不会再写大学生生活了。因而，《西苑草》便具有了空前绝后的特殊意义。

《村姑》“老”成了《村妇》

很多人都知道，我一九五七年写过一部五十万字的长篇小说《金色的运河》，交给上海文艺出版社出版。预定印行平装本九万五千册，精装本五千册，应在当年十月一日见书，已在《人民日报》上刊登广告，众所周知了。但是，一九五七年八月我被划右，这部已经制版的手稿被装进一个棺材形状的木匣里，从印刷厂退了回来，还附有一封无理毁约和态度蛮横的退稿信。我虽被打倒在地，但仍少年气盛，悲愤交加，难以忍辱，将退稿信撕得粉碎，另写一篇悼词，一块装进小匣里，埋葬在我家院中的枣树下。五年过去，一九六二年春，我被“摘帽儿”。周恩来、陈毅同志主持的广州会议，使文坛一时呈现春光明媚的气氛和景象。人民文学出版社想起我这部长篇小说，打发一位老编辑找我要稿，使其面世。我俩拿一柄铁锹，轮流挖土，掘地三尺，只见一团烂泥，木匣子和手稿都尸骨无存了。又过了二十年，我的冤案平反，重返文坛，地毯式密集轰炸一般发表和出版作品。人民文学出版社又发思古之幽情，想起我的《金色的运河》，写的是一九五五年的农业合作化运动。由于《创业史》《山乡巨变》《艳阳天》《金光大道》都因为政策服务而存在某些缺陷，他们劝我回忆和重写这部长篇小说，大加宣传，隆重推出，爆个冷门。盛情难却，我也颇为动心，便答应下来。然而，时过境迁，我已被磨灭了激情，难以引爆兴奋点。几度试笔，都艰涩沉重，未得一字，最后只有向出版社谢罪告免。

一九五七年我不仅损失了一部长篇小说，还丢掉了两部中篇小说《村姑》和《南春檞》。

我在一九五七年春出版的短篇小说集《私访记》的后记中宣告，今后我的作品更要写实，更富有乡土色彩。此时，我在故乡挂职深入生活，整日沉浸在浓郁强烈的乡情乡风中，便按照既定方针，写出了实践自我宣言的试作《村姑》。事过多年，小说中的人物和情节我都不记得了，没有淡忘的是我写得自然从容、轻松愉快，像画出了一幅充满泥土气息的田园风俗画。写出之后，马上寄给我的好友鲍昌，安排在他主编的《新港》文学月刊第三季度发表。不料，鲍昌和我都在第三季度之前便双双划右落马，这篇小说也因人而罪，不知被打入哪一层地狱，肉包子打狗一去没有回头。《村姑》的失踪，比《金色的运河》的活埋，更使我难过。后来，我创作的多卷体长篇小说《村妇》，正是《村姑》的复活和再生。我二十一岁写《村姑》，五十六岁写《村妇》。村姑老成了村妇，我也从青春少年变得占全了老、弱、病、残，真可谓“别梦依稀咒逝川，故人三十五年前”。写村妇而想村姑，怎能不兴“人生多苦辛”（鲁迅语）之感?

《西苑草》在我的好友郑秉谦当小说组长的《东海》文学月刊上发表后，反响很大，秉谦要我再写。当时的上海文艺出版社副总编辑蒯斯曛和总编室主任刘金跟我签订了出版合同，合同上规定此书要在十万字以上。于是我计划写成系列小说，又写出了《南春檞》寄给郑秉谦，确定在一九五七年的《东海》八月号上刊出；后来也因秉谦和我划右罪及小说，胎死于编辑部而未能公开发表，稿沉《东海》，葬身无处。待我恢复创作权利以后，我早就被改造成彻头彻尾、彻里彻外的土著，对大学生活已经印象模糊和失去兴趣，只有全神专注地一心扑在乡土小说上。虽然朱光潜和王力先生曾建议我写一写五十年代的大学生和大学教授，有的热心读者甚至为我出谋划策，提供情节；我也曾有过几次激动，但是畏难而罢。现在，五十年代的大学教授健在的不多，我笔下的五十年代的大学生已成当今的著名教授，当起硕士、博士研究生导师，旧景难现也就不必重塑金身了。

不过，在我的几百万字的乡土小说中，偏有一篇写大学生的《西苑草》，也颇有“万绿丛中一点红”的风光。

深埋在我心底的隐痛

我已经出版十部长篇小说，可算多产。但是，我仍然怀念一九五七年因遭厄运而被我“活埋”的《金色的运河》。

《金色的运河》长达五十万字，以毛泽东的《关于农业合作化问题》和《中国农村的社会主义高潮》按语为主旋律，是一部直接为政治服务的作品。但是，由于我一九五五年十月到十二月曾担任团中央湖南工作组组长，搞过两个乡的合作化，又从一九五六年四月起回家乡担任乡和大社党委副书记，对农业合作化运动中的反面情况了解颇多；因而这部长篇小说在反右倾机会主义的主题之外，也对运动中的过火行为有所描写和否定。这就显得比当时的同类小说大胆和贴近生活。

当时，我正鼓吹小说的主要功能是美育，又声称要使自己的小说更乡土化；因此，这部长篇小说的风土人情描写得多，地方特色比较鲜明。

我痛失《金色的运河》，因为无可挽回，难以弥补。前几年，有个出版社希望我将这部长篇小说的梗概回忆起来，然后重写一遍出版。我在激动之下大升虚火，满口答应。然而，刚一动笔，便因心理痛苦而造成生理障碍，一字也写不出。

当年我写《金色的运河》时，主题十分明确：批判右倾机会主义，宣传农业合作化高潮的必然到来，已经到来。

现在，当然不能这么写。对于农业合作化如何评估？四十多年的经验教训，引起我们种种反思，但是还难下结论。《关于建国以来若干历史问题的决议》说农业合作化搞快了。那么，邓子恢的“小脚女人”速度慢不慢呢？农业合作化有没有必要？搞一搞好还是不搞好？今后又当如何？对于我这个亲历其事的过来人，不能不想通了就盲目创作。由此可见，文学和政治是难解难分的。

在我的“一口气写十二部长篇小说”的创作计划中，也不打算再写农业合作化。

一九五五年冬季，我率领工作组进驻湖南丘陵地带的一个村庄。夜晚在祠堂里召开群众大会，农民打着火把从四面八方而来，黑夜中像几条蜿蜒起伏的长龙。我给他们讲话（由一个懂普通话的当地干部翻译），向他们描绘前途美景如画，很快就过上人间天堂的生活。但是，三年后的一九五八年，彭德怀到这个地区视察，看到的却是一片破败景象，愤而为民鼓与呼。难道三年前的我是以谎言欺骗这里的农民吗？我在离开北京之前，首长给我们的训示，也是这么说和这么讲的，难道他是在欺骗我之后又指使我去欺骗农民吗？当然不是。我和派遣我的首长，都曾坚信我们的许诺必能实现。回忆这段历史，我仍然激动得心跳，又伤心得想哭。我要写，就得写出这两种情感的交织和纠葛。

我担任党委副书记的乡和大社，领导班子恶人当道。在一九六〇年为平民愤而开展的反“共产风”运动中，党委书记被开除出党，管制三年，乡长判处八年徒刑，副乡长判处十五年徒刑，信贷社主任判处十二年徒刑，大社主任被开除出党。我和这些人朝夕相处一年多，耳闻目睹他们的种种劣迹，多次向上反映。我的小说《田野落霞》中写了这些人中的一个。那时我和他们曾进行过一点点斗争，失败的是我。后来证明他们都是恶人，遭到了应得的报应，然而我已戴上右字号铁帽子……剪不断，理还乱，是隐痛。

第七章 “右字号”往事

“犯忌”

最近，读到西德汉学家马汉茂的一篇文章，引起我感慨万千。

马汉茂在上海教过书，曾到北京访问，我跟他谈过话，对我的观点有所了解。此人在西德主编了《毛泽东集》，发现毛泽东在一九五七年以后，谈到刘绍棠竟有五处之多。

伟大领袖为何对一个小小的青年作家如此看重呢？

当年，郭沫若批判我时，我即似有所悟。郭沫若怒气冲冲地大呼：刘绍棠狂妄至极，把冯雪峰不敢说出和不敢写出的话，说了出来，写了出来！

郭老此话，讲于一九五七年十一月，地点在北京首都剧场舞台上。

什么是冯雪峰不敢说出和不敢写出的话呢？批判冯雪峰时我也在场。从众多的批判者口中得知，冯雪峰不敢说出和不敢写出的是对《在延安文艺座谈会上的讲话》的意见。

然而，事隔二十二年，到了一九七九年春天，一九五七年批判我“右”的“圣之时者”，又斥我为极“左”了。

中外研究我的创作的人分歧不少，却有一个共识，都认为我是毛泽东文艺思想的忠实信徒。当然，得出这个结论之后，有夸的，有骂的。

一九八〇年到一九九〇年，我出版了六本论文集，每一次都想附录我一九五七年的论文，以便使读者了解我的全貌。但是，每一次都遭到出版社的婉拒。他们认为，我一九五七年的观点，应被划为左而不该划为右，现在公之于世已属陈旧。

那么，一九五七年钦定我为文艺界三大反党典型之一，冤枉不冤枉，奇怪不奇怪呢？

何谓文艺界三大反党典型？即以丁玲、冯雪峰为代表的“左联”时期作家反党典型；以陈涌、钟惦棐为代表的延安时期作家反党典型；以刘绍棠为代表的共和国成立以后成长起来的青年作家反党典型。

以伟大导师那“洞察一切”的目光，难道看不出我对他是多么狂热地崇拜，对他的思想是何等执着地信仰吗？我在字里行间充溢着毛泽东文艺思想忠实信徒的激情，是有目共睹的。然而，为什么却要对我进行“全国共讨之”呢？

我是在“文革”中才醒悟的：我在一九五七年被划右，不是犯了错，而是犯了忌。

说我“猖狂阉割、篡改、反对毛泽东文艺思想”的主要“罪状”，是我在纪念“讲话”发表十五周年的文章（即后文《我对当前文艺问题的一些浅见》——编者注）中，提出毛泽东文艺思想应该随着时代的发展而发展；对于已经过时的“策略性理论”（即某些具体做法），不应守旧地、片面地、机械地执行。

这是很符合辩证唯物主义观点的。今天看来不错，当年发表时也没有谁说过不对。

然而，它犯了大忌。

这个大忌，就是我是以“八大”决议的精神进行思考和论述的。

《我对当前文艺问题的一些浅见》①

毛主席的《在延安文艺座谈会上的讲话》，发表已经十五个年头了。在这十五年中，文学艺术为工农兵服务的方针，取得了辉煌的胜利，对整个人民革命事业，做出了巨大的贡献，产生了不少优秀的作品，出现了任何时代没有的这么多的作家。

“百花齐放，百家争鸣”的方针提出以后，如何认识毛主席的《在延安文艺座谈会上的讲话》的指导意义，如何在今后的文学艺术创作上体现毛主席的文艺方针，这不能不说是一个新的问题。

作为一个年轻的初学写作者，写过一些被讥为粉饰太平的田园牧歌式的小说，对生活的认识是很肤浅的；同时，在理论上和历史知识上都贫乏得可怜，要想对如此重大的问题发表意见，明知是自不量力的。但是在许多同志的鼓励下，几经思想斗争之后，终于激起了“初生牛犊子”式的勇气，胆大妄为地谈一谈自己的想法和看法。当然，这根本算不得是什么“鸣”的。

① 注：本文原载《文艺学习》1957年第5期。这一期《文艺学习》的“编者的话”指出：“今年5月是延安文艺座谈会讲话发表的15周年。对于它最好的纪念，应该就是体现‘百花齐放，百家争鸣’的精神，好好地研讨今天我们的文艺所存在的问题了……刘绍棠同志的文章……对当前我们的文艺现象发表了一些大胆的意见。他所提的问题正是广大的文艺爱好者都在关心的问题，我们欢迎大家——作家和文艺爱好者都来参加讨论。”

一

我认为，毛主席的《在延安文艺座谈会上的讲话》，包含着两个组成部分。一个是指导当时文艺运动的策略性理论；一个是指导长远文学艺术事业的纲领性理论。当然，我们不可能断章摘句地在全书中找出这两个部分，我指的是，在整个理论中所含有的这两种意义。

当时，是怎么样的一种历史情况呢？当时正是我们的抗日战争最艰苦的年月，国民党反动派对抗日动摇，暗中进行投降叛卖活动，并且对人民采取高压政策，文艺工作者存在着脱离群众和创作脱离政治的现象。

国家存亡，匹夫有责。在当时，要求中华民族每一个人贡献出自己的一份力量，哪怕是最微小的力量。对于掌握着文学艺术武器的作家和艺术家来说，更应该积极地发挥自己的作用。而问题在于，这个武器掌握在什么人的手里，如何使用这个武器。

所以，必须对作家艺术家们进行思想改造，要他们深入工农兵，深入实际斗争，要他们及时写出直接为抗日战争服务的作品，哪怕这些作品只是一块砖瓦、一块石头，只要它能够打击敌人就可以。

因此，当时的文艺为政治服务，就必然表现在为政策条文服务上。部队的宣传队、文工队与地方上的各种专业剧团、业余剧团上演的剧本，大多数是根据某一宣传意图所写出的作品，《兄妹开荒》恐怕就是这类作品的代表作。作家们写这种作品，理论家写文章推动作家去写这种作品，文艺领导督促作家去写这种作品，都是必须和必要的。一切为了抗战，一切为了打击敌人；给人民“雪里送炭”，这是最重要的前提，其他都是次要的。

由于这些作品反映的生活有一定的时间性，由于作家创作过程的匆忙和短促，所以这些作品的艺术性一般很差，思想性也有很大局限性，因此这些作品绝大多数的艺术生命是不长的，能够保存下来的是不多的。但是，应该说，这些作品所合成的力量，有力地打击了敌人，对人民抗日战争做出了很大的贡献，它们胜利地完成了它们在一定时期的宣传鼓动作用，这是文学艺术事业的光荣。尽管没有伟大的作家和伟大的作品产生，但是在文学史上，它应该占有光辉的篇章；而且毫不夸大地说，这些众多的无名作品和无名作家，集体组成了史无前例的伟大作家和伟大作品。

在人民解放战争时期，虽然有些变化，但是在主要的方面仍然与抗日战争时期无异。

当时在提高和普及的问题上，是以普及为主的。其所以以普及为主，一方面是由于战争的需要，另一方面，也是由于当时人民的艺术欣赏力很低。人民需要的是“下里巴人”，对“阳春白雪”还不能接受，作家考虑人民最迫切的需要，创作最易于使人民接受的作品，也正是一个光荣的职责。

但是，全国解放以后，人民生活发生了巨大的变化，人民欣赏艺术的机会多起来，欣赏能力也逐渐提高了。于是，只根据政策条文创作的作品，由于缺乏高度的艺术魅力，已经不能满足人民的需要；同时，生活环境的安定，使作家有充分的时间对作品进行孕育、构思和细致的艺术加工。再沿用过去的领导方式和理论思想来督促和指导作家的创作，势必只能起到“促退”而不是“促进”的作用了。

不能不承认，全国解放以后，我们的理论指导思想是守旧的，而且与之同时又深深地接受了外来的教条主义影响，在很大程度上，妨碍和束缚了文学艺术事业的发展和繁荣。公式化概念化的根源，就在于教条主义者机械地、守旧地、片面地、夸大地执行和阐发了毛主席指导当时的文艺运动的策略性理论。但是应该公平地说，公式化概念化的作品，在一定的历史时期，是起过积极作用的，然而在今天，它已经是有害无益的了。

文艺为政治服务，并不是表现在机械地为某一政策或某一方针的服务上，也并不是表现在根据宪法、党章和法律条文的创作上；它主要是表现在作品的阶级性、对人民的鼓舞作用以及对人民道德品质的美育作用上，也就是说，表现在人类共产主义灵魂工程的建设作用上。

要求文学艺术作品非常及时地为政策方针服务，其实是违反唯物论的基本原则的。存在决定意识。作为观念形态的文学艺术，它只有在生活中的事物已经发生和存在以后才能反映，也就是说，才能创作。而且，文学艺术的创作，需要给作家认识生活（存在），观察、体验、分析和研究生活（存在）的时间，需要给作家进行艺术形象的构思和创造的时间；因之，文学艺术的创作是必然落后于生活的发展的。那么，文学艺术作品对生活的推动、鼓舞和指导作用表现在哪里呢？前边已经说过，它主要表现在人类共产主义灵魂工程的建设作用上。

必须声明的是，我在上面所谈的“作品”，是指的那些工于塑造艺术形象的体裁的作品，例如小说和戏剧而言的；它不包括文学艺术创作中的杂文、小品以至报告文学、特写等。

当然，为了某些迫切需要的任务，根据政策方针去创作，也是应该的；并且也可能由于生活积蓄的丰富和艺术技巧的高超，写出优秀作品。但是，这并不符合艺术创造的正常规律的。因之，也就不能据此而去要求文学艺术服从和服务于某一方针政策；否则，就仍然会陷入公式化概念化的泥坑中去。

据上所述，在今天，提高与普及以谁为主的问题，可以说是非常尖锐地提出来了。当然，毛主席所制定的原理："在普及基础上的提高，在提高指导下的普及"，是永远适用于概括和指导提高与普及的相互关系的。但是在今天，我认为，应该是以提高为主了。这不是谁主观地提出要提高，而是人民要求提高，因为人民已经不满足"小放牛"和"人、手、口、刀、牛、羊"了。用不着过多的解释，这种提高，不是从空中提高，不是关门提高，而是在普及的基础上的提高，是为普及所要求所决定的提高。

前些日子在电影问题上的争论，不正是反映出人民要求提高的强烈呼声吗？"百花齐放，百家争鸣"的方针，不也正是为了提高文学艺术创作和学术研究的水平和质量吗？

二

毛主席的《在延安文艺座谈会上的讲话》，其所以对文学艺术事业具有永恒的指导意义，就在于那纲领性的理论，就在于它对马克思列宁主义文艺理论最深刻、最完整、最联系实践的伟大发展。

文艺为工农兵服务，政治标准第一和艺术标准第二，作家深入生活和思想改造，过去、现在以至无穷远的未来都同样具有最根本的指导意义；这些原则和定理，是不容许修正或取消的，而且也是无法修正和取消的。“百花齐放，百家争鸣”跟这些原则和定理是没有任何矛盾的；背弃这些原则和定理，也就是背弃了马克思列宁主义的阶级观点和世界观，那么，就必然会去投靠另一家——资产阶级那一家去了。结果，绝不会“放”出什么“花”，鸣出什么好的名堂来的。

为工农兵服务的文艺方向，坚决不能动摇。因为文学艺术的生命源泉是工农兵群众的生活，文学艺术作品的读者和观众，是广大的工农兵群众；如果承认文学艺术是属于人民的，那就不能怀疑工农兵方向。但是，由于阶级关系的转化，知识分子这一阶层已经属于工人阶级，所以今天的为工农兵服务，实际上也就是为工人、农民和知识分子服务。当然，我们必须警惕，作家们不能由于自身是知识分子，气味相投，只是为知识分子服务；作家们应该主要为最大多数的工农劳动人民服务。

创作题材也应该有主从之分。作家应该努力去熟悉工农群众的生活，写工农群众的题材。当然，这不能用硬性规定和行政方式强迫作家去做，必须根据作家们各自不同的特点和条件，通过说服教育，使他们自觉自愿地、完全愉快地去做。必须说明，我所指的题材，并不是像陈其通等同志那样，把“家务事、儿女情”的题材跟工农兵生活的题材势不两立地对立起来。其实这种论调是可笑得很的。难道工农兵就没有“家务事、儿女情”吗？难道写工人只能写“炉火通红，机轮转动，铁锤叮当响”的题材吗？难道写农民只能写“唉咳唉咳哟，努力加油干，生产长一寸”的题材吗？难道写士兵只能写“端起冲锋枪，冲呀！杀呀”的题材吗？难道能够把“家务事、儿女情”和劳动、生产、战斗截然割裂吗？

我所谈的题材有主从之分，指的是工人农民的题材应该为主，知识分子和其他阶层的题材应该为从。这也不是谁主观决定的，客观现实的本身就非常分明地昭示出来，生活的主要创造者，是工农劳动人民；组成整个社会生活的主体，是工农劳动人民的生活。

但是，我们不能因为题材有主从之分，就得出教条主义宗派主义的结论，认为“从”的题材的写作，就没有“主”的题材的写作有价值。其实，作品的价值，最终并不决定于题材和主题的重大与否，而是决定于作品通过艺术形象所表现的思想意义和艺术感染力。谁也不能否认，不同阶层的题材对不同阶级也同样具有教育意义；《静静的顿河》对知识分子有教育意义，《苦难的历程》对工农劳动人民也同样具有教育意义。

政治标准和艺术标准的问题，也是不能容许本末倒置的。因为这是作家对文学艺术创作的阶级观点问题。否认政治标准第一，事实上就是否认艺术的阶级性，否认艺术是武器，是工具，而把艺术看作是花瓶。但是，正像前面已经说过的，这绝不是像教条主义宗派主义的理论那样，认为衡量政治标准——亦即是衡量作品的思想性和教育意义，只是决定于作品题材和主题的重大与否。也正如我前面已经说过的，思想性（政治性）不通过艺术形象去完成，是根本不存在的。毛主席说：“缺乏艺术性的艺术品，无论政治上怎样进步，也是没有力量的。”没有力量的“思想性”，岂不是跟手无缚鸡之力的“勇士”一样滑稽吗？我们所应刻苦致力的，正是毛主席早就教导我们和期待我们的，“政治和艺术的统一，内容和形式的统一，革命的政治内容和尽可能完美的艺术形式的统一”。

在今天，最尖锐最突出的问题，是要求作家们，努力探索和追求尽可能完美的艺术形式——亦即是艺术性、艺术感染力和艺术魅力。因为这正是人民文学艺术事业内部矛盾反映在当前作品本身的焦点。

深入生活和思想改造，也是绝对不能动摇和怀疑的。脱离生活，或是走马看花地去生活，就不可能产生真正深刻地、真实地反映生活的作品，而且不可避免地将无所可写。即或勉强去写，也只能写些公式化概念化的东西，而终归是要被淘汰的。无源之流，迟早总要干涸。由于矛盾是绝对的，统一是相对的，所以在千年万年之后，仍然会有唯心论与唯物论的矛盾，先进与落后的矛盾。有唯心论存在，有落后事物存在，就必须进行思想斗争和思想改造。一个作家没有先进的世界观——共产主义世界观，没有正确的立场、观点，也就必然地会造成方法上的错误。所以，一个有出息的作家，一个现实主义作家，必须整个生命都永远沉浸在生活激流里，必须毫不苟且地进行思想改造；只有如此，才能产生出忠实于生活、记录时代面貌的作品，才能产生出对人民生活有意义、对人民文学艺术事业有贡献的作品。同时，要想严格地进行思想改造，就必须真正地深入生活，而要想真正地深入生活，就必须严格地进行思想改造；这个互为影响的关系，正是实践和认识的关系，是用不着多分析的。

但是，深入生活的方式因人而异，对于一个作家来说，是否深入，是要从他的作品来检验的。作家投入生活中去，正如鱼之入水，只要是在水里，它如何游泳、生存是用不着制定一个统一养育法的，生物之适应环境和改造环境，是决定于客观情况与主观条件的，作家的深入生活，也同此理。所以，深入生活担任工作固然好，但是以公民的身份，一生与人民生活在一起，直到老死，也同样是好的。至于思想改造，要采用说服的办法，而不能用压服的方法，这是我们党领导思想斗争的一贯原则，今天，这个原则就更加发展了；百家争鸣，求同存异，正是这个原则的新面貌。

毛主席的《在延安文艺座谈会上的讲话》给作家和艺术家指出了最正确最光明的方向，给作家和艺术家提供了无限宽广地、有意义地发挥创造精神和艺术才华的最大可能。“百花齐放，百家争鸣”的方针，正是《在延安文艺座谈会上的讲话》在新时代的发展，它的基本原理是没有变的，而且是永远不会变的。

三

总观过去，我们清楚地看到，由于贯彻和执行了毛主席的文艺方针，文学艺术的现实主义精神，更加广阔地、深刻地发展了，文学艺术与人民的关系空前地密切了，作品的内容也史无前例地以反映工农兵劳动人民的生活为主了，产生了众多的生根于人民土壤上的作家；我国自诗经到鲁迅的现实主义传统发扬光大了。

但是，我们也不能不客观地、实事求是地看到，由于历史环境的限制，文学创作长期服从于一定的政策方针，我们的作品的艺术建筑比起思想建筑，要差得很多。

今天，我们艺术建筑的落后现象已经完全显露出来了，为消除艺术建筑的落后现象而斗争的任务，是刻不容缓的了。“百花齐放，百家争鸣”方针的提出，正是克服艺术建筑的落后现象和推动文学艺术事业繁荣与发展的唯一办法。

必须遵照毛主席的文艺方针，深入生活，进行思想改造，树立共产主义世界观，掌握观察、体验、研究、分析生活的马克思主义的观点与方法。这些，我已经在前面谈过了。

必须研究、学习和继承现实主义传统，研究、学习和继承古典作家的艺术技巧。

继承现实主义传统，就必须清除教条主义宗派主义的理论和影响。就必须承认，只要作家具有和不断加强共产主义世界观，那么他们的创作方法是可以不同的；用定义制定一个统一的创作方法，是束缚和窒息作家的创造性的。我们既然承认世界各民族可以根据本民族的特点，通过不同的途径建设社会主义，为什么就不能承认，作家为社会主义事业进行创作的方法有所不同呢？

继承现实主义的传统，就必须真正地忠实于生活真实。这种忠实于生活真实，就是忠实于当前的生活真实，而不应该在“现实的革命发展”的名义下，粉饰生活和改变生活的真面目。这种生活真实，必须具有时代的特征和时间的痕迹，而不能把一九五七年的真实等同于一九六七年的真实。但是这也不是说要摄影式地忠实生活真实，而是应该从“静”中看到“动”地忠实生活真实。不过它首先是基于“静”，而不是基于“动”。

学习古典艺术大师的艺术技巧，锤炼个人的艺术技巧，就必须考究语言的精炼、生动和影响；就必须注意反映生活的色彩和风貌；就必须注意巧妙地安排故事情节和精选最富有形象性的细节；就必须注意引人入胜地布局。总而言之，也就是必须具有“语不惊人死不休”的那种追求艺术技巧的刻苦精神。

只有这样，才是真正地正视人民文学艺术事业的内部矛盾，只有这样，才能使我们的文学艺术事业得到繁荣和发展。

扣在我头上的三个屎盆子

一九七九年一月二十四日，共青团中央彻底改正一九五七年把我错划为右派的政治结论，逐条批驳和否定强加在我头上的污蔑不实之词。我至今对这个改正结论非常满意，称赞这个结论写得像悼词一样好。

但是，有三个扣在我头上的屎盆子，错划结论中并无记载，改正结论也就无法予以澄清。然而，这三个屎盆子的臭气流传甚广，对我的伤害极大，不消除影响我很窝心。

一个屎盆子是"为三万元而奋斗"，一个屎盆子是"带着馒头下乡"，一个屎盆子是"每月只交一毛钱党费"。

"为三万元而奋斗"的揭发人是从维熙。我听到的原话并非如此。这是为了把我搞臭，记者受命歪曲的。从维熙写有《走向混沌》一文，据实更正，我就不再赘述。

"带着馒头下乡"也是我的一位老友揭发的。当时，我在京东的家乡挂职，这位老友在京西的山村体验生活。我俩返城休假，在我家小酌，谈起农村在高级合作化以后，粮食产量下降，却浮夸丰产，实行高征购，农民口粮不足。这些情况，在粉碎"四人帮"以后出版的那本《毛泽东选集》五卷中，有更详尽的记载，不是我和那位老友只见树木，不见森林。我在家乡挂职的职位，算是乡和大社的领导人之一，在乡和大社机关吃饭，有酒有肉，不缺香油白面。然而，看到乡亲们吃不饱，尤其看到本族同宗的老人、小孩饥肠辘辘，心里很不好受。于是，每次回城，都买十五斤左右馒头，装在一个大人造革手提包里，拎回来分给大家打一打牙祭。如果是为了自己食用，完全没有必要付这个辛苦。因为我享有乡和大社领导干部的特权，吃喝不比城里差。

我这位老友揭发，跟从维熙一样，本是为了敷衍塞责。谁想，竟然引起茅盾先生的浓厚兴趣。在对我展开的“全党共诛之，全国共讨之”的大批判中，茅盾先生写了两篇批判文章，做了一次长篇批判发言。书面和口头，每次都痛斥我的“带着馒头下乡”，而且把带馒头的方式从拎提包改为挎篮子。如此艺术加工，颇有乡土风味。

一九五七年我的年资和级别，不能坐小车，那时的小车也比现在少得多。我往返城乡，要换乘几次市内公共汽车和郊区长途汽车。馒头装在篮子里，而且挎在胳膊上，多次换车岂不要被挤得七零八落？我当时就想，以茅盾先生阅历见识之深广，生活经验之丰富，怎么能说出和写出如此违背生活常识的话语呢？

二十二年后，茅盾先生出版的论文集，仍然把批判我的两篇文章收入。不久，新华社报道刘绍棠的错划问题已经“改正”，茅盾先生才托人给我捎来口信，说他对党的政策学习不够，表示道歉。我无言回敬，只有连声叹息，感到悲哀。后来，这个论文集又出版了一次，茅盾先生把那两篇文章抽掉了。

茅盾先生逝世，一些人担心我不忘旧恶，可能拒不参加向茅盾先生遗体告别仪式和追悼会。我没有那么心胸狭窄，多少还能以历史唯物主义的眼光看人量事。这两个活动我都参加了，对这位文坛老人尽到了晚辈后学的敬礼。

回忆“每月只交一毛钱党费”的冤案，我更痛心。

揭发此事的人，是一位对我有知遇之恩的老大姐。她是一位老革命，我出生那年她就入了党。我们亲如姐弟，两人无话不谈。我划右后，她也被内定为右派，为了立功赎罪，把自己从厄运中抢救出来，便不顾情义和事实，千方百计加罪于我，开脱自己。

五十年代，按照缴纳党费的规定，中学生中的党员每月交五分钱，大学生中的党员每月交一毛钱。我在中学时期入党，后来又上大学，交过五分也交过一毛。由于五十年代稿费高，我已经是个“万元户”，所以我每月又交一部分稿费，到一九五七年累计已达两三千元。这位老大姐故意只说一面，掩盖另一面。各路报刊急需此等“臭闻”，便一不跟本人核对，二不向组织部门查证，纷纷捅了出来。姚文元著文惊呼：“令人不寒而栗！”

这三个屎盆子扣在我的头上，我并不想逆来顺受，几次进行解释，说明真相，都被斥为“纠缠小事，趁机反扑”。于是，这些污蔑以讹传讹，更被坐实。

那位老革命大姐，最后还是被划了右，四年后身患癌症惨死。一九八七年，反右斗争三十年，我写了一篇怀念她的文章，记述我对她的感谢和哀思。这也是她身后唯一的一篇悼念文章，不少熟人读后感动得落泪。

呵！往事不堪回首。

抚今追昔，不堪回首往事话当年。

不知天高地厚

活了大半辈子，我吃亏就吃在傲字上。然而，积习难改，秉性难移，悔之晚矣，也就死不改悔。

“不知天高地厚”，是五十年代周扬对我的评语。

那时，我在团中央，一向童言无忌；到了文艺界，也就不知忌讳。周扬是代表党主管文艺工作的最高领导人，在文艺界令人十分敬畏。我的放肆，给他留下不良印象。

十八岁那年，一次座谈会前，周扬招手叫我走过去，问我是哪里人。我答是通州的。他便问我读过李卓吾的著作没有。

明末大学者李卓吾，晚年流寓通州，遭谗被捕，狱中自杀，埋葬在通州北关外。我知道李卓吾其人其事，但并未读过他的著作。“知之为知之，不知为不知，是知也。”便据实相告。

“你这个通州人，怎么连李卓吾的著作也没有读过呢？”周扬陡地变脸，声严色厉喝道。

周扬是周瑜的后代，也是美男子。发起脾气，亦如其先祖的玉面生威，盛气凌人。

当头棒喝，我蒙了头，从此有机会便顶撞他。因此，周扬在《文艺界的一场大辩论》中批我的篇幅，仅次于丁玲。

弹指二十二年。这二十二年我饱尝凄苦，周扬也在“文革”中惨遭迫害。全国四次文代会上，周扬向包括我在内的一些人赔礼道歉。后来，在全国作协的一次座谈会上，他极为感慨地说：“我过去对刘绍棠并不了解，听信了一些谣传。看了他的《蒲柳人家》，我承认过去对他估计低了。”还有一次是在北京长篇小说座谈会上，他说：“刘绍棠已经是创作经验丰富的老作家，他的语言功力是过得硬的。我曾给他造成多年的痛苦和污辱，是很对不住他的。”

周扬敢于承担历史责任，我也就消除了积怨。

这时，通州准备为李卓吾迁葬，我也参与其事，便给周扬写了一封信，请他为李卓吾墓题碑。他让秘书给我打电话，欣然同意。但是过了很久也没有把题词寄来，后来收到他的秘书来信，才知道他洗澡摔伤了肋骨，不能握笔，并问我是否还用他题词。我立即回信，告知没有另请他人，一直恭候他的墨宝。过了几天，他派人送来的题词是：“一代宗师李卓吾先生之墓周扬敬题”。周扬的题词镌刻在石碑上，矗立在通州西海子公园的李卓吾新墓之前。

我代表通州人民写信向他表示感谢，他让秘书回信，请我到他家中一叙。我到他的安儿胡同一号住宅，看到他已经老态龙钟，风烛瓦霜，往昔的威仪不复存在矣。

他又向我道歉，说：“你那时年轻呀！我当年冒犯鲁迅先生，也是年轻不懂事呀！”说着，老泪纵横。

此时此刻，我看见了周扬的人性和真情，感到他虽然当官多年，骨子里还是个文人。

我觉得他有点像瞿秋白，一生也是一场“历史的误会”。

荒唐的反苏“罪状”

一九五七年我被划右，结论中认定犯有“反苏”之“罪”。

然而，给我罗织的三条反苏“罪状”，实在荒唐。头一条是“猖狂反对赫鲁晓夫、米高扬同志”，第二条是“恶毒污蔑苏联有小偷”，第三条是“攻击苏联文学后二十年不如前二十年”。一九七九年一月，团中央为我“改正”一九五七年错划问题，向群众公开宣读我的结论，当念到反苏“罪状”一、二条时，引起哄堂大笑。严而肃之的反右斗争，何以如此荒诞不经？年轻人无法理解，下世纪人恐怕更为莫名其妙。

其实，当年我并无入木三分的火眼金睛，识破“一从大地起风雷，便有精生白骨堆”。只是在听过胡耀邦传达参加苏共二十大中共代表团的汇报以后，座谈会上我发言道：“斯大林犯下如此严重的错误，当时赫鲁晓夫和米高扬也身居要职，他们有没有责任，为什么不做一点自我批评？”如此而已，何来猖狂？说到苏联有小偷，是我的一个留苏老同学，回国休假亲口对我讲的。他说，他在瞻仰列宁墓时，被小偷掏走了钱包。苏联小偷公然在列宁面前行窃，我们却严惩刘绍棠为其遮丑，可谓真真岂有之此理！至于苏联文学后二十年不如前二十年，发明者是第二次苏联作家代表大会决议，我们应该委派康斯坦丁（康生，反右斗争领导小组副组长）到莫斯科抓肖洛霍夫、特瓦道夫斯基等人，不该关起门打自己的孩子出气；罪名又是“反苏”，名不正言不顺。

现在，苏联已经消失，苏共也因“皮之不存”而风毛四散。这个惨痛的教训非常值得我们研究和记取。听说叶利钦对外公开克里姆林宫档案，如果我不是“半倒体”而寸步难行，我真想到莫斯科去看一看这些档案资料，找出可供我们引以为戒的弊病。唐太宗说过，以古为镜可以知兴替。

因而，我主张，开展“苏学”研究，有成果的可授予硕士、博士学位，甚至加院士头衔。

“我只希望不要把我开除出党”

一九五八年三月，我被划定为三类右派分子，开除党籍，回乡劳动，以观后效。几天后，忽然接到通知，胡耀邦同志要找团中央系统具有代表性的右字号人物个别谈话，每人三十分钟。我是其中之一。这一天上午，我来到团中央，等候没有多大一会儿，便被传到小会客室去见耀邦同志。

耀邦同志从沙发上站起来，和我紧紧握手，闪动着慈爱而又戏谑的目光，突如其来地问道：“刘绍棠，有没有自杀呀？”

我莫名其妙，但是断然地一摇头，说：“没有！”

“有没有想过自杀呀？”耀邦同志又追问一句。

“没有！”我还是摇头。

“为什么连自杀都没想过呢？”耀邦同志打个手势，叫我坐在他的身边，把他面前茶几上的香烟推给我。

我不假思索就答道：“五年后，我在哪儿摔倒的，还要从哪儿站起来。”

五年之期，是茅盾批判我时讲的，我便信以为真。

“好……好样的！”耀邦同志口吃着高声喊道，“二十年后，还……还是一条好汉！”

二十年？五年的四倍……我心中一沉，苦笑了一下。

“刘绍棠，你知道你为什么犯错误吗？”耀邦同志放下了脸喝道。

我低下了头，吭哧着说：“我……一本书主义……堕入个人主义的万恶之渊……大反社会主义……”

我把毛泽东、陆定一、安子文、郭沫若、茅盾、周扬、夏衍等批判我的片言只语，缝连补缀回答他。

“你……你……什么都不是，就是骄傲！”耀邦同志不耐烦听我言不由衷地鹦鹉学舌，怒气冲冲地挥手打断我的话。

不是大反社会主义而只是骄傲，耀邦同志给我的定罪，怎么跟毛主席大不相同呀？我不禁为之愕然，直了眼睛张大嘴。

“你连我也看不起……”耀邦同志又点起一支烟，声音平和了一些，“不爱听我的刺耳的话，喜欢听那些吹捧你的人的话。”

自从一九五二年冬季我第一次跟耀邦同志谈话以来，耀邦同志一直是我心目中最可敬佩又倍感亲切的导师，对他的话我没有一句不听或打折扣的。

“我没有……没有！”虽然我已沦为“贱民”，只有到处低头认罪的份儿，但是在耀邦同志面前，我不想违心和伪装。

耀邦同志叹了口气，神情很难过，说：“去年春天大鸣大放，你如果跟我谈一谈，不会犯这个错误的。可是，你不请不来，请也不来。我的话不像某些人那么悦耳动听啊！”

一九五六年春，全国青年创作会议上，我是个“闹将”，带头对文艺界存在的一些问题闹了一下。大会的某位负责人告了我的状，团中央的某位书记要处分我；耀邦同志没有同意，找我谈了一次话。他对我的观点很欣赏，但是不赞成我在大会上折腾，说我这是延安“轻骑队”的作风，更不该口出狂言，攻击文艺界的领导。我认为耀邦同志听到的情况反映，跟事实大有出入，便争执起来。耀邦同志见我如此不知好歹，也发了火，这次谈话有点不欢而散。最后他声严色厉地对我说：“今后你少参加那些活动，一年要读一千万字的书，向我汇报！”

所谓“不请不来，请也不来”是这样的：我和耀邦同志初次见面那天，耀邦同志就和我约定，要我每年找他谈两三次话。我虽然很觉荣幸，但是又怕打扰他的工作，难免攀附之嫌，所以从没有主动要求一次，每次谈话都是他派人找我。一九五六年冬季的一次座谈会上，谈到对一位老作家的一部作品如何评价，我和文艺界的主要领导同志发生争执。我是十足的以下犯上，这位主要领导同志也是极端的专横独断。对于这位老作家的这部作品的看法，我深受耀邦同志跟我一次谈话的影响，耀邦同志看过这部作品，评价不高。我在座谈会上发表的言论，其实是“述而不作”。我顶撞文艺界主要领导同志不久，耀邦同志便找我谈话。我“心中有鬼”，就找了个借口，编个瞎话没有去，这便是“请也不来”。此后，文艺界颇有流言，说耀邦同志对我宠纵溺爱，我才无法无天横反；有位老作家更封我为“团少爷”，与“党老爷”相映成趣。当时我才二十岁，不懂人情世态，估摸这些流言也会传到耀邦同志的耳朵里，对我的印象可能更不好了，也就更不想找耀邦同志谈话。

一九五七年春天，我被一些人像放风筝一样捧上了天。有如无酒不成席，许多座谈会没有我参加便不够味儿。“轻骑队”横冲直撞，终于一头碰在了《讲话》上，招来塌天大祸。

耀邦同志和我的话别，早已超过三十分钟，工作人员几次开门示意，耀邦同志只得结束这场谈话。

“刘绍棠，你还有什么委屈，什么要求，给你三分钟时间，赶快说吧！”

“我……只希望……不要把我开除出党，能不能……改为留党察看二年？”说出这几句话，我泣不成声。

“毛主席说了，对于党内右派是挥泪斩马谡，不能含糊。”耀邦同志站起身，板起面孔，“我把主席送给党内右派的几句话转送给你：‘何昔日之芳草兮，今直为此萧艾也，岂其有他故兮，莫好修之害也’‘回朕车以复路兮，及行迷之未远’你知道这几句话的出处吗？”

“屈原《离骚》。”

“会讲吗？”

我没有吭声。

“为什么过去的香花，现在变成了臭蒿子，哪里有别的原因啊，不好好进行思想改造的缘故哟！我的车赶快原路而回吧，趁着误入歧途还不远。”

我点了点头。

他送我到小会客室门口，紧紧握了一下我的手，轻轻拍了一下我的肩膀，又说：“好好干，二十年后还是一条好汉！”

二十年后，耀邦同志主管全党全国的平反工作，我给他写了信，他回信叫我去谈话。一见面他就说：“你哪里是什么右派，就是骄傲！”我提起二十年前的往事：他跟我话别时最后那句预言。耀邦同志仰脸想了想，说："我这个人爱说话，到处说话，说过就忘了。我跟你谈过什么，早不记得了。不过，这句话肯定是我说的，只是我这个人那时才说这样的话。"

致友人的一封信①

现在我可以给你安心写信了，我的问题已经处理。

党籍丢掉了。根据政策，中国作家协会会员的资格还予以保留，由于我是非国家薪给人员，所以没有别的处分。结论相当公正和准确，我完全同意。如果在批判过程中，尤其是见报的通讯与文章，能像最后结论那么严肃和实事求是，就不会有一些刺破心灵的误伤了。

过些日子，我将回故乡去，做一个见习劳动者，我并不是悲观，目前我对自己的要求，并不想很高。倒不如做一点说一点好。过去，常常用渲染的语言，掩盖消极的行动，现在来个反其道而行，更实际些。我绝不悲观，尽管许多好朋友都不相信；可是我的确不颓废。也许，对于前面的坎坷，估计不足。我现在自比左琴科、阿赫玛托娃（一九四七年被苏共党中央批判过的，日丹诺夫斥之为人类渣滓与苏联败类的两个老作家），他们最近又有新书出版，何况我的罪过远不及他们。他们是八年翻身的。维尔塔（《攻克柏林》《阴谋》等电影的作者，四次斯大林文学奖金获得者，一九五三年被开除党籍和作家协会会籍）去年连续出版和发表两三部小说与电影剧本，他是三年翻身的。因此，我相信，五

① 注：这是1958年2月27日，刘绍棠被开除出党当晚，致学友的信，表达了"要做一个名亡实存的共产党员"的心声。

年——八年——十年，我也可以翻身，到一九六七年，要来个新样子。等你老兄佩少校衔的时候，我写一本书（如果十年以后，阁下是两道双星的中校，那我就败北了）。跟张家口的同学们竞赛条件是，他们佩大尉衔，我写一本书。我对你这个敌手，是不大敢轻估的呢！

这一次大跟头之对于我，打一个蹩脚的比方，有如九纹龙史进跟教头王进比武，没被打得头破血流之前，满以为自己那花架子的三招两式很了不起，等到被打倒以后，才恍然大悟，自己不过是个夜郎小辈，还需要刻苦学艺。

自古很多大作家，是在最不得意的时候写出伟大作品的。曹雪芹是在穷愁潦倒，最后病饿交加而死的状况下，写出了《红楼梦》（所以他只写了八十回，后四十回便是当时很穷困的秀才高鹗续作的；而高鹗中了进士，做了大官以后，就只写些风花雪月的东西了）。吴敬梓是在家破人亡、差不多靠求乞为生的状况下，写出了《儒林外史》（这位吴老先生在年轻的时候是个荒唐大少，把房产跟田地花了个一干二净，五十岁，逃到南京夫子庙，靠给老和尚抄经书吃饭，偏偏在这时候，潜心写作了这本巨著）。施耐庵是在弃官逃遁的状况下，写出了《水浒》（他扔掉了元朝的知府职位，又逃避了张士诚请他做军师的邀请，跑回老家一个小湖泊的芦苇丛旁的房子里，写他的三十六天罡，七十二地煞）。蒲松龄更倒霉，活了八十岁，满腹实学，只考中了个秀才，当了三家村的私塾先生，牢骚满腹，便在聊斋（蒲老先生的书房），写他的志异。我并不是把今天的新社会比作旧社会，我也不是把自己这个犯错误的人比作不得志者，我的意思是，迷于显赫声色，往往自害，对功名冷漠，则往往自励。所以杜甫说，“诗穷而后工”，这个“穷”，不只是当饿肚子解，而且包括割断一切有害的贪欲在内。人介于饿与饱之间，往往是最奋发的。

归根结底，我要反“眼高手低”为“眼低手高”，“低”与“高”是相对的，不过这一倒置，却含有空虚转向充实的大意义。岁月如流，三十岁这一关就在前面了，好不令人倒吸一口冷气!

不再写了，以免超重罚款。最后，我庄严地对你说，我的心，我的灵魂，还留在党内，我要做一个名亡实存的共产党员。经过这一次暴风雨，我的孽根已除，只要不自暴自弃，新的生命里程会更光辉。

我是个撑不着、饿不死的命

一九五六年三月我加入中国作家协会，四月被团中央批准专业创作。从此，不拿工资，全靠稿费收入养家糊口。

当时年仅二十岁的我，竟有如此胆量，一方面是因为我不知天高地厚勇气大，一方面也由于五十年代稿酬高，收入多。

一九五七年“反右”前，小说稿酬每一千字分别为二十元、十八元、十五元、十二元，我的小说一千字十八元。然而，出书付酬，完全照搬苏联方式，三万册一个定额，每增加一个定额便增加一倍稿费。发表之后出书，出书又印数多，稿酬收入也就相当可观。

我专业创作时，已出版了四本书，收入情况如下：

短篇小说集《青枝绿叶》，四万多字，每一千字十五元稿酬，印了六万三千册，三个定额，每一千字四十五元，收入一千八百元左右。

短篇小说集《山楂村的歌声》，六万多字，每一千字十五元稿酬，印了四万多册，两个定额，每一千字三十元，收入二千元左右。

中篇小说《运河的桨声》，十万四千字，每一千字十八元，印了六万三千册，三个定额，每一千字五十四元，收入五千多元。

中篇小说《夏天》，十一万字，每一千字十八元，印了十万册，四个定额，每一千字七十二元，收入八千元左右。

光是这四本书，我收入一万七八千元。稿费收入的百分之五交党费，但不纳税。

存入银行，年利率百分之十一，每年可收入利息二千元左右，平均每月收入一百六十元，相当于一个十二级干部的工资。那时的物价便宜，一斤羊肉四角多，一斤猪肉六角。我买了一所房子，住房五间，厨房一间，厕所一间，堆房一间，并有五棵枣树，只花了二千元，加上私下增价五百元，也只花了二千五百元。这个小院我已住了三十三年。前几年大闹“公司热”时，曾有人出价二十万元买我这所跟中南海相邻的小院。本人奉公守法，拒不高价出售。平价当然也不肯卖。

我专业创作之后，立即下乡挂职，当了个乡和大社党委副书记，到一九五七年八月划右的一年四个月，主要致力于五十万字的长篇小说《金色的运河》的创作，一年多只发表了三个短篇小说和三篇论文，从报刊上得到的稿费不算多。但这一年多出版了三本书，却收入了六千多元，也不算少。最有意思的是少年儿童出版社出版我的《瓜棚记》，只是个一万多字的小册子，但是印了十七万册；六个定额，稿酬每一千字竟达一百零八元。

当时，我的长篇小说《金色的运河》，已在《人民日报》上刊登广告，定于十月一日国庆节出版，印数十万册，其中五千册是精装，此书如果出版，可得稿费三万五千元。因而，我打算拿到这笔稿费，深入生活十年，十年之后拿出多卷体长篇小说。我想花五千元在我那生身之地的小村盖一座四合院，过肖洛霍夫式的田园生活。十年内虽然不发表和出版作品，但每月的利息收入仍可使全家丰衣足食。

我是个“撑不着，饿不死”的命，没等《金色的运河》见书，就被划了右。我虽有两万元存款，但“反右”之后利率年年下降，到“文革”前已降到年利率百分之三点六，所以，利息已不能维持生活，年年都要吃一部分本金。本金年年减少，利息也就年年降低。一九七九年一月二十四日我的错划问题得到改正，银行存款只剩下两千三百元，坐吃山空已经亮了囤底。

天不灭刘，我活着熬出了头。

第八章　被放逐到乐园里

大乱入乡，死里逃生

我在一九六二年春天被正式宣布摘掉帽子，以后又发表了我在六十年代的独一无二的短篇小说《县报记者》。胡耀邦同志曾拜托北京市委给我安排个工作。但是不久，随着经济形势的好转，政治形势便又紧张起来。由于不忘阶级斗争，我的工作也就不能安排，户口本的职业一栏，便填上“无业”二字。由于不忘阶级斗争，摘掉帽子也不过徒具虚名，其实仍被作为阶级敌人和治安对象，所以管片警察常来看我。当时，我正埋头写作长篇小说《狼烟》（现在的这部《狼烟》便是根据原来的残稿整理修改的）。我常常主动请警察翻阅我的手稿，以表明人不做暗事的心迹。他对我的创作并无兴趣，只不过由于我居住独门独院，需要经常亲眼看一看我的生活动态，向上汇报。

一九六六年六月，一场使中华民族遭受十年浩劫的史无前例的大悲剧，在北京的学校里揭开了序幕。

这是个不祥之兆。我感到事态严重化了，很可能要闭门家中坐，祸从天上来。于是，我想起家乡的一句民谚：“小乱进城，大乱入乡。”

便向我的妻子提出，回家乡去。我曾多次想回乡务农，但是我的妻子担忧我的独立生存的能力很差，农村的生活艰苦，劳动繁重，怕我遭遇到难以预料的困窘，同时也不忍与我分离，而对我婉言劝阻。现在，面临着越来越险恶的形势，她终于表示，这条路可以考虑。

几天后，我的虎侄儿从乡下来到北京。他在乡下念中学，学校也停了课，建立了红卫兵组织，他是本校红卫兵的三巨头之一。他和他的战友们是到北京大学取经，然后回校照北大的方式去干。他们在北大参观了一天一夜，又到团中央去观看楼台示众。他告诉我，胡耀邦同志被挂上大牌子，拧住胳臂，掐住脖子，抓住头发，押到楼台上恣意凌辱。对于这种惨痛的景象，我真是耳不忍闻。胡耀邦同志对于我在青少年时代的成长曾给予很多扶植和教诲；一九六七年以后，也还能从他那里得到关心和鼓励，使我发奋自强。他出身贫苦，一九二九年十四岁参加中央红军，在五次反“围剿”和二万五千里长征中，在抗日战争和解放战争中，在建国以后的十七年中，无论是担任部队、地方或青年团的领导工作，都表现出卓越的胆识和才干；而最令人敬佩和热爱的是他永远满怀革命激情，胸襟开阔坦白，极其爱才。这样有德有才有功的革命战士，竟被诬陷为黑帮头子，这到底是要干什么？

北京已经陷入热昏和发疯的状态，再也不能住下去了。于是，我对虎侄儿说：“我想回乡，你看是不是冒险？”他说：“乡亲们对您都有感情，不会整您，而且我能保护您；生活上，由我妈来管您。”我要他赶快回村，替我安排。

我整理行囊，想把我的长篇小说带走；我的妻子怕被人告发转移罪证，一定要我把稿本留下候审。然而，这部被装订成三大巨册的长篇小说，并没有荣幸地受到哪一位红色检查官的审阅。不久，从江苏、东北、海南岛来北京大串连的红卫兵，借住我家两间房子，承蒙他们慧眼一瞥之后，便从各册首尾两端撕起，充当生炉子的引火纸。在这些小将们被礼送出京以后，他们给我留下了三册无头无尾的残稿；五分之二以上的篇幅，曾为小将们供应光热，温暖了这些不远数千里而来的稚子，也是我的莫大光荣。

我告别了北京，毫无留恋。在我走后不多日子，红卫兵在一声号令之下，冲上街头，北京笼罩在红色恐怖的血光之灾中。北京市文联跟我家隶属同一个派出所，老舍先生被殴打得头破血流之后，押送到派出所看管。深夜，正是过去常到我家来的那个管片警察护送他回家。当时虽已夜深而人却不静，大街上仍有红卫兵纵横驰骋，他们只得穿行小巷，以免再遭不测。据管片警察后来告诉我，在路过我家门口时，他对老舍先生说："刘绍棠就住在这个院里，他是走得早，不然头一批就得把他打死了。"

是的，我被逼出北京，得以免遭毒刑拷打，得以死里逃生。岂止死里逃生，而且是被放逐到乐园里。在四次文代会上，五十年代的许多同辈们相聚一堂，互道惊险。在十年大浩劫中，人人在劫难逃。只有我没有挨批，没有挨斗，没有挨打，没有受着罪，还写出了三部长篇小说；有位老大哥开玩笑说："天不灭刘。"

天意乎？非也。是民意使我得以幸免于难——人民是我的救命恩人，人民是我的重生父母。

引导我的精神前途的灯火

一九六六年七月，大难临头，血雨腥风将至，我怀着低沉得濒于绝望的心情，踏上家乡的土地时，我得到的是温情的迎接，而不是冷眼的待遇。

我永远不会忘记那一天。我背着沉重的行李下了长途汽车，刚刚爬上河堤，忽然一个骑自行车的小伙子赶来，喊道："大哥，把行李放下，我给你驮回村去！"我离家数年，已经不敢认他了，他说出了自己的奶名，我才辨认出他儿时的面影。

走在村口，我又遇见我们村过去的老交通员，一个老贫农，合作社的第一任社长。他已经七十多岁了，正在放驴，一见到我又难过又激动，悲愤而又坚定地说："爷们儿！咱们别只看三指远，早晚国家有想起咱们爷们儿的时候。"良言一句三冬暖；这几句话，当时给了我多么巨大的活下去的热力呀！

但是，老人没有看到我重新为党和人民工作。他在当年冬天就去世了，我参加了他的葬礼。为了纪念这位老人的恩德，我在短篇小说《含羞草》中描写了他。

回到了家乡，双脚踏在生身之地的热土上，我像一个颠沛流离了多年的游子，投入慈母的怀抱。

我的家乡是个紧紧依偎在北运河边的弹丸小村，北运河像一条粗大的绿藤，这个小村就像生长在层层碧叶中的一颗香瓜。村名儒林，望文生义，一定以为它是个专门出产读书人的地方。其实不然。在我出生的时候，聚居在这个小小村落，栖息在泥棚茅舍里的几十户人家，不是给邻村的地主打长工，就是给邻村的地主当佃户，还有的给运河上的大船当船夫和纤夫。我是这个小村的第一个大学生；是共产党使这个穷苦的小村得到了政治上、经济上和文化上的翻身解放。

关于我的家乡的风光，我在五十年代的作品中，曾做过大段文字的详细描写。当然，文学创作总要感情用事；对于所爱，必然极其热烈地赞美，而带有个人的主观色彩。记得一九五六年，天津作家协会的一些同志从我的小说中见识到我们运河的风光景色，还想一睹为快。一次前往北京参观，不坐火车，特意乘坐汽车沿京津公路而行，路过我的家乡，下车赏景，大失所望。他们见到我，说我言过其实，我却不肯承认。因为，在外人眼中，我的家乡的一棵树、一株草、一朵花，毫无特色，也无异趣，而在我的眼里，却无比可爱，美不胜收。我认为，每个人都应该热爱自己的家乡，热爱自己的祖国，而这种热爱自己的家乡和祖国的感情，也必定表现于对自己的家乡和祖国的一山一水、一草一木的热爱上。

一九六六年我的回乡，并不是衣锦荣归，而是为了苟全性命于乱世，回乡避难，带回家乡的是一颗痛苦、悲哀和破碎的心。当晚，我睡在三十年前呱呱坠地的旧屋小土炕上，百感丛生，夜不能寐。我想，我从一个蒙昧无知的农村孩子，成长为一个共产党员，成长为一个大学生，成长为一个作家，党是我的娘，社会主义是我的家，我何曾有过杀母毁家的逆子、败子和狼子之心？谁料风云不测，只为探求根据文学艺术的特征和发展规律进行创作，竟被扣以反党反社会主义的罪名，一夜之间，阶级属性和政治身份突变，戴上了“资产阶级右派分子”的帽子。接受批判，至诚悔罪，劳动改造，脱胎换骨，终于摘掉帽子而重回人民内部；满怀希望，只求能做一点小事，不想仍被列入另册，报效无门。从二十一岁到三十岁，已经虚度了青春年华，如今应该“三十而立”，却又面临着更大的险凶；往事不堪回首，前途昏暗无光，不禁悲观绝望。但是转念一想，目前无数劳苦功高的革命前辈和德高望重的忠良长者，一夜之间被打成走资派、反动权威或反革命修正主义分子，正遭受着比我的遭遇更为痛苦的肉体折磨和人格凌辱，我的坎坷挫折又能算几何？于是，我记起了北方的著名共产党人、一九二七年秋京东农民起义的领导者于方舟烈士的两句诗：“莫因逆境生悲戚，且把从前当死看。”这两句诗化为一团炬火，又使我的意冷心灰燃烧起来。我更联想到古今中外许多遭到长期流放的著名人物，都曾在极其严酷的逆境中磨砺自己的思想品格，孜孜不倦于读书著作。我应该向这些先哲前贤学习，学习他们的气节、风骨和心志，而不应颓唐萎靡，自暴自弃。

我的热血沸腾起来。“三十而立”不能立，过去的三十年已经往矣不可追，那就只当我三十而死；且让我在三十年前呱呱坠地的旧屋小炕上重新呱呱坠地，开始一个新的生命和生活吧！

前景依然一片昏暗，但是我既然萌发了新的生机，也就依稀望见了引导我的精神前途的灯火。

家乡人民在动乱中保护了我

血雨腥风也笼罩了我的家乡。正是秋收大忙季节，村村庄庄一哄而起，发生大量打、砸、抢、抄、抓以及杀人流血事件。

我们儒林村当然不是世外桃源，但是比起外村却显得温良恭俭让，只对划为敌我矛盾的分子进行了游斗。如果稍一扩大化，只向纵深发展一厘米，便要祸临我的头上。然而，儒林村第一阶段的造反行动，到此为止。

事隔十几年之后回想起来，在十年大浩劫中我能幸免于难，并非偶然。

首先，尽管一九五七年对我进行全国批判，在文艺界把我搞得恶名昭著，但是在广大下层人民群众中间，尤其是在我的家乡，我不但不臭，反而增加了虚名。淳朴善良的人民不能理解，为什么一个党和人民栽培起来的二十一岁的年轻人，只因一言不合，便要对他进行如此无情的打击和残酷的斗争？乡亲父老亲眼看我长大，并无作恶的劣迹，恨不起来；相反，倒是对我充满疼爱子侄的深情。尽管极左思想也污染了农村，但是人民的心灵毕竟没有被彻底毒化；他们对于自己这个劳苦的小村出现一个大学生和作家，写了不少讴歌本乡本土的作品，是感到高兴的，可贵的。乡亲父老们认为我的遭罪，是由于我的年轻幼稚，不懂世故，不明利害，因而对我非常同情和怜惜，不忍落井下石。还有，当时活跃于家乡政治舞台上的风云人物，很多是我幼年的伙伴和同学。他们都比我大几岁，当年就把我当作小弟弟，从来没有欺侮过我；虽然历经人事沧桑，而总角之交的情谊仍然珍存于心，只要我对他们的政争无所妨碍，他们不但不想加害于我，反而想办法将我保护起来。再有，我天性喜欢孩子，本村的革命小将们，在他们儿时，几乎都曾得到过我的关心，长大起来也还记得，因而尽管外来势力多次挑唆他们对我采取暴烈的行动，他们不但没有受骗，而且为我辩护和抗争，使外来势力的图谋终未得逞。纵横驰骋于全公社的红卫兵，把他们的校长和老师打翻在地，对我却十分尊师重道。这种怪现象也并不怪。他们本是一张白纸，既可以画最新最美的图画，也可以满纸涂鸦。身为长者的人们啊，给我们的青少年们以真、善、美的教养吧，再也不要利用他们的天真纯洁，诱骗他们饮食假、恶、丑的精神污水和思想垃圾。而我们这些被称为人类灵魂的工程师的作家们，更应该记取这一段历史的惨痛教训，执笔为文，不忘将青少年培育成社会主义新人的神圣天职。写什么，怎么写，要严肃从事，绝不能以自己的作品毒害青少年的心灵，教唆青少年犯罪。

我在血雨腥风中，也保持了自知之明，对家乡的两派斗争，采取彻底回避的态度。说来也许无人相信，我从没有参加过批斗会，从没有观看过示众的场面；从没有见识过“喷气式”。

独自放牛、拾粪的日子

我被分配去独自一人放牛、拾粪和赶小驴车。这种安排，一方面是为了照顾我的体力，一方面也是为了使我与两派群众隔离，以免卷进漩涡，或被殃及池鱼。

独立活动，我在田野、树林、河边、路口，常常遇到一些相识或不相识的外村乡亲，他们只要看看四下无人，便走上前来与我热情攀谈，问我还写不写小说，我回答说不写了，他们都真诚地劝我：“拳不离手，曲不离口；还是写吧，别把手艺扔了。”至今我回忆起这些好心肠的人们的鼓励，仍然感念不忘。一个人处境艰难无望的时候，听到一句来自真情实意的良言热语，是可以起死回生的。

我的独立生活能力很差，衣食冷暖，结婚之前有母亲精心照料，结婚之后有爱人体贴入微；现在孤身一人过活，吃饭就成了第一大难题。回乡初期，虽有米而无能为炊，是我的堂嫂主动为我做饭。她又是我的表姐，因此在叔嫂关系之外更有一层密切的姐弟关系。她是个下中农，带着六个孩子过日子，自己每天还要到社里劳动。收工回来，她在忙过全家的饭食之后，便细细致致地为我做出饭菜；我的这六个还很年幼的侄男侄女，也非常知道心疼我这个不幸的叔叔。后来，由于我搬了家，他们也盖了新房，居住相隔较远，我才在堂嫂和表姐的指教下，在上小学的侄女的帮助下，学会了做饭。但是，我在学会蒸米饭和蒸馒头之后，就不求上进了，所以要想吃饺子、馅饼、面条等高级食品，还得请我的堂嫂和表姐来做。

我从五十年代直到现在进行创作，在描写青年和中年妇女时，常常从不同侧面和不同角度，在我的堂嫂和表姐身上进行语言、性格、形象特色的开掘；至今开掘不深，开掘不尽。文学是人学，写的是人，每一个人都是一口泉，而不是一座矿；矿可采空，泉源无竭。一个作家能有几口泉，就很富有了。我不主张云游四方，泛泛而交，因而不离热土，眷恋乡亲，无非是不愿舍近求远。

妇女对于受难者更富于同情心，不少人在日常生活中给我搭一把手，助一把力；至于问寒问暖，关怀慰勉，更是经常。十几年，我从没有亲自动手磨过米面，总是有人代劳。其中一位管电磨的姑娘，为我服务八年，直到她出嫁，代劳数十次，毫无厌烦的神色。我应该管她叫姑姑，但是她的父亲和舅舅是我的小学同学，学兄学弟之谊颇深；于是这位姑娘自愿降一级，把我提一级，敬我如大哥，耐心、细致、周到地服务。我在我的作品中，讴歌和赞美了许多心地芳洁、品节高尚的女性，每个人物都有出处。

我在写作每一篇作品时，动笔之前构思的人物，或在创作过程中偶然增加的人物，他们的原始面貌，都是我的乡亲熟人，我看得见的。但是，创作不是摄影，不是临摹，它必有增减，必有合成，必有想象；因而最后写成的人物，早已跟原型不尽相似，或不大相同了。我的狭隘经验，写人物还是有个活生生的原型好，切不可根据几条概念，硬去塑造。

正当前辈和同辈作家们在牛棚、监牢和“五七”干校里饱受煎熬的岁月，我却吉人天相，由于早被驱逐出文艺界，与文艺界的红尘无染，六根除净，匿居乡里，得到乡亲父老兄弟姐妹们的爱护、宽容和优待，从精神崩溃状态中复苏，休养了生息，振作发奋起来。

不久，在本村青年们的推动下，我竟拿起笔来。

写！不能再浪掷光阴

公社中学的红卫兵结束了纵横驰骋，不管是初中一年级的，还是初中二年级或初中三年级的，都一律毕业，回村劳动。这时候，他们才发现，砸烂了“旧的教育制度”，只落得既不能上高中，更不要想升大学。于是，他们感到委屈和沮丧，产生了苦闷和不满的情绪。他们精神空虚，想从文艺作品中找到寄托。但是，学校图书馆的藏书和许多民间户家的存书已经被他们查抄净尽，或卖给废品收购站，或举行公开焚书仪式，付之一炬。现在，他们想要读书了，却也无书可读了。饥不择食，便找到什么看什么，哪怕是糠秕和毒药，只要暂充荒腹，不惜饮鸩止渴。

对于这种破坏文明而自食其果的悲剧，我感到难以言状的痛心。

菜园子的卖菜姑娘杨桂香，是个一九六九年初中毕业的女孩子，她在全村出身最好，身世最清白，社会关系最干净，却没有一点唯成分论思想。她在乡亲辈分中属于最高阶层，本族中已有一大群孙子孙女，外姓乡亲中更有曾孙玄孙，所以人称小姑奶奶。尊敬中带有戏谑，戏谑中含有尊敬，人缘儿极好。她家移居儒林村已经十数辈，辈辈给地主家扛长工，没人念过书，是个文盲世家，因而她是她家的第一个知识分子。她很聪慧，双双文盲的父母很希望她能步步深造，文盲世家破天荒出个大学生。谁想，心比天高，生不逢辰，“文化大革命”竟使得这个十几辈的贫农人家在文化上翻不了身。她求知若渴，爱读书像春蚕贪吃桑叶，卖菜之暇，手不释卷。我请她代我买菜，她便提出一个条件，要借我的书看。我怕被栽上腐蚀青年的罪名，推说没有。她说：“瞎话！作家会没书？”我说：“都是封、资、修的货色，有毒。”她说：“毒死也比闷死强，借给我几本看看。”我说：“还是看革命文艺作品吧，比如《虹南作战史》……”她叫了起来：“去，去！我才不看。”我问：“为什么？”她说：“太假！又干干巴巴，没有人味儿，看着头疼，念着牙疼。”我暗暗惊奇这个农村小姑娘居然有如此眼力。她出身红彤彤，说话百无禁忌，代我发出了郁闷于怀的心声，使我为之大快。但是，她虽然为我买菜十分尽心尽力，我却仍然不肯借给她书。一个又一个的政治运动，造成了人与人之间的互相戒备，互不信任。过了很久，我忽然看见她捧读一本缺头短尾的残书，读得津津有味。问她书名，不知道；问她作者，也不知道。我要过来一看，却原来是解放前一个无聊文人所写的垃圾文字，我再也不能袖手旁观了，疾言厉色地说：“不要看这种坏书！”她笑嘻嘻地说：“那你给我好书看。”此时此地，面对着一个天真无邪的贫农女儿在服食腐烂恶臭的精神毒品，还能为怯懦自私的明哲保身而无动于衷吗？我终于答应了她的请求，借给她书看了。

我向十来位好学的青年提供了《鲁迅全集》，提供了《红楼梦》等古典文学名著，提供了马克思、恩格斯、列宁所推崇的外国著名作家的作品。我也曾听到一些流言蜚语，说我向青年放毒。我感到愤怒，也感到可悲，但是我毕竟也学会了一点“以子之矛攻子之盾”的手法，在提供每一部作品时，我同时也提供马、恩、列、毛主席和鲁迅先生对这部作品或这部作品的作者的评价。这几位伟大导师的语录，起到了钟馗驱鬼的作用。

他们也要求阅读我五十年代发表和出版的作品。一九五七年他们都很幼小，等他们上学以后，我的作品已被书店和图书馆扫地出门；所以他们怀着偷吃禁果的乐趣，想看一看那几本书。

这个时候我的家乡的形势，已经从一团混乱变为一盘散沙。虚火冷却下来，人们表现得对政治漠不关心、情绪低落，妖言已经不能惑众，因而出现了一种冷漠的平静。这些好学的青年人，是本村最有文化的一代，家庭出身都是贫下中农，本人政治面目又都是党员团员，能说会写，分别在党支部、团支部、报道组和大批判组里担任工作。他们环绕在我的周围，形成了强有力的政治保护。他们常常聚集在我的荒屋寒舍，谈政治，谈形势，谈文学，谈历史，谈未来……真可以写成一篇新

《陋室铭》。作为一个比他们年长十几岁的人，作为一个比他们入团入党早十几年的人，作为一个比他们多念了几年书和多看了几本书的人，我在政治上和文化知识上担任了他们的教师，他们对我是很尊重、很信赖、很出力的。

他们读完了我在五十年代发表和出版的四本短篇小说集，两部中篇小说，以及被打成反党反社会主义的毒草之作，异口同声为我鸣冤叫屈，并且强烈要求我为他们写点新作品看。有的甚至给我命题，希望我写一写运河的革命斗争历史题材。

写！不能再浪掷光阴，虚度年华了。我曾做过一个恶梦，梦见我站在我的荒屋寒舍的台阶上，阶下是一道潺潺的流水，从我的身上像秋风落叶一般飘下一岁又一岁，随波流去。我失声大叫，醒来一身冷汗。

就在我痛下决心的时候，中央向全国人民传达了林彪反革命叛国事件。我们儒林村的人民群众，感到解恨，感到高兴，对前途产生了新的希望，全村洋溢着一片节日喜庆的欢乐气氛。

传达文件这一天，正是一九七一年十月十九日，鲁迅先生逝世三十五周年。送走畅谈了半夜的青年们，已经鸡鸣不已；我填写了一首《满江红》词，祭告鲁迅先生，然后便在土炕沿上铺开纸张，写下了长篇小说《地火》的第一个字。

我成了“土圣人”和“精神领袖”

《地火》《春草》《狼烟》是我被划右以后，回到我的生身之地——北京通州儒林村，在我栖居的荒屋寒舍土炕上，十分艰难地写出来的三部长篇小说。

这三部长篇小说与我五十年代的作品异中有同，也跟我平反之后的作品同中有异，具有承上启下的过渡性。

一九四九年中华人民共和国成立，我这个满身带着乡土气味的农家子弟，因接连发表描写农村新人新事的作品而闯入文坛。

当时我是个学生，先是中学生后是大学生，青年学生的审美情趣，不能不在我的创作中有所反映。清新、优美的纯情，是我五十年代作品的总体特色。我在中篇小说《夏天》（十万多字，应算长篇）里的美丽文字，今天读来仍令我怦然心动，使我仿佛又看到当年的我：一个十九岁的土气、灵秀而又任性的北京大学学生，在男女同学依依惜别的伴送下，走出校门，投入社会，仿效苏联作家肖洛霍夫，回乡定居。那个时期，肖洛霍夫在我的心目中有着至高无上的地位，《夏天》深受他的《静静的顿河》的影响。

我不知别人的写作习惯，反正我每写一篇小说，都像面对读者。我把这些假想的读者具体化，使他们形象地站在我的面前。五十年代，我写小说时，眼前站的是我的同学。我力求写得使他们满意，受到他们的夸奖。所以，我的五十年代作品，写对话使用农民口语，而在叙述描写上却有不少学生腔。

一九五七年我被戴上右字号铁帽子遭受全国批判，沦为不可接触的贱民，回乡撸锄杆子。我被逐出文坛，创作上已经心灰意冷，但是由于乡亲们的厚爱，使我在荒屋寒舍中得到个温馨安宁的生活环境。静极思动，创作激情竟又死灰复燃。开头，我只是写小说以自娱，自己写给自己看。没有一篇或一部写完，都是断尾巴蜻蜓，只是我正式投入创作之前的“热身”。这些有头无尾之作，虽然没有保留下来，但积存在我的脑海中。

从这时起，我不再以学生或作家的眼光看文学，而是以农民的眼光看文学。

于是，我发现，我们的不少文学作品，跟占全国人口百分之八十的农民的需要和爱好，相差甚远，隔阂很大。我们的许多文学作品，不是写给农民看的，也没有想过写给农民看。自我拘限于文人小圈子之内，严重脱离群众却还沾沾自喜，顾盼自怜。

当年我虽被划右，开除出党，文坛容不得我，但是回到村里，便成了“土圣人”和“精神领袖”。现在可以说了，我村的党支部和团支部，多年来一直接受我的思想影响。十年内乱中发展了七名党员，有四名是在我的指导下写的申请书。我那荒屋寒舍，每晚串门的人挤破门窗。我生活在群众之中，密切联系着群众，因而在写作《地火》《春草》《狼烟》时，便不能不群众化。

十年内乱中，我那个生身之地的小村，不但本村人满为患，而且还要充当“集装箱人库”，前后收留过上百位匆匆过客。铁打的营盘流水的兵，我那个生身之地的小村至今屹立在京东北运河边，而那上百位过客却一去不复返了。

这些过客，有下放干部和插队知青，也有“我们也有两只手，不在城里吃闲饭”的城里闲人。男女老少，高矮胖瘦，各色人等，应有尽有。

当时，我虽在形式上已经摘掉右字号铁帽子，在村里不但不受管制，而且充分享受乡亲们对我的优待。但是，外来人不知内情，在他们眼里，我仍是个洪水猛兽，对我怀有戒心，深怕跟我来往而蹭黑了自己。远怕水近怕鬼，画虎画皮难画骨，我对这些过客知人知面不知心，也深怕跟他们稍有接近，有可能被反咬一口，自找倒霉。

下放干部七八个人，编成一组，老贫农王二哥带班，下放干部中不管大官小官，多年四体不勤，下趟子干累活儿，不出三天就得累趴炕上。正值盛夏，队里给他们一人一把镰刀，到河滩上割青草，比下趟子轻松得多。割草虽不计件包工，多少也得有个定额，那就要过秤和记账。王二哥只认得秤却不识字，队里就派我给当账房先生。

赤日炎炎似火烧，河滩青草半枯焦。王二哥带领下放干部头顶着火盆子似的太阳，挥汗如雨割着草，我却坐在绿树浓荫下看报，等候他们把青草送到面前。

有个下放干部虽已落魄，仍然不肯落价，自以为比我至少高一等。他割草割得头昏眼花，突然把镰刀一扔，嘶哑着嗓子叫道："这不公平！"

"怎么啦？"王二哥直腰问道。

"为什么你这个老贫农吃苦受累，却眼看这个老右身不动膀不摇，汗珠子不掉一颗？"此人叫得一声比一声高，"这不光是不公平，而且是严重的丧失立场！"

"放屁！"王二哥八辈子贫农，根红气壮，"我们村多少年才出了这个作家，还想打个佛龛把他供起来哩！"

伟大领袖有过最高指示，谁反对贫农谁就是反对革命。此人虽不服气，也只得闭嘴。

老贫农保驾

人民出版社出版的《人物》杂志，一九九一年二期上刊登了我的几张照片。其中一幅，是我跟本村一位老贫农的村头合影。

这位老贫农，是个苦人。一岁丧母，两岁丧父，吃长嫂的奶水活下来。没念过一天书，七岁就给地主家当牧童，串长工棚子长大。膀阔腰圆，五大三粗，却是有头无脑，只会逞匹夫之勇。闯过不少祸，挨过不少打；但是，挨了多少打也仍旧免不了闯祸。他比我大二十一岁。我四五岁时已经记事，每年数九寒冬，都见他光着脚丫子，穿一双前面张嘴、后边漏洞的衲帮鞋。一冬洗不了两回脚，脚面漆黑，两手皴裂如鹰爪。春打六九头，地面还没有解冻，他就敢脱鞋走路；脚掌上的老茧如一层铁皮，敢踩蒺藜狗子、高粱茬子。我在我的长篇小说《京门脸子》中，借用过他的一双脚，组装和塑造我笔下的人物。

他的嫂娘，出嫁前后二十岁左右，是个风流女子。四十岁以后摇身一变而为女巫，跳大神很像跳土风舞，但是扎针拔罐子却有真功夫。我自幼是个串百家门的孩子，有个头疼脑热自动“送货上门”，三分为了医病，七分为了看舞。她也好像看透我的心思，下神时边跳边唱；跳得悦目，唱得悦耳。她知道我晕针怕痛，便不请神针，只求仙丹。仙丹滚圆，黑中透红，是糜子黏面拌红糖搓制而成，吃多少我都没个够。

有一回，我想出一个借口，到她家找仙丹吃，正碰见她对小叔子进行家教。

别看她行为不端，作风不正，处事却非常通情达理，她奶大的这个小叔子在外打架，把人家的脑瓜子打出个血窟窿。被打伤的人上门告状，一要治病养伤，二要现金赔款；神婆一点也不护短，每个条件都爽快答应。又叫人喊来小叔子当面谢罪。喝令他跪在院子里的洗衣搓板上，扒下棉袄光脊梁，抡起鸡毛掸子暴打，满头满身伤痕。

后来他娶妻另立门户，对嫂娘仍然孝敬如初。嫂娘死时他已儿孙满堂，却要披麻戴孝。出殡时走在送葬队伍前列，张开大嘴跳脚痛哭，比亲生儿子悲伤得多。

这位老人，一辈子处于自然状态，缺少“政治觉悟”。一九六六年八月，北京红卫兵上街造反，他误以为蒋介石反攻大陆，地主还乡团在北京城里烧、杀、抢、掠。他站在家门口，面朝北京方向叫骂，差一点被打成现行反革命。批林批孔运动，社员们每晚都到小学校的教室开批判会，他坐在墙角鼾声如雷；主持会场的人把他喝醒，叫他发言。他揉了揉眼睛，吧唧吧唧嘴，说：“两千多年前的干屎橛子，扒出来嚼着还有滋味儿吗？”惹得哄堂大笑，也几乎闹成“敌我矛盾”。

他对我充满个人迷信，认定我是上天下界的贵人。五十年代每个暑假我都回村，写了稿子投寄报刊，常请他赶集时代送邮办所。那时，投稿不贴邮票。他不明此中道理，逢人便讲：“毛主席有令，绍棠随便写信，邮局子不许跟他要钱。”一九五八年暮春，我被划右受到处理，回乡务农。他不相信我真垮了台，认为我不过是状元郎假扮叫化子，唱一出《喜荣归》。过了很长时间，他才明白我走了背字儿。他家住在村北口的白沙高冈上，我那遮风蔽雨的荒屋寒舍，坐落在白沙高冈下；上下对映，常有走动。十年内乱初起，血光之灾从城里蔓延农村，谣传城里的红卫兵要下乡抓我。他在一个木棒上钉满铁钉子，很像尉迟恭手持狼牙槊。入夜天黑，他都要到我的房前屋后转上几遭，走进屋来叮咛我道："有我给你保驾，你只管把心放在肚子里，一觉睡到大天明。"

我的沉冤得到平反，回城重操旧业。每年下乡几趟，都要看望老人。他一年比一年衰老，已经不能下地劳动，只在河边放羊。我在河边柳下跟他谈天说地，他总劝我回村定居。我病倒以后，他十分痛惜，托人捎来口信，说："还是回村来住吧！两脚一沾本乡本土的地气，眨眼就好。"

我每忆丫姑，心中便充满激情

我写小说，动笔之前，关门闭户，整个身心深入到我那生身之地的小村，进入我要描写的那个时代环境。泥棚茅舍查户口，压炕头子说闲话儿。东家子长，西家子短，七姑八姨二姥姥，云山雾罩满嘴跑舌头。小小的蝈笼斋，装下了大大的运河滩，乡亲父老兄弟姐妹们"尽入吾壳中矣"。于是逐渐明晰了时间、氛围、地点、景观……确定了人物原型和主旋律的基调。突然，像燕子抄食儿，捕捉住一个精彩的细节，有如一道电闪扯起一声响雷，波澜起伏的创作冲动突破了缺口，冲决堤岸的创作激情迸发出喷涌的文思，赶忙铺下纸张，就像沙盘扶乩写起来。毫无提纲要领、谋篇布局和精心安排，更没有"完美成套的唱腔设计"；全凭笔下的人物支配我的思维，自然产生情节，铺排故事。

这个刘氏创作工序，我一向秘而不宣，怕的是谬种流传，贻害青年，罪莫大焉。

文无定法，一把钥匙开一把锁，写小说也无章可循。没有特定的工艺规程。我写了四十六年小说，差不多天天“入境”，身在城里而心在乡下，神魂颠倒，时序紊乱，像折了桨的一叶扁舟在记忆的长河中回旋。

有个童养媳姓张，小名叫丫头，我管她叫丫姑；她比我大七岁，跟我的感情最深厚、最亲密。

丫姑五岁丧父，母亲改嫁，继父不愿多要一张嘴，母亲就把她给人家当童养媳，为这个她一辈子都不认自己的亲娘。丫姑的婆家，三辈都是我家的长工（到一九四四年），却跟我家亲如一家人。每年正月初一，我们全家老小到她家拜年（她家的老人辈大），正月初二，她家老小又到我家拜年，而且互相招待一顿饭。她家有十多亩地，我家代为播种和收割；农忙时节，她家的男女老少都到我家帮工。我家对她家是以封建之礼相待，她家对我家是以义相报。比如，丫姑的公公，比我爷爷年长，我爷爷对他也敬畏三分，言听计从；每年种哪些粮食，每种粮食种多少亩，如何赶集买卖，都是他做主，我爷爷坐享其成，连我祖母也不得过问。我的父亲在外经商，回家歇伏，不但要给父母叩头请安，也要给丫姑的公公叩头请安，另外还有所孝敬。我放学回来，每天都要给丫姑的公公鞠躬行礼。他对我母亲等侄媳妇说话，常常粗声大气，吆喝训斥，都不得顶嘴。这就换来丫姑一家人，对我家忠心保主。一九四七年土改初期，政策极左，开展流血斗争，外村有人想把我家划为地主，我家连夜逃走，丫姑的公公已经不是我家的长工，却带着大儿子到我家看守门户，直到一九四八年我家被确定为富裕中农，他才打发大儿子套一辆大车，把逃避在外的我家人接回来。房屋、牲畜、粮食毫无损失，我爷爷已经无心务农，送给他们十亩地，作为报答。

我每一回忆丫姑，心中便充满激情。

丫姑聪明、俊俏、好心眼儿、泥土气息。丫姑秀眉入鬓，一双水汪汪的豆荚眼，浓密的黑头发梳一条扎红头绳的大辫子。身腰苗条，穿一身打补丁的衣裳。两只大手，虽然粗糙，却十分灵巧。我觉得，陆游描写村姑的诗句，都像是为她而写的。

丫姑是贫农家的童养媳，身份和地位都更加微贱。然而，她却非常傲性，自尊心很强。她当时看野台子戏，曾经产生“郎才女貌，匹配良缘”的幻想，在河滩上打青柴，似隐似现地向我流露过她的愿望。因而，四十年后，我写小说，在小说里使她天遂人愿。

丫姑到十四岁，发育得很丰满，婆婆怕她“春心不自持”，连缀了一条破布，给她紧紧束胸。到河滩上打青柴，割羊草，剜猪菜，她都脱下上衣，叫我给她拿着，我便顶在头上遮蔽阳光。她束着胸，汗湿破布，紧箍胸上，很像被“披麻戴孝”的酷刑折磨。（岳飞被酷刑审讯，赤裸身体，粘上麻缕，不招供便撕下一缕来，皮肉也因粘在麻缕上而被撕下一条条一块块，是为披麻戴孝。）丫姑一定非常难受，所以常常下河洗身子。有一回，她洗过身子喊叫我，我跑过去一看，她的胸脯上满是化了脓的痱粒子，乳头都溃烂了。篮子里有一堆洗净的野菜，她叫我嚼烂了糊在她的胸脯上。她仰面朝天有一顿饭工夫，又下河洗身子，胸脯上便消了肿。可是，这一天她打的青柴、割的羊草、剜的猪菜，比往日少，回家挨了一顿毒打。还有一回，她忽然肚子疼得要命，在柳荫下打滚儿，喊叫我捧来烫手的沙土，堆在她的肚子上。那时候，我还小，不懂她这是痛经；而且，看到她浸透了污血，吓得我大哭起来。她缓过一口气，千叮咛万嘱咐，不许我说出去，还命令我发誓赌咒。

我念初中一年级时，丫姑圆了房。当时，国民党军正在垂死挣扎，不断骚扰运河东岸的解放区。她在兵荒马乱中匆匆举行了婚礼。

此后，我从中学到大学，走出大学便当上专业作家，回乡挂职，丫姑反倒跟我冷淡了。她家一直不愿入社，入社之后又想退社，这也是使我们疏远的一个原因。

但是，我被划了右，沦为不可接触的贱民，丫姑却又表现出她那侠肝义胆的品格。最难忘十年内乱中，她给过我许多保护和帮助。此时，她已经是八个儿女的母亲，丈夫是共产党员，贫协主席，还赡养着两位年老的叔公，全家十二口人。由于她过日子十分精细，十二口人都能吃饱穿暖。每逢吃点顺口的饭食，都要把我找去，坐首位，吃头份儿，连她的几岁的小儿子都不跟我争嘴。城里的造反团，支农的军宣队，以及种种执行极左政策的工作队，都曾想瓦解我们这个抱成一团、牢不可破的小村，把我揪出来。虽然他们枉费心机，但是有时形势也非常险恶，丫姑便让我躲到她家去。她家是世代贫农，六亲九族和所有的社会关系，都是贫农，连一个下中农也没有；当时盛行唯成分论，她家可算根红、苗红、枝红、叶红，红透底了。不但我们这个小村，就是运河滩的其他村庄，也没有一家比得上她家出身纯正、历史清白；所以，造反团、军宣队和工作队都不敢碰一碰她家。因为伟大领袖说过，谁反对贫农，谁就是反对革命。而且丫姑经历人世沧桑，敢怒、敢骂、敢打，是我们全村谁也惹不起的女人。不过，她虽然泼辣得天不怕，地不怕，却非常通情达理，吃亏让人，因而受到老少乡亲们的敬重，人缘儿极好。有这位女强人和众乡亲撑起保护伞，血雨腥风没有洒到我身上一点点儿，逃过了本来难免杀身之祸的血光之灾。

在那回忆起来仍然令人心有余悸的年月，我却有过许多美好的时光。三九天下大雪，深夜荒村犬吠。我坐在丫姑家的热炕头上喝酒，窗外狂风呼啸，大雪纷飞。冬季农家实行并炕，丫姑的丈夫给队里看场，两个大儿子和两位年老的叔公住一屋，两个女儿和四个小儿子住一屋。在炕上放一张小桌，丫姑给我拌一盆腌白菜心，炒一盘鸡蛋，她靠在窗台上做针线，我便一边跟她天南地北、古今中外地闲聊，一边喝着酒。她是个文盲，但是她喜欢听我这“有学问的人”的谈话。有时，她说到自己目不识丁，非常伤感。解放初期，她刚二十挂零儿，上过夜校的扫盲班，但是遭到公公和丈夫的反对，只念了半个月便退了学。她说，那时她想学到文化，出去当个“工作人”。我喝酒喝到深夜一两点钟，带着七八分醉意，顶风冒雪返回我那荒屋寒舍，她怕我栽倒在路上，多次留我住下，就挤在她这间屋的炕上。她心地纯洁善良，又已经是未老先衰的女人，一点也没想到忌讳和避嫌。我却不能不有所顾忌，对她的挽留都谢绝了。

在那苦难的十年，我和她说过多少心里话，在她家吃过多少顿饭啊！

《蒲柳人家》是我的乡土小说代表作，女主角望日莲，原型就是丫姑。《蒲柳人家》中童养媳望日莲和顽童何满子亲密无间，到河滩打青柴的故事，就是我和丫姑的共同“业绩”。我和丫姑情义深厚，患难更见真心。最难忘十年动乱，她给我的救助最多，爱护最大。

那时候，我孤身一人在农村生活，生活上遇到的困难很多，虽有丫姑等人相助，毕竟仍有诸多不便之处。一天夜晚，她全家都睡了，我跟她在热炕头上说东道西；她忽然叹了口气，说：“你从小家里家外都娇惯你，自个儿哪会过日子？若不是你有个好媳妇，换个无情无义的跟你离了婚，我就把女儿给你。”她的话，使我身心产生剧烈的震动。我比她的女儿桂香大十多岁，视如小妹。她的女儿酷似她少女时代的人性和神态，只是没有她的少女时代那么“人面桃花”。桂香也是心地纯洁，天真无邪；所以虽然二十岁了，当着我的面就钻进被窝睡觉，我跟丫姑聊天，她也在枕上插话。丫姑这句感慨之言，她听见了，在被窝里翻了个身，却没有吭气。她是丫姑最疼爱的心尖子，念过中学，回村入了党，当团支部书记，一直给我通风报信。我在她的心目中，是占有重要位置的。我的短篇小说《含羞草》里的合欢，《燕子声声里》的雨前，中篇小说《芳年》里的黄莲儿，《两草一心》中的春雪，《绿杨堤》中的水芹，《乡风》中的桂香，都有她的影子；尤其是《二度梅》中的青凤，更是她的画像。只不过故事的编排，是遵从丫姑的这个心愿。

我最喜爱的中篇小说《碧桃》，也是以桂香妹子为生活原型。小说里写到一个未出嫁的农村姑娘碧桃，抚育一个在十年内乱中父母惨遭迫害的孤儿，其中有个夜晚孤儿吮吸碧桃乳房的情节，发表后曾使很多读者，尤其是女同志为之落泪。这个情节确有其事，实有其人，此人便是待字闺中的桂香。那时有一对正闹离婚的年轻夫妻，都不肯要孩子，双方老人对这个孩子的归属问题也争执不休。桂香便把孩子抱回家去，暂时代管，每天下地劳动，也把这个孩子带在身边。有一回，一位爱开玩笑的大嫂问那个孩子：“黑夜你跟谁睡呀？”那个孩子一指桂香，说：“跟姨姨睡。”爱开玩笑的大嫂又问道：“你嘴馋了想吃奶，姨姨给你吃吗？”那个孩子答道：“姨姨的咂咂（乳房）没有奶水儿。”无知的孩子无意中说出这个隐秘，桂香急不是，恼不是。后来，那一对闹离婚的年轻夫妻重归于好，桂香把代管了几个月的孩子送还人家，难过了很久。

桂香一九七六年冬结婚，一九七七年春生下一子，我给起名叫春草，从此桂香也被尊称春草娘。

第九章　重返文坛

让我从二十一岁开始

春节前，团中央彻底改正了我五七年的问题，恢复了党籍，恢复了名誉，做了很好的历史结论。这些天来，我收到了老前辈、老朋友、老同学、老读者以及年轻的同志们，从山南海北寄来的祝贺信。我深深地感激他们，深深地感激他们！

重新回到党的战斗行列中来，回到社会主义文艺阵地的哨位上，我的心情是百感交集的。兴奋、激动、悲酸、沉重……交织在一起，缠绕我的心。一九五七年的春节，我还不满二十一岁；一九七九年的春节，我已经四十三岁了。多么漫长的岁月，多么漫长的道路啊！

回首往事，环顾今朝，瞻望未来，我该怎样报答亲爱的党，我该怎样报效祖国和人民，我该怎样答复我的老前辈、老朋友、老同学、老读者以及对于我寄予热切希望的同志们呢？我想得很多，很多。

我想，让我从二十一岁开始吧。让我加倍努力为党的事业奋斗，为祖国和人民效力，为社会主义文学劳作，来弥补我二十一年创作生命的空白。

我将如何开始我的第二次青春，迈出第二次青春的第一步呢？

正是立春那一天，一九七九年二月四日，《人民日报》公开发表了周总理《在文艺工作座谈会和故事片创作会议上的讲话》。总理的讲话像春雷，像春风，像春雨，像春光，震荡我心灵，启发我心智，指引我方向，教导我行动。

周总理的讲话，从理论、政策和措施上，发展了毛主席《在延安文艺座谈会上的讲话》，是指导社会主义文艺建设和繁荣的伟大文献。

然而，这一伟大的文献，却被打入冷宫十几年。今天我们重读这一光辉的历史文献，痛定思痛，必须更深广地思考，更长远地联想，更坚决地实践。我们必须以周总理的讲话为准绳，总结过去，检查现在，开拓未来。

林彪、“四人帮”实行法西斯文化专制统治的十年，万众有目共睹，身遭其害，生活于水深火热之中；除了死抱住“凡是”不放的人，谁不深恶痛绝？为了清除他们的流毒和遗臭，两年多来我们进行了大量的揭批。但是，为什么流恶不能荡尽，禁区不能冲破，牢笼不能打碎？为什么心有余悸，思想裹足，行动观望？这就必须溯本追源，只有溯本追源才能正本清源。

文化大革命前的十七年文艺工作，没有黑线，没有黑线专政，却有左倾错误的几度肆虐。林彪、“四人帮”把几乎百分之百的作家都打下去了，而十七年的几度左倾错误的肆虐中，作家艺术家被打下去多少呢？很不少，很不少啊！套框子、抓辫子、挖根子、戴帽子、打棍子的“五子登科”，发明者不是林彪、“四人帮”，登峰造极，发展者才是林彪、“四人帮”。十七年中被左倾错误打下去的人，有的是功绩卓著的老革命，有的是取得不小成就的好战士，有的是党的乳汁哺育长大的赤子。他们究竟为什么被打下去呢？或是由于违忤“长官意志”，或是学术观点上意见不合，或是在艺术上进行新的探索；到底有几个是搞了政治阴谋，进行反革命破坏活动呢？

实践是检验真理的唯一标准，历史做出了公正的评定。

前事不忘，后事之师。我们如果要真正实行民主与法制，开拓四个现代化的未来，就必须回顾前事，总结前事，以为未来的师戒。不能掩盖前事的真相，设前事为禁区；必须计量前事的惨重损失，吸取前事的惨痛教训，才能珍惜和保卫得来不易的今日，有效地防止历史的悲剧在未来重演。

让我们自一九七九年立春之日始，文艺工作焕然一新，文艺工作者焕然一新！

我向胡耀邦上书求救

一九八四年七月下旬，可靠消息传到舍下，说是有关部门想安排我当个不大不小的官儿。理由有五：年龄四十八岁（当时），正是“四十当官儿”的最佳年龄段；党龄三十一年（当时），资历不老也不嫩，坚决拥护党的十一届三中全会路线；大学学历；文艺思想端正，有一定创作成就；联系群众，有群众威信。看来，我完全符合选拔领导干部的“革命化、专业化、年轻化”标准。

然而，这是知其一，不知其二。不是疼我，而是“害”我。时值盛夏酷暑，我心如汤煮，急出了一身痱子。思来想去，只有给当时的总书记胡耀邦上书求救。虽然我知道他正在北戴河办公，还是向他发出了紧急呼吁。因为，我从十六岁成名到二十一岁划右，都在他眼皮下长大，他应该知道我不是“官材”。于是，我一口气写了两千多字解剖自己：感情用事，热烈狂放，不会平衡，不懂折中，没有组织才干和行政管理能力，当官必然成事不足，败事有余，误国害己，绝没有好下场。不过，我也不能坐轿子号丧不识抬举。结尾加了个“但书”：凡是带“员”的虚衔，多大都敢当；凡是带“长”的实职，多小（哪怕是只管两个人的小组长）也当不了。

我这个人，小小年纪便因文得名，出入上层，结识首长。这些首长对待我要比对待他们的僚属平等得多，和气得多，一不神气，二没架子。因而，我对他们，敬爱之情有之，畏怯之心毫无，说话随意，行动随便。

但是，精通“官场艺术”的人向我指出，正因为我如此放肆，于是从小便堵死了仕途。这些首长之所以客气，是由于他们视我为“客卿”，乃以客礼待之。如果把我确定为“梯队”，那就另有一番调教了。

当年我的“肩膀一般齐”的弟兄们中，现在官居省、部级实职者大有人在，厅、司、局、地级者更不胜枚举。他们在前呼后拥中颇有官威，但是一见到我这个老同学和旧相识，便又还原如初。对于我的嘲谑，也笑脸不变。

然而，精通“官场艺术”的人又向我指出，我只看见笑在脸上，却不晓得人家恼在心里，倘有官缺，是不会举荐我的。

我“从政不如从文，在朝不如在野”；勉强进入仕途，绝没有好结果。并且夸下海口，要在十二年中一口气写出十二部长篇小说。

直到我中风偏瘫之前三个月，北京的几位市长忽然异想天开，打算拉我下水，主管文化工作。我跟他们都是熟人，婉谢不成便代之以戏耍，说：“你们叫我当官儿，那就叫我当管房子的副市长；我要大庇天下寒士尽开颜！”他们见我牵着不走，打着倒退，也就不再枉费唇舌，罢了罢了。

我并不是“吃不着的葡萄是酸的”，便故作清高；确实是多少有点儿自知之明，不以“官材”自居。否则，我早在三十多年前便可多角度多层次多方位地进行历练，现在堪称仕途老马了。

衰年变法

我这个土生土长的农家子弟，体质得天独厚，从六岁上小学，十五岁参加工作，二十岁当作家，二十一岁“划右”，四十三岁“改正”，几十年没有得过像样儿的病，伤风感冒闹肚子也只是有数的几回，自我感觉十二万分良好。所以，“改正”后我写的第一篇文章，就以大跃进的调门儿高呼：“让我从二十一岁开始！”当时我儿子都二十三岁了，我却要比他还年轻，这不是发高烧升虚火吗？我夜以继日写作，马不停蹄参加活动，好像我的精力真是取之不尽，用之不竭。其实，四十五岁那一年我就觉得累了，却又争强斗胜，不肯服软，打肿了脸充胖子。到四十八岁发现了糖尿病，自知已经走了下坡路，但是在公众场合，被人一抬一哄，头上扣个炭篓子，又忘乎所以“卖块儿”，扮演燕赵慷慨悲歌之士，老酒一喝就是八两半斤。不少人劝我节制，一年中应该半年干活半年玩。我却把这些良言全当耳旁风，说：“等我一口气写完十二部长篇，我就减肥穿牛仔裤，健美跳迪斯科。”

一口气写十二部长篇小说，是我四十八岁那年辞官不就，在给一位领导同志的信中夸下的海口，从四十八岁到六十岁的十二年中写十二部长篇。后来写得顺手，便又“人有多大胆，地有多大产”起来，在报刊上公开宣称，要提前五年把这十二部长篇小说写出来。于是，我每天关在蝈笼斋中，春夏秋冬，酷暑严寒，写了一部又一部，中午只用“热得快”热一热凉饭吃，同时每天把两盒以上的烟卷吸进肚子。为了在我的创作生涯四十周年时出版计划中的长篇小说《水边人的哀乐故事》，虽然中风预兆已经出现多次，我仍然不将烟酒减量，偏要等到这部长篇写完才去就医。

于是，糖尿病诱发了脑血栓，一九八八年八月五日中风发作，左半身偏瘫而又心肌梗塞。

可怜的《水边人的哀乐故事》的散稿，寂寞凄凉地躺在蝈笼斋里，它的命运只能跟我共存亡。

我的誊写在稿纸上的定稿，即便是几十万字，都写得一笔一画，横平竖直，清晰整洁。但是，我的散稿却很不讲究，随便扯过一张纸，便满纸云烟写起来。速记不像速记，草书不是草书，不但别人茫然不识何字，自己过些日子也难以辨认。

在病房里，昏沉中有时清醒。头一宗便想到这个长篇。如果我死了，别人是无法代为整理的，全部散稿只能化为对我焚祭的纸钱。

疗救三个月才出院回家，我想马上工作，但是头晕目眩，不能握笔。直到转年新春三月，我在室内能够拄杖蹒跚行走，精力也多少有些恢复，这才来到写字台前，从抽屉里搬出了《水边人的哀乐故事》的散稿。久别重逢，恍如隔世，似曾相识却又感到面生。那些速记草书比甲骨文和密电码还难破译，另起炉灶反倒省力。人非草木，谁能无情？不忍“始乱终弃”，只有好自为之。边译边猜，边猜边译，猜出十之五六，译出不足一半。然而，大病卧床，面壁百日，虽未大彻大悟，毕竟时过境迁，心情和兴致多有变化；填平补齐的文字，便为始料所不及。最后，不得不改换了这部长篇小说的题目。

我忍受着病痛的折磨，艰难地写完这部长篇小说的结尾一字。搁下笔就像卸下枷板的疲牛，最渴求的不是水草，而是卧槽。

在我的家乡，休耕之后的土地重新播种，必定高产丰收；但愿我歇笔之后重新写作，能够衰年变法，气象出新。

乡土风水好

三军可以夺帅，匹夫不可夺志。我，梗着牛脖子的一介村夫也。

可喜的是，我自一九八〇年鼓吹建立中国当代的乡土文学以来，一边写我的乡土文学小说，一边进行理论宣传工作。天南地北都有志同道合的朋友，我并不是孤家寡人。

全国各地的乡土文学创作，一年比一年兴盛。乡土文学植根于人民大众之中，为人民大众所喜闻乐见，此所谓顺民者昌也。

但是，乡土文学不能停滞不前，一成不变。它要继承，更要发展；它要守真，更要革新。

文学作品具有教育作用、认识作用、审美作用和娱乐作用。我对乡土文学的创作和理论探讨，强调审美作用和认识作用，力求教育作用、认识作用、审美作用和娱乐作用融合一体。

乡土文学的教育作用，还是要通过审美作用和认识作用来实现。因此，乡土文学要从民俗学和社会学中吸收营养。

加强民族风格和地方特色，增加娱乐作用，乡土文学也应该取民间文学和通俗（大众）文学之长，丰富和充实自己。

文学创作生涯数十年，我一直写我的家乡，写我的家乡的新人新事，写我的家乡的风土人情，写我的家乡的可歌可泣的历史，写我的乡亲父老兄弟姐妹们的多情重义。我不但没有把我的家乡写尽，而且越写越感到自己开采不广，开掘不深。生活给我提供了丰富多彩的创作素材，我有如在满漕汪洋的运河岸上，扳动吊杆，刚刚汲上一两筲水。

我感到欣慰和兴奋的是，越来越多的年轻人，对我的创作观点和作品，产生了深切的理解和亲热的感情。近年来，报刊上发表的评论我的作品的文字，不少是出自青年同志的手笔。几位从乡土文学、文艺发生学、农民口语在我的小说中的运用，我的文艺观点的形成和一贯性等方面研究我和我的作品的同志，到儒林村走家串户，访问了我的开蒙老师、乡亲父老、小说中的生活原型，认为我的小说还写得不够，写得不足。

近读一则消息："城里人偏爱农家村舍，二十余户城里人租住农民闲居"，非常耐人寻味。说的是今春，北京市内二十多户知识分子家庭，到我的家乡通州城北平家疃村，租赁农民的闲房长住，为的是在幽静的田园生活中免受噪音污染之苦，研究学问，休养身心，十分愉悦。现已构成一个小小的文化群体，吸引着越来越多的凤落梧桐。

我的乡土，风水真好！有朋自京城来，不亦乐乎？欢迎群贤毕至，络绎于途。

温故知新

大病沉疴中回忆自己的四十年创作生涯，别有一番滋味上心头。

我曾说过，在中国作家中我有两个“独一无二”，一个是所有的作品都是写自己的乡土，一个是先后在一个小村（生身之地）生活了三十几年。我一直想为我的村庄的每一户写一篇小说；在“实有其人，确有其事”的基础上，浓墨重彩，尽情渲染。从我少年习作起，我就是这么写的。后来历尽人间坎坷，饱尝世态炎凉，越发自觉而已。

在可怕的晕眩和昏迷的间隙，我感到死已临头，但并不觉得恐惧。难以忍受的肉体痛苦，不如赶快长眠安息。我一方面痛感自己这几十年活得太累，一方面又为许多事情没有来得及做而遗憾。

我想建成自己的乡土文学创作和理论体系；即创作上独树一帜，理论上自成一家。前几年有个出版社甘愿赔钱出版我的文集，虽然礼遇甚高，盛情可感，但是被我婉谢了。人多少得有点自知之明，我的作品不值得全部保存下来，也不可能全部传留下去，何必浪费纸张，出乖露丑？而且，我认为，一个作家出版文集，等于声明自己的创作生命已经终结，我却自以为好日子还在后头，不想超前“盖棺”。五十周岁那年，我写了一篇短文，声称到我创作生涯五十周年，也就是一九九九年时，我将亲手编定自己的选集，自己给自己一个“论定”。谁想一九八八年竟是一道难过的鬼门关，不能不提前料理后事了。

病情稍有好转，躺在单人病房里面壁而卧，我开始了一日三省吾身。我活了大半辈子，政治上红过，黑过，后来又得到“改正”，组织鉴定可算颠来倒去；创作上被人吹过，也被人踩过，现在是七嘴八舌，其说不一。我究竟应该卖多少钱一斤，为什么就不能自个儿标个价呢？

一九八六年岁末，我在长篇小说《十步香草·后记》中写道："三十七年创作生涯，我一直写自己的乡土，今后也将如此写下去，直到最后一部作品。我要以我的全部心血和笔墨，描绘京东北运河农村的二十世纪风貌，为二十一世纪的北运河儿女，留下一幅二十世纪家乡的历史、景观、民俗和社会学的多彩画卷，这便是我今生的最大心愿。我的名字能和大运河血肉相连，不可分割，便不虚此生。"这个算不得好大喜功的心愿，只不过勾勒了一个残缺不全的轮廓；有些题材想写还没有写，有的虽然写了却没有写好。北运河的义和团运动和辛亥革命活动一字没写，反右和"文革"虽然写了却没有写好，五十年代农业合作化运动也应该重写。义和团运动和辛亥革命题材，我总怕写不出当时的时代特征和历史气氛，几次动笔又几次放下。农业合作化、反右和"文革"题材，我有切肤之痛，如实写出非常痛苦，不到看清一切、看破一切、看透一切的年龄便不到火候，写也写不好，写出来也是一锅夹生饭，更加遗憾。

已经出版的几百万字作品，以我目前的觉悟水平进行自我评定，能有多少值得再版呢？

我首先想到的是短篇小说。

一九四九年我开始文学创作生涯，是以短篇小说起家的。进入八十年代，我却对短篇小说创作泄了气，一篇也不写了。报刊上有时出现我的短篇小说，都是长篇小说的章节或片段。我衡量短篇小说有自己的尺子，即短、小、巧、俏而又韵味深远，有如体操中的平衡木运动和京剧中的折子戏。拿着这把尺子首先衡量自己，我虽然出版过几个短篇小说集，却怎么也选不出几万字，凑不够一本书。被我选中的这几万字也只是因为各自具有的纪念意义，如十六岁时写、被选入当时的高中语文教科书的《青枝绿叶》以及被誉为田园牧歌的《摆渡口》和《大青骡子》；一九五七年二十一岁所写、被作为划右罪证的《田野落霞》和《西苑草》；一九六二年所写、摘帽之后发表的唯一一篇作品《县报记者》；一九八〇年所写、得了个奖的《蛾眉》等。只有跟五十年代出版的中篇小说《运河的桨声》和《夏天》合成一册，可算我文学生涯的早年代表作。

以创作时间的先后为序，长篇小说《地火》《春草》和《狼烟》，是我摘帽之后、改正之前的作品，写于十年浩劫的动乱岁月中；趴在荒屋寒舍的土炕和炕沿上，一字一字写出来的。由于随时可能被突然抄家，害怕被扣上影射罪名，我没敢实写北运河地名。一九七九年以后，这三部长篇小说都各印了两版，《春草》和《狼烟》在第二版中将地名改了过来；《地火》因为出版社不愿触动纸型，不同意更改，这就有待将来印行新版时再动这个小手术了（一九九五年新版《地火》遂了这个心愿——编者注）。我的十部长篇小说，只有《地火》篇幅最长，二十七万字。其他九部中有七部都是二十万字左右，还有两部才十二三万字。“长篇短写”是我身体力行的一贯主张。宁短勿长虽然未必等于宁缺勿滥，但是可以比为宽打窄用，因而我还要砍一砍《地火》（新版《地火》删去了五万多字——编者注）。

从一九八〇年到一九八三年，我写了四年中篇小说，出版了四部中篇小说集，共收中篇小说二十七部。我打算保留二十部编为上、中、下三卷，即《蒲柳人家》《瓜棚柳巷》《花街》《草莽》《荇水荷风》《蒲剑》《渔火》；《碧桃》《二度梅》《乡风》《莲房村人》《凉月如眉挂柳湾》《青藤巷插曲》；《鱼菱风景》《小荷才露尖尖角》《绿杨堤》《柳伞》《花天锦地》《吃青杏的时节》《村姑》《烟村四五家》。这些中篇小说构成了我的乡土文学创作的根基，也形成了我与众不同的艺术风格。在语言艺术上，我是讲究而不将就的，今后我还要更考究。

一九八四年，也就是我四十八岁那年，开始了我的“一口气写出十二部长篇”的乡土创作体系工程。到我一九八八年八月五日中风病倒，已经写成和出版了七部长篇小说：《京门脸子》《豆棚瓜架雨如丝》《敬柳亭说书》《这个年月》《十步香草》《野婚》《水边人的哀乐故事》。现在，我陷入病痛，恐怕要有很长时间不能执笔创作长篇。趁此机会，我正好对已有的十部长篇做个总结，为将来的长篇创作休养生息。

我这个人的性情气质，注定当不了诗人，也不能做学问。我偷偷地填词写诗，只供自我欣赏，从不公开发表。但是，为了提倡乡土文学创作，我却发表了不少鼓吹文章，统称之为散论杂篇。虽然观点上始终如一，但都是即兴急就写出，天女散花一般漫洒在各地报刊上。文化艺术出版社要为我出版一个散论或杂论集，于是在我的病势稍有转机之后，便挣扎着起床下地，每日上午工作半小时左右，历时四个多月，从几百篇中挑拣了几十篇，又将这几十篇可有可无的字、句、段竭力删去，也就是毫不可惜地删掉那些套话、空话、大话。一字未添而净删数万字，好像给蓬首长毛理了个发，真叫清爽，真叫痛快！也许因而漂亮了一点儿。

这一删就删上了瘾。目前，我还不敢说已经死里逃生，只能算是受到病魔宽大处理，给了个留命察看处分，写不了新的删旧的，温故知新不亦乐乎？

唱一出八仙请寿

春节前夕，中国作家协会派人光临寒舍，看望我这个四类（老、弱、病、残）分子。递上鲜花和贺柬之后，便对我说："领导上要我们征询您对作协明年工作的意见。"我说："近年来，作家之间很不团结，互相不愿见面，坐不到一起，希望尽快解决这个问题。让中国文坛在二十世纪结束时，有个大团圆的收场。"他们说："愿闻高见。"我说："请转告泰丰、昌本、巨才，要抓就从北京抓起，抓北京要从'四只黑天鹅'抓起。"他们甚感兴趣，追问道："能不能说得详细一点？"我说："新时期文学创作的兴旺景象，是北京文坛'四只黑天鹅'比翼齐飞带出的局面。如果能把'四只黑天鹅'重新拴在一条线上，必定产生全国影响。"他们又问我如何运作，我便跟他们一起"运筹帷幄"。

北京"四只黑天鹅"，就是六十五岁的邓友梅，六十三岁的从维熙，六十二岁的王蒙，六十岁的刘绍棠。这四个人，从五十年代初就是北京文坛的"青年创作者"，小有文名。后来被一网打尽，都划了右：刘绍棠是三类，从维熙是四类，邓友梅五类，王蒙是六类。"处理"以后，刘绍棠回归故乡，从维熙押送劳改，邓友梅去了鞍山，王蒙"八千里路云和月”，发配新疆。进入历史新时期，四个人被改了正（这个词儿怎那么别扭！），“分化”之前都在北京作家协会当专业作家，邓友梅的《那五》，从维熙的《大墙下的红玉兰》，王蒙的《蝴蝶》，刘绍棠的《蒲柳人家》，都产生在这个时期，花团锦簇风景好看。

与“四只黑天鹅”形成雁阵的五十年代老“哥们”，还有七十三岁的林斤澜，六十四岁的浩然。一九七八年十月，邓、从、王、刘四人回京恭候“改正”，浩然当时正受批判。林斤澜年长几岁，五十年代便被戏称“老大”，于是由他出面举行家宴，请邓、浩、从、王、刘到他府上“撮”了一顿。萧军一九四六年从延安回到哈尔滨，曾有诗云：“金风急故垒，游子赋还乡；景物依稀是，亲朋半死亡。白云红叶寿，秋水远山苍；十二年如昨，杯酒热衷肠。”我们这些人，历尽三灾八难，死里逃生，重新聚首，都有类似萧军的这种心情。只是，萧军是十二年，我们是二十一年。所以，杯酒热衷肠之后，握手言欢，皆大欢喜。不久，便出现了北京文学创作大繁荣的风光景色。谁想，好景不过五年，几个人便因创作观点的分歧，演变而为人际上的裂痕；四次作家代表大会，将裂痕扩大为楚河汉界，兄弟阋于墙。一晃十一年，互相之间虽不是“鸡鸣犬吠，老死不相往来”，却也是三年不见一面，一年不通一回电话。

老百姓都知道冤家宜解不宜结，难道我们之间非要结冤到九泉之下？

我们是四十多年老友，在文坛肩并肩长大，可谓知己知彼。当年的翩翩少年，如今俱已是皓首老夫。鲁迅先生只活了五十五岁，郭沫若和茅盾活了八十多岁。七十三八十四，阎王不叫自己去；我们余年无多，已经无须争名于朝，逐利于市了。月是故乡明，人是旧人亲。五十年代我们是“小荷才露尖尖角”，如今是“映日荷花别样红”。今日的商品交易，市场友情，不管多么火爆热闹，怎比得当年青春年少时的患难之交?

我们都是共产党员，而且是老共产党员。王蒙入党四十八年，邓友梅和我入党四十四年，从维熙在新时期入党，党龄也有十几年。林斤澜是抗日战争时期的党员，浩然在建国前入党。共产党员应该是团结的模范，不该是团结的麻烦。中国革命文学队伍的不团结由来已久，都是共产党员作家闹的。左联和延安时期的疙瘩，当事人至死都没有化解。我想，五十年代的我们这一辈人，不能再“继往开来”。

如何化解我们之间不团结现象？我说：泰丰、昌本请客，团结之事只可意会，不可言传。只要潜移默化，不必立竿见影。

泰丰今年六十三岁，昌本今年六十一岁，都是五十年代同志。调到中央之前，泰丰在北京市总工会工作，昌本在市委宣传部工作，都可算是“老北京”。泰丰、昌本做东，斤澜、友梅、浩然、维熙、王蒙和我喝酒。杜甫有《酒中八仙歌》，此宴如能实现，可谓《北京八仙会》。

民间有句俗谚：一个人唱不了八仙请寿。我一向主张，“二为”（为人民服务，为社会主义服务）求同，“双百”（百花齐放，百家争鸣）存异。林斤澜的“怪味”，邓友梅的“京味”，浩然的“苍生”，维熙的“大墙”，王蒙的“意识流”，我的“乡土”，赤、橙、黄、绿、青、蓝、紫，各逞其能，各显神通，如持彩练当空舞。何必“大一统”，何必论高低，何必定上下？公道自在人心，历史自有确论。

“来，来，来！你来，我来，他来，大家一齐来。一个人唱歌多寂寞，多寂寞，一群人唱歌多快活，多快活……”五十年代的歌，大合唱。

留得青山在

我中风偏瘫已经八年，跟夺我“半壁江山”的不治之症，打了个“八年抗战”。

然而，我也不能不承认，持久战难打得很，稍有轻敌，或偶一泄气，便可能死期临头。

我产生如此感慨，是因为前些日子，我脚踏阴阳界险些儿跌入九泉之下。八年来，我虽偏瘫致残，却仍争强斗胜，不肯休生养息，劳乏不堪，体质虚弱。戒了烟而没有禁了酒，酒量大不如前，仍可达到二两左右。每日三次服用多种西药，八年不计其数。无药不毒，西药尤甚。饮酒伤肝，劳乏更减弱了抵抗力。于是，早期肝硬化，产生肝腹水，并被怀疑为癌，挺着装满十八斤腹水的大肚子，像个身怀六甲，即将十月临盆的产妇，被送进了医院。

进行癌症检查和等候结果的十几个日日夜夜，我有如“绞监候”而待“秋决”的人犯。

饱经七灾八难，我最相信“人生不如意事常八九”，遇事多往不利之处想，以免希望过高而失望更大。在等候检验结果的日子里，我只当自己得的就是癌症，后事料理妥当才能视死如归。欢欢喜喜来到人间，轻轻松松告别阳世。

我参加革命四十八年，入党将近四十四年，算不上“没有功劳还有苦劳，没有苦劳还有疲劳”，花费心血写出一些小说，党和人民都给了荣誉和待遇，并无一分一文赊欠。我所问心无愧的，是对党没做过一件亏心事，对社会没拿过分文不干净的钱，做党员，做公民，都能及格。普通而又普通，平常而又平常，大可不必为悼词上的一字半句便死不瞑目，阴魂不散，亲属闹丧，令人笑掉下巴。

我十二岁以前，出生长大在战乱年月，水深火热，苦难煎熬。十三岁北京解放，我在开国初期的八年（一九四九——一九五七）中，茁壮成长，与共和国有福同享。谁想二十一岁青云直下倒栽葱，变戏法一般从时代骄子变成十恶不赦的贱民。二十二年饱尝辛酸屈辱，与共和国有难同当。四十三岁平反改正，进入历史新时期，我在政治上和创作上都得到尊重和肯定。作为一个共产党员和人民作家，我对党和人民感激不尽，创作热情高涨不已。多谢洋人和洋奴们对我的恶意中伤和冷嘲热讽，他们骂我是“御用文人”和“观念太旧”，对我进行孤立和“封杀”，更加昂扬了我的创作激情。我一部又一部写小说，坚定不移致力乡土文学，就是为了跟洋人和洋奴们赌这口气。我绝不能奴颜媚骨地在文学创作上对洋人亦步亦趋，中国人民站起来就不能再趴下。所以，我累成了中风偏瘫并不懊悔，因为我是在战斗中身负重伤，而不是不抵抗主义的窝囊废。残疾八年，我比健康时的创作成果更多，孤立、贬抑、封杀我的人可以假装看不见，但是谁敢否认我是个强者？我多种疾病缠于一身，每顿饭只吃一两五，早已不吸烟，滴酒不沾唇，也无女色之贪。子曰：食、色性也，人之大欲焉。按照弗洛伊德学说，完全丧失了“性原动力”。然而，我的大欲仍然旺盛和炽热。就因为我的血管里流的是血，而不是可口可乐。革命者的心火，点燃的是一盏长明灯！

这一回的大病，对我伤害极大，癌症虽然排除，但是元气几乎耗尽，我不得不谨遵医诫，放下笔停止写作，实行全方位休整。

留得青山在，不怕没柴烧；待强壮了筋骨，还要披挂上阵，仍要当一名先头部队战士。

牛年志向

一九九七年是丁丑年，也就是牛年。京东北运河农村乡谚：“牛马年，好耕田。”在我的乡亲父老心目中，牛年应该是五谷丰登的大吉大利之年，这也是我的祝愿。

我自幼与牛为伍，感情深厚。从六岁起，我就能放两头牛，一群羊。头戴柳圈儿，跨上牛背，挥舞麻鞭，鞭花响如爆竹。我恍如三军统帅，不像六出祁山，也像九伐中原，自觉十分威武雄壮，神气十足。麦收假，秋收假，放牛是我的一大乐事。揪着牛尾巴凫水，横渡满槽汪洋大水的北运河，就更是其乐无穷。不是节假日，平时下学回家，也要为小牛犊子割一捆嫩草，站在牛栏外，亲眼看看小牛犊儿吃下我给它带回的美味“晚餐”，越发乐莫乐兮。

那时，我还不知鲁迅先生的著名诗句：“俯首甘为孺子牛。”但是，通过我这个孺子的个人感受，牛是六畜（马、牛、羊、鸡、犬、豚）中的头名“劳模”，品格也比其他五类“高尚”得多。

牛有脾气，牛脾气就是犟劲儿。牛认死理，也就是牛脖子性格。我不具有倔强的牛脾气，但我确实是个梗着牛脖子的村夫。我有主心骨，吃下秤砣铁了心，千方百计也休想改变我的一定之规。威逼利诱全无用，我就要坚持这个中国特色，民族风格。

我拜牛为师，潜移默化。作为一个党员，作为一个作家，我这辈子都算不得全优，算不得最佳，算不得前驱。然而，我也没有落后，没有掉队。楚河汉界拦不住我过河追赶“雄赳赳，气昂昂”的革命雄师，做个鲁迅先生所说的坚持跑到尽头的跟队人。

鲁迅先生说他“吃的是草，挤出的是奶和血”。我虽然没有达到这个崇高的境界，但一生都在心向往之，努力追求。鲁迅先生说他被东家牵去犁两沟田，西家牵去转几遭磨，都乐于从命，我想我也有这个劳动态度。

虽然病夫不敢言勇，病牛不敢自吹，但是，在一九九七丁丑年，我还想多犁两沟田，多转几遭磨，少吃草多挤奶。不管能做多少，我这个丙子年出生（属鼠）的人，不能力大如牛，也要气壮如牛，气冲牛斗。

处于改革开放新时期的中国，要少几只硕鼠，多几头犟牛。鼠少牛多，国运兴焉。

老牛已知夕阳晚，不待扬鞭自奋蹄。我中风偏瘫，半身不遂，“蹄”也不能自奋。不过，伏牛卧地，拽力千钧。那么，一九九七年的辉煌灿烂，也必有我那一分热发出的一分光。

第十章　一得之见

扬长避短，小中见大

——我写第一个长篇《地火》

五十年代，我就有写作多卷体长篇小说的主观愿望；其志可嘉，但是实属自不量力。我那个由于一九五七年问题而从印刷厂被退回，一悲之下又被我埋葬于院中枣树下的长篇小说《金色的运河》，当初动笔时，就曾想突破一百万字大关。然而写来写去，深感心有余而力不足，于是写了五十多万字便告结束。

年轻人好胜，难免虚荣心，总觉得作品写得长，篇幅大，脸上才放光。而社会俗见，也把大本书与大才华和大成就等量齐观，相提并论，好像没有写过长篇小说，就算不得有成就的作家，而不写出几卷或几部的大长篇小说，就算不得大作家。年轻人为这种俗见所左右，便大写特写，以求一鸣惊人。

我也未能脱俗。不过，我是在出版了四本短篇小说集和两本中篇小说以后，才写长篇的，多少还算是循序渐进。然而，一支笔写起长篇来，社会俗见便像鬼祟附体，好大喜功。

在我摘掉帽子等待安排工作的期间，我所写的《狼烟》初稿，不但突破了百万字，而且在向二百万字长征。那时候，我想把京东地区的整个民主革命的斗争历史再现出来，从大革命直写到全国解放。但是，我写到吉鸿昌将军率领察绥抗日同盟军残部撤退到长城内，最后在京东瓦解失败，汉奸殷汝耕奉蒋介石密令，在通州建立国中之国的冀东防共自治政府，已经一百多万字，越往下写越感到力不从心了。正好，文化大革命来了，我搁了笔，大串连的红卫兵将我的稿子生火取暖，给我留下缺头断尾的五分之三残稿，也算遏制了我的自由泛滥。

当我大乱入乡，几经磨难，准备写作《地火》，翻检这五分之三的残稿时，年纪已经大了几岁，稍微有了一点自知之明，承认自己对于原来的创作意图，是力不胜任的；决定打消原来那大而无当的念头，把残稿分割和拆卸成三部分，重写为各自独立成篇而又互相映照的三部长篇小说（其他两部为《春草》《狼烟》）。

由于不再好高骛远，我把我所反映的故事，限定发生在一个很小的区域，实际上就是北京东南郊，北运河两岸方圆百里的区域；我所描写的人物，也主要是普通劳动人民群众的觉醒和斗争。

京东地区和这些人物的战斗历程和革命故事，我是熟悉的；因为我虽年幼，但是抗日战争中期就上了小学，解放战争后期上了中学，经历了那个时代，感受很深，印象很深。后来，我又从农村进入小城市通州，从小城市通州进入大城市北京，不但喜欢博览书报，而且当上了报童，更扩大了我的知识面，使我对当时国民党统治区的状况颇有了解。我没有当过兵，没有上过战场，不会写正规部队作战。然而对于县大队、区小队和村民兵队的打游击，我是见识过无数次的，所以写得了。

因此，一开始我就量力而为写长篇小说《地火》。

我一口气写出了六七万字。我誊写得工工整整，装订成册，交给几位青年传看。由于这六七万字主要写的是乡土人情，所以很引起他们的兴趣。

写这种题材的小说，我与那些在战争年代有过丰富的斗争生活的年长作家相比，是先天不足的。而要使自己的作品能够得一立足之地，必须在人物、情节和故事上，力求写人之所未写过，同时也必须在风土、情趣和色彩的描写上，力求尽量多表现一些个人所有的特点。既避人之所长，也避自己之所短，设法与众不同，至少颇有所异，虽未必就形成独特的风格，却可算是有此一家，我一向是如此实行，当然还远没有实现。

于是，我对这部长篇小说的创作态度庄严起来。

然而，没有完整的创作时间，创作的兴致更受到政治形势的影响，心情不能始终如一；所以这部小说的写作便因农时的忙闲而时断时续，更因政情的变化而忽冷忽热，拖延了四个年头（一九七一年十月至一九七五年三月），才把初稿写完。

我摆脱追求表现大主题的心理，只写一个小小的地区和这个小小地区的斗争生活，以小见大，反映解放战争时期的历史风貌。

我决心一不贪大，二不求全。

大而全人物必然多，每个人物都不能不有一点故事，每一点故事都不能不有一点来龙去脉的叙述和描写，于是越写越散，越散也就人物越多，形成恶性循环；有如官僚体制，机构臃肿。打消了大而全的念头，就精简了机构，裁汰了冗员，故事也就比较紧凑了。紧凑，便是有所为和有所不为；越是认识到有所不为之必要，也就越要把那些可有可无的人物删掉。

大而全，便要横生枝节；多而散，更是节外生枝；横生枝节和节外生枝就必然乱而长。反之，打消了大而全，精简了人物和紧凑了故事，去芜存精，也就剪裁得不乱不长了。

我有个习惯，作品越改越短，一方面是出于在艺术上力求简洁明快，一方面也是为了减轻体力劳动。抄稿子是个苦差事，少抄一个字都是减少一点负担，而为了减少负担就不得不斟字酌句。所以，抄稿子这个差事虽苦，我却从不请人代劳。

四十七万字删掉十七万，好像春暖花开脱掉了沉重的棉裤棉袄，换上了单衣，直觉得一身轻松，神清气爽。

“武戏文唱”，反映历史

——我写长篇小说《春草》《狼烟》

从一九七五年十一月七日到一九七七年二月四日，我写出了长篇小说《春草》。

这部小说是在我最沉痛而又最激扬着自己的信念和信心的精神状态下写出的。

我想解释一下《地火》和《春草》的题目的来由。

《地火》不是最初的题目。一九七五年的春天，曾给人民带来久旱甘雨的希望，谁料十一月突然发动了“反击右倾翻案风”，“四人帮”更加猖狂肆虐，人民的希望又破灭了。我生活在社会的最底层，深知民间疾苦和民心向背；沸腾的民怨，表现出人民已经忍无可忍，正如鲁迅先生在《野草·题辞》中所写："地火在地下运行，奔突。"为了表达我对"四人帮"统治的不满和期待人民的抗争，我把原来的小说题目划掉，换上了《地火》。这个题目也切合我的长篇小说所描写的斗争生活，只是地火不但运行、奔突于地下，而且喷出了熔岩。

《春草》刚动笔时，还没有想出题目。我写出最初几章，一九七六年一月八日，我和全国人民一样陷入无比的悲恸之中，而我这个贱民，悲恸中更感到无依无靠的绝望。但是一月十五日，北京十里长街百万群众为总理送葬，这运行奔突于地上的地火，使我又看到光明，萌发了希望。我想到鲁迅先生的诗句："血沃中原肥劲草，寒凝大地发春华"，很能表达我此时心境，也很能概括我这部长篇小说的内容，于是取《春草》为题。它并不是出自白居易的"野火烧不尽，春风吹又生"。

我从少年时代就养成一个习惯，在每一个重大节日和重要纪念日，都要做一件自己认为很有意义的事情。一九七五年十一月七日是十月革命五十八周年，在我那荒屋寒舍，一个我回乡后跟我最知心的朋友，跑来跟我做伴。我的屋子冷如冰窖，我们盖着被子脚蹬装满开水的被窝壶，这位朋友激励我说："你不是为八十年代而写作吗？写你的！"我被激励得兴奋起来，便谈起我早已酝酿成熟的创作计划，并且讲述了这部小说中的许多故事情节，这位朋友听得流连忘返，不觉夜深，临走再三劝我立即动笔。等这位朋友走后，在鸡鸣晓唱中，我开始了《春草》的写作。事后才知道，这位朋友因回家太晚，母亲生气不给开门，只得破窗而入。

《春草》写成之日，正是立春；这一天，有一位年轻的母亲喜产麟儿，我把它视为吉庆之兆，也给这个小男孩取名春草。

我从小喜欢读历史，对于史学的爱好不下于文学。至今，我对阅读史料，要比阅读文学作品更有兴趣。当然，对于资料贫乏，以论代史的史书，也正如对待以说教代替形象描写的文学作品一样，不得不硬着头皮摘要而读。所以，我更喜欢野史、稗史、传记、笔记、逸闻和回忆录。

但是，党领导京东革命斗争的史料，却从未见过一篇，而我的政治身份，也不能去四出访问，所以只能在历史的长河中钩沉。我从许多与京东革命斗争无关的回忆录中，发现一鳞半爪，片言只语，竟然构成了一个轮廓。而且，我从当时的旧杂志和旧报纸上，获得不少具体的史实和生动的印象。例如，我从敌人的报纸上看到关于几位普通共产党员慷慨就义的描写，剔除其反共谰言和人身污蔑，却可以看见这些共产党员在押赴刑场的游街路上，不仅仅高呼革命口号，而且也嬉笑怒骂，各有特色；他们虽然视死如归，但是跟亲人诀别时，也难舍难离，悲痛万分。因而，使我感到他们有血有肉，栩栩如生。

这些史料中，使我最受感动的是通州最早的共产党人金氏三兄弟，即一九二六年入党的金永镐和金成镐，一九二七年入党的金祥镐。他们是逃亡到通州的朝鲜爱国者的儿子，都是潞河中学的学生。大哥金永镐最先入党，发展了老二金成镐，金成镐在一九二七年建立了中国共产党潞河中学党支部，发展了一批党员，其中包括三弟金祥镐。金成镐在潞河中学高中毕业后，化名周文彬，成为冀东工人运动的主要领导人之一，组织和领导了震惊中外的开滦煤矿大罢工。著名的抗日英雄节振国，就是在这次大罢工中觉醒和成长起来的。周文彬后来又是冀东抗日根据地的创建者之一，一九四四年牺牲时，担任冀热辽特委组织部长。周文彬为人文质彬彬，学识渊博，却又非常能吃苦耐劳，坚韧不拔，奋斗不懈，百折不挠，是一位优秀的革命知识分子。

《春草》中所描写的汇文学院，就是潞河中学，只不过从燕京大学的未名湖上借用了一座石舫和少许风光。潞河中学在清末时原名协和书院，民元以后改名协和学院，是美国教会在京东开办的一所大学，孔祥熙就是协和书院的毕业生，而后又到美国留学。协和学院的校园建筑和风景，跟后来新建的燕京大学近似。二十年代初期，协和学院和同一教会开办的汇文大学、燕京女子学院合并而为燕京大学，在京西海淀建校，就是今天的北京大学所在地。协和学院的原址，改办潞河中学，直到解放初期，仍是京东的最高学府。

协和书院——协和学院——潞河中学虽然培养了不少国民党的官僚买办，但是也产生了不少革命战士，现在还有好几位在中央、地方和军队担任领导工作，并且产生了不少有名的科学家、教授、医生、作家、音乐家、演员和运动健将。

这个学校的学生，具有光荣的革命传统。一九〇八年，协和书院以蔡德辰为首的五名学生，密谋策划驻防通州的新军起事，冲入北京，包围皇宫，推翻清王朝，由于叛徒告密，壮烈殉难。民元以后，五位革命志士的纪念碑矗立在潞河中学土山的松林中。我在潞河中学读书时，遗迹尚存，常到碑前复习功课；不幸十年大浩劫中，竟被数典忘祖的造反小将砸碎，并给这五位为民主共和而抛头颅洒热血的革命马前卒，加以“洋奴”的恶谥。一九七九年我重游母校，纪念碑已片石皆无，我力主重建，并强烈呼吁为他们平反。二十年代，潞河中学有以金氏三兄弟为代表的共产党人，成为京东革命斗争的一个堡垒。三十年代，共产党员在这个学校开展地下活动，梁斌同志的《红旗谱》所写的保二师风潮，那几位真名实姓的领导人，原来都是潞河中学学生，因颜色太红而被校方开除，转学到保二师仅几个月，在领导风潮中惨遭国民党屠杀。抗日战争和解放战争时期，不少潞河中学学生参加革命，成为游击队和地方民主政权的干部。

一九四五年我九岁，曾入潞河中学附属小学读书，一九四六年到一九四八年，我参加了潞河中学进步学生的读书会，并成为他们主办的油印文艺杂志的主要作者，发表过连载小说。这个读书会和油印文艺杂志，一九四八年秋被国民党党部解散和查禁。一九五四年我从潞河中学毕业，考入迁校到原燕京大学校址的北京大学。所以，我对美国教会开办的小学、中学和大学都有较多的了解，有自己亲历实感的生活体验。因此，我对以教会学校为场景的解放前的学生生活，是能够写得像的。

同时，在我的读书和写作的生活经历中，我接触了一些二十年代的知识分子，从他们身上摄取到那个时代的知识分子的风貌；大量阅读旧报纸和旧杂志（包括我解放前做报童时的知识积累），使我能够感受我要描写的那个历史时期的时代气氛，这都弥补了我个人生活经历的不足。

但是，我必须有点新意，采取扬长避短的写法，才能写得出来，才能避免雷同。

我是强调文学作品必须写出具有时代性、时期性和时间性的生活真实的；因而对于革命历史题材，就必须以历史唯物主义的观点，忠实地写出历史的真实。那种把党史和中国革命史进行“现代化”整容的做法，我是深恶痛绝的。

革命知识分子在革命历史中的地位，是先锋和桥梁。他们最先接受马列主义的思想，举起革命火种，燃烧起工农革命的熊熊烈火。不在革命历史题材的作品中表现知识分子，或者只把知识分子作为犯错误、被改造或动摇叛变的类型来写，都是歪曲事实，不公平和不公正的。而在那个时代，革命知识分子的绝大多数出身于剥削阶级家庭，不写出他们的这一特点，也不能把历史真实全面完整地再现。

长篇小说《狼烟》，写的是卢沟桥事变中，一位北京大学毕业生在党的指引下，回乡开办抗日学校，收编民间自发抗日武装的故事。我写的也是抗日战争时期京东的历史真实。

“一二·九”运动的学生领袖之一的董毓华，他曾率领北京的大学生在寒假中下乡宣传抗日，屹立于固安城下，高声朗诵英国诗人雪莱的诗句“冬天来了，春天还会远吗？”而留下历史佳话。抗日战争爆发，他成为京东抗日军的司令员。另一位“一二·九”运动的著名猛将，东北临时大学学生白乙化，后来成为地跨京北和京东的军分区的司令员。这两位使日寇闻名丧胆的书生将军，被人民引以为骄傲的传奇性英雄人物，最后献出了青春似火的生命，是非常可歌可泣的。一九四二年我见到的第一个共产党员，来到运河滩开辟地区的一位八路军干部，也是个大学生。

那时候我六岁，已经上小学。与我们儒林村北隔半里的大村，有一支地主民团，与儒林村南隔八里的一个村庄，有一支几百人的绿林武装，都被这位大学生出身的八路军收编了。有意思的是，收编那支绿林武装的仪式，是夜晚在我家柴门外的打谷场上举行的，我还站在场边参观。这是因为，儒林村地处运河滩最偏僻的一角，而且杂树茂草丛生，不易为敌人所发觉。日寇从一九三三年占领京东到一九四五年投降，十二年中从未进过儒林村；而与儒林村相邻的村庄，却都曾遭到烧杀，所以儒林村被称为“福地”，流动性很大的县、区政府常常到儒林村隐蔽。县支队和武工队也常来儒林村休整，县支队的李支队长和揳入北京城下的武工队杨队长，总是住在我家北房东屋；他们很喜欢我的敢说话和顽皮淘气，送给我机关枪的子弹筒，多次说要把我“拐走”。我还记得，日人在华反战同盟的盟员也在我家住过一夜；有一个女盟员跟我的姑姑住在一屋，当时正收花生，我送给她甜花生果（没有成熟的嫩花生）吃，她很文静，老是羞答答的。

每个人对于自己的童年生活，都记忆得最清晰最深刻，回忆起来也最动情。我写《狼烟》时，常常引动起我对童年的怀念和留恋，也深深怀念当年那些在我家住过的人们。

《狼烟》也和《地火》《春草》一样，虽然写的是烽火连天的年代的故事，却没有什么惊险曲折的情节。一方面是因为我没有亲身参加过血与火的战斗，硬写是写不好；另一方面，也因为我比较喜欢写情，不大喜欢写事。苦难和战乱岁月中的人情，是极其珍贵和极其感人的。“武戏文唱”的写法，给人以萦怀的情思和久远的回味。

土命人的土气作品

——我写中篇小说《蒲柳人家》

关于中篇小说《蒲柳人家》，我实在无话可说。不过，最近有几位大学中文系的学生和研究生，选定我的作品作为他们的研究题目，已经写出或将要写出他们的学年论文或毕业论文；他们先后光临舍下，与我当面进行探讨。《蒲柳人家》是主要话题之一，现在我就把这几次谈话中有关《蒲柳人家》的二三事，追记如下。

他们问我，《蒲柳人家》的主题思想是什么？

我答不上来。

我写每一篇小说，一向都不是先有主题，也从来不想确定什么具体的主题。作品的主题，也和作品的倾向性一样，“应当是不要特别地说出，而要让它自己从场面和情节中流露出来。”（恩格斯给明娜·考茨基的信）

主题先行，或在确定的具体主题支配下写作，往往流于图解概念，而不从生活出发；削生活之“足”适概念之“履”，必然矫揉造作。而艺术的极致，是真实、含蓄、自然、从容。

但是，我的所有小说，却有一个共同的总主题，那就是讴歌劳动人民的美德和恩情。必须来源于生活，来源于劳动人民。即从生活出发，从人物出发，便不会为概念所桎梏，而对概念进行图解。

为什么要写《蒲柳人家》？

一是为感恩图报，二是要走我的乡土文学之路。

我前后在农村生活了三十年以上，而且主要是在我的生身之地的弹丸小村度过的。乡亲和乡土哺育我成人，乡亲和乡土救了我的命，乡亲和乡土待我恩重情深。

我的童年遭遇过三灾八难，都是乡亲长辈们使我死里逃生。我一落生便是个假死，农村叫草命生，是一位姓赵的老奶奶把我救活的。四岁那年闹土匪，三更半夜土匪进村绑票，全家逃散，把我扔在了炕上，是一位名叫大脚李二的大伯爬墙上房，下到院里，走进屋去，把我掩抱在怀里，带我脱离险境。五岁那年我在村边的池塘中凫水，忽然沉溺于深水中，是一位姓刘的老叔又用渔网把我打捞上来。六岁那年完秋，我跟伙伴们在收割后的田野上追兔子，不小心被枯藤绊倒，尖利如刺刀的茬子扎伤了我的喉咙，是一位姓赵的老爷子给我急救，得以不死。七岁那年盛夏，我得了瘩背，也就是痈疽，是一位姓田的老把式觅来一个偏方，妙手回春……

十年浩劫，前辈和同辈作家们在牛棚、监牢和“五七”干校里饱受煎熬，而我却吉人天相，匿居乡里，得到乡亲父老兄弟姐妹们的爱护、宽容、优待和救助，没有挨打，没有挨批，没有挨斗，没有受着罪，血雨腥风没有洒到我身上一点，并且从精神崩溃状态中复苏，休养生息，振作奋发起来，写出了《地火》《春草》《狼烟》三部长篇小说。

乡亲父老兄弟姐妹们扶危济困，多情重义，我才大难不死，而有今天。感恩戴德，我能不以我的小说创作，报恩于我的乡亲和乡土？

土生土长所形成的土性，也就是我的经历和教养决定了我是个土命人，是个土著作家，只能写土气的作品。

土气的作品，我称之为乡土文学。乡土文学在我的心目中，就是要坚持现实主义传统，继承和发展中国文学的民族风格，保持和发扬强烈的中国气派和浓郁的地方特色，描写农民的历史和时代的命运。

因此，我写出了《蒲柳人家》。

《蒲柳人家》的几个人物为什么能写得很活？

这是因为我对这些人物极熟悉，为这些人物所感动。写人物，熟悉而不感动写不出神似，感动而不熟悉写不出形似。

我的小说中的人物，绝大多数都是以我的乡亲父老兄弟姐妹们为生活原型。

《蒲柳人家》中，何满子的性格和“业绩”，大半取自童年时代的我。

望日莲是由两个童养媳和一个被姨母卖掉的姑娘所合成。这个被卖掉的姑娘的姨母，是开小店的，跟我家相隔一户。在我六七岁时，这三个姑娘都是十七八岁，她们打青柴、拾庄稼、编席织篓、推碾子推磨，受婆婆和姨母的气，我都亲眼所见，当时就对她们充满同情。我满河滩野跑，常跟她们搭伴，在我当时的心目中，她们是那么美丽，那么好心眼儿。现在，对于她们青春时代的身姿面影，连她们自己也想不起来了，然而却活生生地保存在我的记忆里，而且有血有肉，不是鱼化石。

何大学问的形象，大部分采自我曾祖父和祖父的音容笑貌和性格；一丈青大娘是把我的曾祖母和一位姓杨的老太太合二为一。

其他，如柳罐斗、吉老秤、郑端午、荷妞、云遮月、牵牛儿、保长安、花鞋杜四、豆叶黄、麻雷子……都有出处，都是我亲眼见到，有过接触，留下深刻印象的人。只有真名实姓却又一闪而过的周文彬，我并不认识，但是，他是我的母校的学生。

对于这些人物，我是充满激情的。好人，引起我热爱的激情；坏人，引起憎恶的激情。

一个作家，怎样才算熟悉生活和熟悉人物呢？我认为，必须深入细致地了解他所反映的生活和描写的人物的过去与现在，要能看得见生活和人物的未来；必须具体而形象化地熟识他所描写和刻画的人物的身世历史、相貌、个性、心理和语言；必须通晓与掌握他所描写和表现的生活天地的风土习俗、人情世态与环境景色。

我个人有个偏见，检验一个作家是否真正熟悉生活和人物，首先看语言。

一篇作品中各种人物的语言大同小异，甚至相同而无小异，也就证明作者并不了解他所描写的人物的“这一个”。不了解就是不熟悉；不熟悉生活中的人物，也就并没有真正熟悉生活。

身在其中，朝夕相处，而只见共性，不见个性，只见一般，不见特征，描写和对话抓不住鲜明的特点和差异，归根结蒂也还是对于身在其中的生活和朝夕相处的人物并不真正熟悉。而只见共性、一般和相同，不见个性、特征和差异，便不会有所感动，也不会产生具体形象，只能是从概念到图解，作品中的人物不过是作家手中的傀儡玩偶。

《蒲柳人家》的艺术风格是怎样形成的？

这个问题很难回答，要请研究我的作品的同志们进行全面深入的剖析，帮助我认识自己。

我只能提供几点抽象的线索：

一、我熟悉运河滩的农村，热爱运河滩的农村，我熟悉运河滩的农民，热爱运河滩的农民；我熟悉和热爱运河滩农村的风土人情；我熟悉和热爱运河滩农民的语言情趣。

二、语言是文学的第一要素。我从初学写作，就比较自觉地注意讲究语言和文字，也比较自觉地在人物、情节、故事、格调、色彩和趣味上，力求与众不同，至少颇有所异，跟别人的作品不一个模样，不一个味儿。

三、我深受中国古典诗、词、散文、传奇、小说、戏曲以及民间故事、评书的影响；我比较自觉地师承“五四”以来新文学作品的优良传统。

四、我也深受那些各自具有本国和本民族风格特色的外国大作家的名著的影响。

鲁迅先生在一九三四年四月十九日写道：“现在的文学也一样，有地方色彩的，倒容易成为世界的，即为别国所注意。打出世界上去，即于中国之活动有利。可惜中国的青年艺术家，大抵不以为然。”鲁迅先生的这些话，我记住一辈子，一辈子用不完。

“中国气派，民族风格，地方特色，乡土题材”，这是我致力乡土文学创作的四大准则。满怀感恩戴德的孝敬之心，为我的粗手大脚的乡亲父老画像，以激情的热爱灌注笔端，描写我的家乡——京东北运河农村那丰富多彩而又别具一格的风土人情，为家乡的后辈儿孙留下艺术化的历史写照，同时也使外地人，甚至外国人，通过我的小说，了解我的家乡，喜爱我的乡土，这便是我今生文学创作活动的最大野心，也是我实践鲁迅先生上述创作思想的志愿。

抓住人物就抓住了创作兴奋点

——我在韶山写短篇小说《蛾眉》

我在短篇小说上写不成气候，打定主意要画个句号。《蛾眉》可算我的短篇小说创作的“告别演出”。谁想，无意之中却得了个全国优秀短篇小说奖，真可谓不期而遇，始料不及。

《蛾眉》在我的创作生活中，具有纪念意义。因为它是我在毛主席故乡韶山宾馆写出来的，也因为它是在《聊斋志异》和《阅微草堂笔记》熏染下写出来的。

我经常研读鲁迅先生的《中国小说史略》，对《红楼梦》《水浒》《儿女英雄传》（上部）、“三言”“二拍”、《聊斋志异》《阅微草堂笔记》下过功夫。《聊斋志异》和《阅微草堂笔记》短小精悍，我出门在外，常常随身携带。

我怎么会在韶山写出《蛾眉》呢？其中有一大段故事，我只能简而言之。

一九五五年十月，中国农村掀起社会主义农业合作化高潮，我当时在团中央工作。团中央也响应号召，紧急行动，组织干部奔赴全国各省，推波助澜。当时，团中央成立一个工作总团，胡耀邦同志是总团长。下设东北、华北、西北、华东、中南、西南分团，分团之下每省派一个工作组。我被派到中南分团湖南省工作组当组长，组员都是团中央或直属机关的工作人员。我领导的组员中，其中一位后来成为职业外交家，现任驻外大使。

我带领工作组先后在长沙、衡山承包一个乡。由于我的工作能力很差，组员们看出我徒有虚名，大失所望，便流露出不满情绪。我提出改选，却又因这个职务是领导委派，不能擅自变动。于是，我给分团长留下一封信，挂冠而去。脱离了集体，我来到了毛主席的家乡，就住在毛主席旧居的厢房，跟毛主席的堂弟毛乾吉住在一起。我在毛主席旧居摄影留念，完成了我的“朝圣”，便北上回京。

一走便是二十五年。直到一九八〇年十二月，我应邀到湖南参加笔会，才重游韶山，瞻仰毛主席故居，真可算“别梦依稀咒逝川，故居二十五年前”。风光经过了修饰，故人（毛乾吉）与世长辞，引起我感慨万千。当年我住的是泥坯厢房，这一回我却住在故居旁的高级宾馆。

抚今追昔，思前想后，百感交集，在席梦思床上辗转反侧，夜不能寐。我想得很多，心绪很乱。后来，我强迫自己想我的一篇正在胸中酝酿的小说。我来湖南参加笔会之前，答应吉林《长春》文学月刊，给他们写一篇一万字以内的小说，讲定日期，准时交稿。所以，这些日子，我身在湖南旅途，小说中形形色色的人物原型，一直活跃在我的脑海里，伴随我的行程。

我这个人，乡土观念根深蒂固。出国、出省、出县，只要离乡外出，我就思念乡土和乡亲。有一回，在外国的一个乡镇参观，发现这个乡镇的某些风景，颇似我那生身之地的小村，竟然情不自禁，恍惚回到家乡。这个感觉，后来写进我的一部长篇小说中。

一九五五年十月，我到湖南参加农业合作化运动时，一有空闲，我便写我的中篇小说《夏天》，也是在对家乡的想念激荡下宣泄笔墨。

旧地重游，旧梦重温，就像二十五年前的旧情复发，创作冲动有如心潮逐浪高。

我一直想写一个被卖到运河滩的外乡女子的故事，只是未能得到一触即发的“灵感”，白纸上空无一字。

“文革”前的“四清”运动，主要贯彻执行的是“唯成分论”。我乡地主、富农家的小伙子，虽然出生在人民共和国成立以后，也被加上“狗崽子”的恶名，在本乡娶不上媳妇，连出身于地主、富农家庭的姑娘也不肯嫁给他们。于是，便有人贩子应运而生。从更穷苦愚昧的外乡，贱价骗买想找活路的女孩子，到运河滩高价出售给地主、富农家小伙子为妻，从中渔利。运河滩三个村，买来外乡女子二三十名。她们报不上户口，不能下地劳动挣分，便养猪、养羊、养鸡、割草……卖钱买高价粮吃。一到麦收和秋收时节，她们便偷窃成熟的庄稼，在口粮上略有小补。我称她们是运河滩上的“吉普赛女郎”。

入夏，青草茂盛，队里派我到运河滩上放牛，跟这些在河滩上割草的外乡女子便都有一面之识。其中一个姑娘，是我的一个老同学的儿媳，管我叫叔公，跟我接近较多，我也就了解到她的一些身世和情况。

我这位男同学，是个富农儿子，他的妻子娘家是地主，跟我也是小学同学。我这位男同学念过中专，当过工厂技术员，心灵手巧，是个能人。一九六二年下放回乡，本想为建设家乡贡献自己的聪明才智，却因出身不好而不被使用。不仅如此，而且连累得儿子只能打光棍。最后，他找人贩子，从外乡给儿子买来个媳妇。

这个姑娘，长得好看，又能吃苦，已经难得，没想到她还念过高中，就更可贵。本来，我以为她也是文盲或半文盲，谁想她“偶尔露出峥嵘”，竟使我意外一惊。我到河滩上就把牛一撒，任其自由活动，自己或躺或坐在河边柳荫下读书看报。有一回，我正读一本翻译的世界史，这个姑娘悄悄来到柳荫下歇息。她轻声叫我一声叔叔，我点头微笑了一下，她便从我手中把世界史拿过去翻看，忽然问道："中国人比哥伦布早发现新大陆，是吗？"我惊奇地看了她一眼，答道："有此一说。"她沉默许久，叹了口气，说："如今若是又发现一块新大陆，我就到那里开荒。"我听出她心里必有苦衷，便跟她交谈起来。才知道她有高中学历，曾想高中毕业后投考大学，谁想"文化大革命"打碎了她的美梦。她的家乡武斗凶残，父母死在武斗里；她从血雨腥风中逃脱出来，走投无路而落入人贩子的圈套，被转卖到运河滩。公婆待她很好，无可挑剔。丈夫脾气和顺，从不撒野；只是文化水平比她低，美中不足。

后来，她的婆婆——我那位小学女同学告诉我，小两口怕生下孩子又沦为"狗崽子"，先是不同房，后来同房吃避孕药。每天关上门都说些天文地理，没有一句过日子话。

粉碎"四人帮"以后，一九七七年底大学招生。我这位"侄媳"鼓动丈夫报考，两次落榜之后，才考取了一个中专。党的十一届三中全会消除了"唯成分论"，她才敢怀孕。她的公公——我那位男同学也时来运转，当上乡镇企业的一个副厂长，全家皆大欢喜。

故事虽很完整，但我抓不住人物，激动不了我的创作兴奋点。而在韶山之夜的思乡中，我的男同学的堂叔王二古突然鲜明活跃地出现，王二古是个勤劳、辛苦、风趣、狡黠的老农，我对他熟"透"了。于是，我把他安排为代儿买妇的公爹。我写小说，在"人事"安排上，一向"精兵简政"，因而没有设置个婆婆。整个小说，只有公公和小两口三人。

我那个男同学，十一年后才被我派上用场。一九九一年四月号《人民文学》发表我的小说《眼里的村》，其中的一个农村能人便以我的男同学为原型。

从子夜到黎明，我在韶山宾馆一口气写出《蛾眉》。

《蛾眉》发表以后，就听到作家中的一个老相识评论道：“绍棠在写他的《聊斋》。”

然而，我下定决心见好就收，短篇小说到此为止。后来我在报刊上似乎也有短篇发表，那不过是我的长篇小说的片段或章节。

把长篇拆成若干短篇或中篇

——我写长篇小说《京门脸子》

一九七九年一月，我重返文坛。此时的文坛与我一九五七年离开的文坛对比，已经面目全非，大不一样。文坛上的众说纷纭和世态炎凉，使我感到眼花缭乱，目瞪口呆。当年我走上文坛时是个头顶着高粱花的农村少年，现在重返文坛又像个两腿泥巴的乡下老憨。

当时，文坛上正流行伤痕文学，作品以突破禁区取胜。我却不识时务，大谈“娘打儿子”“儿不嫌母丑，狗不嫌家贫”“家鸡打得团团转，野鸡不打满天飞”等。这些不合时宜的论调，实在是逆潮流而动，遭到了冷淡和反对。

但是，在反对我的人中，有两种人我最不服气。一种是“文革”中的造反派，不久之前还是个人迷信的宗教狂和极左路线的打手，突然一百八十度大转弯，变成了最时髦走俏的“思想解放”派。一种人是一九五七年“反右”运动的整人老手，也摇身一变老来俏，变成摩登的“圣之时者也”，大唱否定一切（只是不肯否定自己）的“思想解放”高调。这使我惊诧而又怀疑，他们那多变的脸色，哪一会儿真，哪一会儿假？他们那横竖都能使用的嘴巴，哪句是真话，哪句是谎言？

我不愿随波逐流，只有坚持己见，走自己的路。文学创作不是决胜于分秒的短跑，而是至死方休的马拉松赛；大家还是各尽所能，各行其是。盖棺都未必论定，何必争一日之短长？

我把主要精力放在整理坎坷岁月中写出的三部长篇小说上，同时，又写了几个短篇和一个中篇，热一热身。

这些作品都没有叫响，我听到不少冷嘲热讽。

我对自己的作品，有自己的估价。

我承认，几个短篇都没写好。但是，三部长篇小说的发表和后来的出版，使我感到充实。中篇小说《碧桃》赢得了众多读者的热泪，更增强了我的信心。

我决定扬长避短，全力以赴致力乡土文学，投入中篇小说创作。

从一九八〇年一月的《蒲柳人家》算起，到一九八三年十二月的四年间，我创作了二十多部中篇小说。支配我写出这些作品的动力，是我对家乡和乡亲的感恩戴德。无论是现代题材还是现实题材，基调都是我对乡土的强烈深情。

在这四年里，我也系统地形成了自己的乡土文学观点。

我感到中篇小说不能使我尽兴，不能充分表达我对家乡和乡亲的感恩图报之心。于是，我想到创作长篇小说和写法上的第一人称。长篇小说篇幅大，可以表现更多的人和事，展开比较宽广的时空。第一人称虽不一定是写自传，却是更贴近自己，贴近实感，在写作时能全身心地投入。自己动情，写出来也就感人。

在写长篇小说《京门脸子》之前，我的所有小说都不使用第一人称。如有自我表现之处，也是通过第三人称的人物有所流露。这种自我抑制的写法，越来越使自己觉得不能畅所欲言。

动手写《京门脸子》时，我正满四十八岁，早已年逾不惑，眼看就要知天命。我对自己的自省意识越来越强。我老想自己认清自己，自己给自己一个接近或符合客观实际的估价。我有时并不喜欢自己，常对自己的作品进行挑剔。在写作《京门脸子》之前的准备活动中，我一直在清算自己。虽然仍没有算清，但已初步心中有数。

我既然要写长篇小说，就要不一而足。一部一部写下去，首先必须全神贯注，一心不二。写些什么呢？想来想去，我给自己画地为牢，即注重“耳闻目睹，亲身经历”，减少虚构成分。

我虽然写得多，但都是被报刊约稿“挤”出来的被动之作，没有一篇是“不待扬鞭自奋蹄”的产物。我正要写《京门脸子》，便收到《人民文学》的紧急约稿，刻不容缓。

与此同时先后向我约稿的文学杂志还有《海峡》《小说家》《长城》《钟山》《作家》等。

《人民文学》给我限定的交稿时间，只够写一个中篇小说。我满脑瓜子装的都是《京门脸子》的构思，难以分神另写其他题材。我反复考虑，最后决定将这部长篇小说“剁”成几截来写，“一截遗欧，一截赠美，一截还中国”。分段交给几个杂志发表，然后组装成一部长篇，交出版社出版。

我对中国古典小说和中国古典戏曲，都动过一些脑筋。尽人皆知，中国古典小说源自说话（评书），定型于话本。文人效仿，遂有拟话本之作。拟话本之作不但保留了说话（评书）的特色，而且有所革新和发展。每部说话，都有以主人公为主导的“书胆”，如《三国演义》的诸葛亮，《西游记》的孙悟空，《红楼梦》的贾宝玉。《三国演义》在诸葛亮死后，读起来虽不能贬为索然无味，但也已经暗淡无光。以主人公为主导，连缀故事，有如串珠。戏曲改编小说，都是截取其中一部分，正像摘珠。来自《三国演义》《西游记》《红楼梦》的戏曲，无不如此。由此可见，小说无不可以拆卸组装。《儒林外史》是系列短篇小说的有机组合，《水浒》是系列中篇小说的有机组合，人所共见，不必赘述。截取小说而改编的戏曲，仍可择其善者而拆之，便是折子戏，俗称“戏核儿”。我读《红楼梦》，常把《红楼梦》拆成若干短篇和中篇小说来读。

我有这个底功，将《京门脸子》化整为零写作，并不费难。于是，按照“订货”，写成了六个中篇小说：《京门脸子》《柳香居故事》《山楂村儿女》《野丫头谷玉桃》《我的家在京东北运河上》《大河小镇》，组装时为了集零为整，上下衔接，又有少量增删。

《京门脸子》的前九章在《人民文学》上发表，受到读者欢迎。经过读者投票，被选为该刊当年最受欢迎的作品之一，而且得票名列前位。

我越发写得兴致勃勃，得心应手。却在此时，一位认识我的中央领导同志，想调我从事文化行政工作，我急忙婉谢再三。然而，有关部门进行民意测验，我又得票居先，因此又打算把我安排在文艺团体的负责工作上，急得我赶忙又写信给我认识的中央领导同志，坚辞不就。为了使这位中央领导同志今后不再把我列入从政人选，我向他保证，从这一年（一九八四年）起到一九九六年，即我从四十八岁到六十岁的十二年中，我要一口气写出十二部长篇小说，因而从政不如从文。

然而，我可能当官的内部消息，不知从哪条渠道泄露出去，不少热衷仕途的人，就像马克·吐温的《竞选州长》所描写的那样，对我明枪暗箭，恶意中伤。这时，我的《京门脸子》正要收尾，气怒和感慨使我忍不住在收尾处将这场闹剧记录在案，留作纪念。

我一向不赞成文人从政，自己也不利用机会和条件在这方面经营。但是，官本位的某些实惠和虚荣，也确实诱人而令人动心。因此，我认为必须提倡文人风骨。三百六十行，文人就是文人，文人就该为文。身为文人而不写作，便是不务正业。意在当官就该赶快改行，不要把文坛作自己的进身之阶。对功名利禄采取淡薄、超脱、清高的态度，应被视为美德。不要在文人中造就暴发户，文坛暴发户也是社会的一个不安定因素，用不着举例说明，大家都心中有数。我从事文学创作四十多年，是当代中国文学史的一个有力见证人，也就不可避免地有过许多人事纠葛。文坛上有的人跟我观点相同，有的人跟我存有歧见，有的人跟我多年友好，有的人跟我曾有怨结。我觉得，某些恩怨今生难以报偿和消除，那就不如放置一边，各自写各自的作品。

正是抱定这个宗旨，我在写完《京门脸子》以后，顾不得卸甲下鞍，喘息休整，又马不停蹄地接着创作长篇小说《豆棚瓜架雨如丝》。

从不同层次、角度、侧面展示美

——我写长篇小说《豆棚瓜架雨如丝》

我很喜爱我的长篇小说《豆棚瓜架雨如丝》，是因为这部长篇小说写到收尾，我的孙子落生，便以“雨丝”给孙子命名。

《豆棚瓜架雨如丝》动笔在《京门脸子》之前，脱稿却在《京门脸子》之后。

从一九八〇年到一九八三年，我写了四年中篇小说，决心转轨写长篇。我建议北京出版社，发动北京作家开展长篇小说创作，出版一套《北京长篇小说创作丛书》。北京出版社接受了我的建议，召开了三天长篇小说创作座谈会，并创办《长篇小说》季刊。

我向这套丛书自报的题目便是《豆棚瓜架雨如丝》。这个题目摘引的是王渔洋咏《聊斋志异》的诗句：“豆棚瓜架雨如丝，姑妄言之姑听之……”由此可见，我很想把《聊斋志异》的艺术色彩引入长篇小说中。我总觉得，文学艺术的借鉴与吸收，不可舍近求远灯下黑。说一句离题的话，我一直闹不明白，小吃店不卖烧饼油条，偏要高价塞给顾客仿洋的“热狗”，是何心态?

我正准备写作这个长篇，陕西人民出版社创办《文学家》双月刊。该社负责人来京组稿，光临舍下，请求我把手头的小说交给他们发表。我这人有个嗜好，非常喜欢在创刊号上发表作品。全国各地不少文学杂志的创刊号上，都有我的小说发表。在这种嗜好和兴致的驱使下，我和《文学家》编者讲定，长篇小说《豆棚瓜架雨如丝》一边写一边在该刊连载。为了便于读者阅读，每期提供的字数可长可短，以中、短篇小说形式刊出。

连载了三期，我感到过于仓促和紧张，压力太大。正巧，这时河北、河南、内蒙古、辽宁文艺界邀请我开会或讲学，我便以此为理由，向《文学家》请假。该刊也已打开场面，稿源不成问题，便答应我解约。

谁想，我到河北以后，河北省委的一位书记，是我的同乡老友；他一定要我写个长篇小说，交给河北的出版社。我只得放下《豆棚瓜架雨如丝》，另写《京门脸子》。

《京门脸子》交稿以后，我又接写《豆棚瓜架雨如丝》。这时，我正协助丁玲同志创办大型文学双月刊《中国》，担任常务副主编。同时又发现已患冠心病和糖尿病。写作只能忙里偷闲，病中鼓勇。我闭门创作，将《豆棚瓜架雨如丝》一气呵成，发表在北京出版社的《长篇小说》季刊上。

在转轨创作长篇小说之前，我已经感到自己的作品在反映生活和刻画人物上，都单纯得像个“老天真”。记得，在一次宴席上，一位文艺界的老同志——又是我的“五七难友”，以并非玩笑的口吻，对我说：“你的心太善，眼只看到美，写儿童文学吧！”我对他说，我对我心爱的人物和生活不忍写其污点。读肖洛霍夫《静静的顿河》，肖洛霍夫写美女阿克西妮娅与地主少爷李斯特尼茨基苟合，也觉得太“残忍”了。他笑了笑道：“你是个美文学家。”

我自幼就相信《三字经》开头的那两句话：“人之初，性本善。”自己在成长过程中又一帆风顺，不知人生艰险苦辛（这也是我一九五七年栽了跟头的主要原因之一）。我这个人又性情开朗，心宽想得开，不知愁不发愁。一九五七年划右垮台到一九七九年东山再起，二十二年遭遇苦难不多。这都使我对世态炎凉感受不深。因此，只愿写真、善、美，不愿涉笔假、恶、丑；甚至在选用词汇和字形上，也要对视听产生美感才行。

今生我难改这个积习。不过，要深挖美的复杂性。从不同角度、不同层次和不同侧面写美。《豆棚瓜架雨如丝》的创作便是如此。

在我回乡务农的岁月里，每到暑伏时节，队里都派我到河边放牧一头大牤牛。每天跟我搭伴的有邻村两位老人：一位谢大伯，一位李大伯。谢大伯在旧社会给地主家当赶车把式，李大伯在旧社会给地主家领青打头。谢大伯和李大伯的儿子是我念小学时的同班同学，但都比我大六七岁。我从小就到谢大伯和李大伯家玩耍，对两家的家史了如指掌。

谢大伯人高马大，有一副乡野美男子的风貌。他家穷娶不起媳妇。在运河西岸给地主家赶车时，那家地主是老夫少妻；少妻引诱他相好，老地主为了不给或少给他的工钱，也睁一只眼闭一只眼。后来老地主病死，这位少妻便想坐地招夫，与谢大伯正式公开结合。但是，老地主的族人群起反对，并且诬陷他们谋害了老地主。他俩只得慌忙私奔，背井离乡，隐姓埋名，生下了一个儿子。八路军来到北运河东岸，他才敢回乡露面。十二岁的儿子跟我同年上小学，那一年我六岁，可算我的师兄。我这位师兄不是念书的材料儿，却水性高强，喜好习武。我们念小学三年级那年，十四岁的他参加了八路军，当了一名号兵。在人民军队中，他锻炼成长，从士兵当到营长。抗美援朝战争结束，他从部队转业到外省一个县办发电厂当党委书记。十年内乱，有人却揭他的“老底”，硬说他是“地主婆”生下的黑五类，他成了“走资派”兼“地主狗崽子”。他那个已经改嫁贫农几十年的母亲，也被挂上地主婆的黑牌子斗争了一回，气病交加而亡，撇下谢大伯孤身一人。谢大伯年将古稀，每日给队里放牧护理一头挂驹的骒马，饥一顿饱一顿过日子，整日沉默寡言无语，目光模糊如雾，令人望之触目惊心。

李大伯是我们这一带的有名种田能手，不但力大无比，而且农业技术无所不能，样样精通，各家大地主都争抢着雇他在长工中挂帅。土改后，他带领几个五虎上将一般的儿子，辛勤劳动，发家致富。不料，日子正红火，上级下令实行高级农业合作化，他的土地、牲畜和农具都归了公。这个沉重打击，使他痛不欲生，身体一下子垮下来，病倒在炕上数月，万念俱灰。起炕以后，他不想下地劳动，全靠儿子们挣分养活，自己只管养猪、放羊、打青柴。他对地富子女非常和善，对地富子女遭受的不平等待遇非常同情，“四清”运动中又被工作队开会“帮助”了好几回。于是，他就更变得像闲云野鹤。

《豆棚瓜架雨如丝》的男主人公，主要是由谢大伯和李大伯合成的人物。女主人公，那个改嫁长工的地主少妻，当然是以谢大娘为原型。但是，人物的形象、性格和故事，很多取自其他风流女子。我见到和熟知的这类女人，几乎都很俊俏能干，待人处世十分精明。相比之下，她们的丈夫差不多都窝囊、蠢笨、无赖或低能。这是包办婚姻和婚姻不能自主的恶果。一朵鲜花插在牛粪上，仍然是一朵鲜花。生活中的人和事，难得十全十美，缺陷的美反而更为可信和感人。

《豆棚瓜架雨如丝》中的人物，我力求从共性中突出个性，类型中表现个别。虽然未必尽如人愿，也还是做到了尽力而为。绝不是以概念和意念为骨架，穿上五光十色的外衣，好像时装商店橱窗里的无生命模特儿。

大众文学要通俗而不流俗

——我写长篇小说《敬柳亭说书》

我写长篇小说《敬柳亭说书》的时候，大众文学正走背字儿，仿洋牌作品仗洋欺土，把大众文学挤对得直不起腰，抬不起头，出不来气。我一向自认，乡土文学本是大众文学的一种，乡土文学主要写农村的风土人情。大众文学的创作题材，以社会伦理、爱情婚姻、法案侦破、惊险传奇为主，二者本来就有交叉点。乡土文学与大众文学互补互惠，正如“南水北调”，并非损不足以奉有余。

大众文学背靠人民大众，乡土文学扎根丰沃的土壤，何所惧哉。

于是，我一气之下，动笔创作《敬柳亭说书》。

对于大众文学，我有深厚的“童子功”。我的家乡京东北运河东岸，说评书的艺人很多；我从刚一懂事就听评书，四五岁就成了书迷。给我开蒙的头一部评书是《彭公案》。《彭公案》前二十一回所写的故事，都发生在当时的通州地界，书中写到的马驹桥、张家湾、武家疃、和合站，至今仍是通州著名的村镇。本乡本土的评书艺人，讲说本乡本土的武林故事，听着亲切动心，不知不觉如醉如痴。此后，我又听了《三侠剑》和《施公案》。《三侠剑》开《彭公案》的先河，《施公案》是《彭公案》的续篇。三部评书有如系列长篇小说。

在书场上，我最真切地亲历目睹口头文学为人民大众喜闻乐见的状况，这对我后来从事文学创作，深有影响。书场上的见闻使我知道，人物要有个性，故事要有扣子，语言要生动活泼，情节细节要不洒汤漏水，即不出漏洞，才能被广大听众乐意接受。落在纸面上的文学作品，当然也理应如此。努力研读了鲁迅先生的《中国小说史略》之后，我更坚定了这个观点。于是，我给自己确定了一个严守的准则："小说创作，不但使识字的人看得懂，爱看；而且要使不识字的人听得懂，爱听。"我的早期作品学生腔就少。坎坷岁月中所写的《地火》《春草》《狼烟》可说已经完全大众化了：人物对话口语化，情节开展口头文学化，审美情趣农民化。

有些人评论我的小说是现代"三言""二拍"，艺术手法是"改造章回体"，他们对我的评说，实在是对我的抬举。

在我正式发表作品以前，我曾写过一些练笔的习作，诱发我第一次动笔冲动的是对武侠评书和武侠小说的不满足。我讨厌武侠评书和小说中陈腐的封建观念，例如对于男女之爱的歪曲和敌视；编织故事常常脱离生活，脱离实际。我几岁时就产生一个疑问："绿林好汉靠打家劫舍为生，义士、侠客、剑客谁养活呢？""王子犯法与庶民同罪，杀人偿命欠债还钱，义士、侠客、剑客杀人难道就没人管吗？"等等。这其实是自发的儒家思想。侠家是市井游民、流氓的代表，并不代表先进的生产力。儒家说侠家乱法和乱伦，为了一己之义便杀生舍命，置父母、纲常于不顾，是对社会的极不负责任，也是极大的不孝。所以，我练习写武侠小说时写到侠客之流，一要有职业，二要对歹人只拿获不杀死。

读著名历史学家谢国桢教授的《明末清初农民起义史料》，得知武侠小说《三侠剑》中的第二大剑客红衣女道姑张茂，正是京郊三河县一支农民起义军首领红衣张茂。于是，便以张茂为中心人物，写武侠小说以自娱。康熙年间，彭朋奉命出京，就任三河县令，主要任务是搜捕农民起义军和反清势力。因此，我这部小说反《彭公案》之道而行之。小说开了个头，由于身处政治高压之下心情不佳，半途而废。一九八四年至一九八五年我创作的长篇小说《豆棚瓜架雨如丝》，使用了这部未完成的武侠小说的某些情节。

因此，当我决心投入大众文学创作时，便自然而然地想写武侠小说。除了我当年的一些认识外，我又给自己规定“武戏文唱，长篇短写”的艺术追求。在总体构思上，我的原则是“中国气派，时代精神。民族风格，开放意识。地域特色，全景视角。雅俗共赏，曲高和众”。这些想法，来源于鲁迅先生《中国小说史略》对《水浒》和《七侠五义》的艺术分析，也结合了我几十年的创作心得和新时期对文学创作的个人思考。

中国的优秀武侠小说、古典的战争文学作品在描写打斗和战争时，讲究在运筹帷幄、渲染气氛上浓墨重彩，真正写到打和战仅用寥寥数语。《三国演义》写官渡之战和赤壁之战，便是如此。关公温酒斩华雄，《水浒》里写武松醉打蒋门神，都是气氛炽烈，声势宏大，斩则虚写，打则三拳两脚。

我写《敬柳亭说书》时，首先回忆我自幼听书的感受和受到评书的熏陶。明末评书艺人柳敬亭是评书艺术的一代宗师，为我所崇敬。我在我写的中篇小说《青藤巷插曲》中写过一个造诣很高的评书艺人，艺名就叫小柳敬亭。因而，我在《敬柳亭说书》中，将和我合作的业余评书艺人，写成小柳敬亭的门徒。书场题名敬柳亭，尊崇柳敬亭之意也。

我笔下的这个小柳敬亭的门徒，原型取自三个真实的人：一个是我念小学时的姓杨的工友，一个是扛长工的李大舅，一个是姓韩的地主儿子。这三个人都酷爱评书，可算业余评书演员。姓杨的工友爱说《彭公案》，我以他为主体，写起来亲切。冬闲三月，扛长工的李大舅在村中空地撂场子说《三侠剑》，声音洪亮，神完气足。姓韩的地主儿子跟李大舅唱对台，在自家的跨院摆书场说《施公案》，免费招待一顿饭。这三个人的趣事很多，我将他们进行了“三合一”的艺术加工，跟原型已经似是而非。

中国的拟话本小说，有个从说话（评书）继承下来的手法，即书归正传之前，有个题外话的闲篇，称为“得胜头回”。正文之前说一两个与正文稍有关联的小故事，然后导入正题，这是说话人（评书艺人）与听众进行感情和情绪交流的好方法。拟话本的书面小说，把这个方法保存下来，也是为了和读者保持亲近感。我觉得现在仍可利用（我半身不遂之后的小说《黄花闺女池塘》又使用了这个手法）。

于是，我在写《敬柳亭说书》时，便首先在“得胜头回”上推陈出新。

《敬柳亭说书》虽然写的是三十年代的武林故事，但与今天的读者相距五六十年，总有隔世之感。为了实践我的“中国气派，时代精神”，我便利用“得胜头回”这个手法做“时代精神”文章，使三十年代的故事与八十年代的读者更加贴近。

我一向认为《水浒》是系列中篇小说的有机组合。鲁（智深）四回、林（冲）六回、武（松）十回、宋（江）十回以及三打祝家庄等，都是中篇。我的文债多，大型文学丛刊都向我索要中篇小说。写《敬柳亭说书》时，几家大型文学丛刊“等米下锅”；我便“古为今用”，学习继承《水浒》，将这部长篇小说分解成五个各自独立而又互相制约的中篇，分开来看是五部中篇小说，组装起来便是一部长篇小说。

我投入大众文学创作，不但没有降格而求的“二流子思想”，而且义愤填膺，要跟所谓的高雅文学或仿洋牌作品比个高低上下。因此，我在格调、情趣、意境上都严格要求通俗而不能流俗，更不能庸俗。

一个作家，必须自尊、自爱、自重、自强，只要时刻想着广大人民群众，想着精神文明、社会效果，想着中国特色、民族风格，想着人品和文品不可卑劣，便能曲高而和众，取得雅俗共赏的艺术效应。

《敬柳亭说书》得了个首届中国大众文学优秀长篇小说奖。写它时哪想过这个？我不是为得奖写小说的。得不得奖无所谓，我一向是这个态度。

乡土文学如何反映改革

——我写长篇小说《这个年月》

接连写出《京门脸子》《豆棚瓜架雨如丝》《敬柳亭说书》三部长篇小说，家乡那变化多端的现实生活激荡着我的创作欲望，忍不住要写一写改革开放中的乡土和乡亲。

乡土文学如何写改革题材？我想得很久，认为没有自己独特的感受和认识，便不应动笔。

想来想去，万变还是不离其宗，那就是写改革还是要写人。乡土文学写改革，还是要写风土人情，通过描绘变化着的风土人情写人。

商品经济改变着人情世态，重新组合人际关系，时时、事事、处处可见“人心不古”。

人情在淡薄，利害在加重，重义轻利已变成重利轻义。“一切向钱看”，也在侵入和笼罩着农村。

比如，乡亲们过去盖房子全村都义务帮工，现在变成了包工给钱。这样好不好？过去对不对？还有，买卖婚姻更加严重，明码标价，钱字当先；有钱老夫能娶少妻，甚至变相纳妾。家长为了贪图眼前小利，儿童少年大量辍学，或在集市经商，或到私营厂子当童工，新的“读书无用论”又盛行起来。赌博迷信活动风靡村村庄庄，解放后已经消除的丑恶现象又死灰复燃……

乡亲们吃饱了肚子，饭桌上有酒有肉，盖起的新房追求城市化，经济生活大改善，精神生活却没有正比例发展；穿的是新鞋，走的是老路。

这些五光十色的怪现象，令人眼花缭乱，目不暇接，亦喜亦忧。

对于家乡在改革开放中出现的新气象，我不认为凡是过去没有的就是新的，凡是新的就是好的；既不形而上学地肯定一切，也不以旧观点老眼光否定一切。比如，新时期以来，农村离婚率大幅度增高，而且是女方主动提出离婚增多。诸如此类，不必匆忙作出结论，在小说中进行结论性描写。相反，我主张小说应该“维持原状”，留待历史裁决。但是，维持原状并不是自然主义。我主张，即便对于反面现象，也应“去芜存菁”，不可露骨、肮脏。读者能够意会，作者何必言传？

在创作《这个年月》之前，我已发表了十几个描写家乡现实生活的中篇小说。经过六七年的检验，凡是采取了“维持原状”态度写出的作品，都保留下来。

回想创作《这个年月》前后那几年，我的身体是多么强壮雄健！纵横驰骋，毫无倦意。我每年都到家乡住一些日子，在农舍，坐炕头，到田间，去河边……跟我的乡亲父老兄弟姐妹们谈天说地，掏心窝子，无话不谈，无事不知。我在家乡接待过来访的记者、编辑、大学生、业余作者……他们亲眼看到我和乡亲们的鱼水深情，在报刊上发表他们的印象记。

我和县委的领导也关系密切，因而对一个县的全面情况也有所了解，使我的眼界放宽了一些。

这时，我们的两个邻县，正在与我县搭界之处，开发自己的“小深圳”。这两个县与北京之间，虽有我县相隔，但仍在百里之内，可算近便。他们的开放，不是瞄准洋人，而是盯在中央部门身上。中央部门的许多下属机构，未进京的已没有可能进京，进了京的扩展地盘也很困难。于是，这两个县凭地利向中央部门充分开放；没有多少日子，便立竿见影，效果显著。高楼平地起，公路通四方，县办企业和个体工商业都肥了起来，多了起来。新起的村镇比县城还“现代化”，对我县的民众也大有吸引力。为了不使肥水流入他人田，我县也开始开发兴建新村镇。

那两个县的“小深圳”和我县的新村镇，我都前去转了转，看了看，进行调查研究。

我看到了好的一面，也看到坏的一面；看到美的一面，也看到丑的一面；两两相较，我的评分是四六开。

我在《这个年月》所写的那个位于金三角的蝈笼子镇，便是以四六开的分寸描写它的风貌。

在改革开放中出现的党风不正，我知道较多，见到不少，也在《这个年月》中有所描写和表现，为这个特定的历史时期立此存照。书中所写的正在腐败的官僚和他们的儿女，都是我熟知的人。因此，我情不自禁地笔下留情，希望他们能够转变。

我对农村集市（镇）也很熟悉，只是由于以前没有写过，头一回写便显得手生。写得心虚，冷汗淋漓，笔头拐了弯，又回到我熟悉而又热爱的小村。变成了村庄为主，集镇为辅。这部长篇小说写完以后，我对自己的畏难守旧和绕道而行深感惭愧，便在下一部长篇小说《十步香草》中，主要写县城风情。

《这个年月》中的人物，也都是有原型的。书中的退休小学教师小田先生，便是我念小学时给我开蒙的田老师。我曾多次写他老人家，收入我的文学随笔集《我与乡土文学》和《我的创作生涯》中。一九八五年教师节，中央电视台还给我们师生录了像，在第一套节目播出。

我用墨最多的那个农村妇女，是我村两位女性的合成。她们都比我大几岁，儿时常哄我玩，其中一位差一点儿成为我的“未婚妻”。在我的坎坷岁月中，她们都曾给我不少救助，这个人物的语言，有些就是她们跟我说过的原话，如“人家是生孩子，我是下狗”。正因如此，感人至深。有一位文学编辑给我写信，说她读到此处，眼泪忍不住夺眶而出。我在小说中，写这个妇女由于儿女过多和生活贫困，容貌未老先衰，身上衣不蔽体，个人卫生也不注意。然而，这个天然无雕饰的形象，却令人产生美感，美在心中，美在风骨，美在灵魂深处。

《这个年月》的主角，在《豆棚瓜架雨如丝》中都曾见过，但并不是续篇。我深受巴尔扎克《人间喜剧》的影响，喜欢将相同的人物在不同的小说出现，虽然招来一些误解和非议，我却不想改变。我的小说中的原型人物，跟我情同亲人，不是写过一回便从此绝交。他们永远保存在我的头脑里，与我朝夕相处，时时伴随着我。有时，我感到寂寞，两眼发直，他们的面容和身影便活跃在我的面前。

我的小说，一向是动笔之前就有题目。有了题目写起来胸有成竹，没有题目写起来心中无数。《这个年月》动笔之前，想了几个题目都不满意，便一边写一边改题，直到小说写完最后一个字，满意的题目仍未找到。恰在此时，我下乡走马观花，巡访我村嫁到外村的女子们，看看她们发生了哪些变化。一日，我在乡亲二妹子家拴马，酒足饭饱之后，谈古论今说闲话儿；我喝得半醉，肚里涨满牢骚，这个看不惯，那个不入眼，大发感慨不止。乡亲二妹子怕我伤神，打断我的谈兴，笑道："这个年月，翻不得老皇历啦！"

"你给我找到了题目！"我拍案叫绝，扯着嗓子喊道。于是，书名《这个年月》。

不随波逐流，乐莫大兮

——我写长篇小说《野婚》

《野婚》是我蛰居蝈笼斋中创作的第六部长篇小说。凡人都是血肉之躯，无一例外；吃五谷杂粮没有不得病的，钢筋铁骨也能磨损得支离破碎。二十一岁被打倒，四十三岁才复出，埋没了二十二年；重新握笔，势如井喷，为挽回二十二年的损失便只知猛打猛冲，不懂爱惜身体，终于在一九八四年十一月突发重病，险些猝死。

我一向以折腾为乐事，熬夜写作，接连开会，东奔西走，高谈阔论，不知疲倦二字为何物。不管多么劳乏，睡个觉便又精力充沛，周而复始，继续折腾。虽然四十五岁之后常有疲劳的感觉，但是逞强好胜，仍然不肯示弱，更不愿到医院检查一下身体。一九八三年五月，我入党三十年，这是我永远不忘的日子。一九八三年六月，我的第一本书《青枝绿叶》出版三十周年，这是我的文学创作生涯中最可纪念的日子。虽然我从开春就常感到身体虚弱，但是精神上却一直处于高涨着的兴奋状态。精神和身体状态的极不平衡，本应进行必要的调整，却因不肯认输，越发表现得狂纵，欺人而且自欺。七月北京热如火炉，我仍然一边冲凉一边工作；直到我的妻子将我一九八〇年以来创作的第四部中篇小说集邮寄出版社，我才不好意思谢绝邀请，答应到青岛海滨休息半个月。然而，我偏是个劳碌命，当不了富贵闲人，只住了一个星期便提前回京。到十二月，我恢复创作权利五年。一九七九年主要是修改和发表坎坷岁月中写出的三部长篇，并写短篇试笔。自一九八〇年起，我提倡乡土文学，整整四年致力中篇小说创作，共二十八部，一百多万字。因此，我想从第六年转向长篇小说，构成一个创作体系。

漫长的坎坷岁月，养成我喜欢在农村土炕上写作的习惯。关在高级宾馆里一字不出，趴在农村土炕上却文思泉涌。一九八三年底，我又来到北京通州农村，住在一个“堡垒户”家里。谁知刚开始动笔，腹痛和背痛接连发作，热炕、烧酒、暖水袋、止痛片全不管用，女房东的拔罐子也不灵验。每一发作疼痛难忍，胸闷气短，苦不堪言，阵发之后却又好了疮疤忘了疼，打肿了脸充胖子，就是不肯求医。一九八四年开春，各地邀请讲学，我又抖擞精神上路，马不停蹄地在河北、河南、内蒙古各地奔走，宣传我的乡土文学主张，在呼和浩特三天就做了四场大报告。每到一处，接待来访，络绎不绝，通宵达旦谈话；公私宴请，开怀畅饮，喷云吐雾吸烟。这种熬灯捻子的豪放，完全是竭泽而渔。在河南省南阳市讲学期间发病，几位医生给我会诊，下了个形象而又精确的评语：你的身体是一部好机器，但你是个毫不爱惜这部好机器的人。我虽然称赞他们所言极是，但又不愿辜负东道主的盛情。服药之后，又踏上旅途，访问各县，上山下乡，精疲力竭。盛夏三伏，集中党校，学习整党文件一个月，中午不能充分休息，夜晚不能忘情创作，身体大亏，精力锐减。整党学习结束，没有来得及喘一口气，又被集中到宾馆，参加一个历时十八天的座谈会，仍然是中午休息不好，夜晚还得加班写作。一连四十八天有张无弛，大大损耗了我的元气。散会之后距离国庆日还有十一天，我的长篇小说已经接近尾声；为了力争在国庆前夕写完，我躲到一个亲戚家里日以继夜地工作，终于在建国三十五周年将长篇小说《京门脸子》脱稿。出版社将稿子取走付印，我又陷入新的创作激情中，也就不想喘息，又奔赴通州农村，在运河两岸流窜，话说得多，酒更喝得多，伤神而又戕身。与此同时，还为筹办大型文学丛刊《中国》忙碌。十一月十四日夜晚十一时，我就像突然遭了雷殛，猝不及防倒在床上，胸膛窒闷，心脏绞痛，难于呼吸，呻吟呼叫抓挠胸脯子，全身像被火烤，一口气上不来就要憋死。经过大力抢救，痛苦挣扎了几个小时，才从阴阳界上死里逃生。我被确诊为糖尿病和冠心病合并症，掉以轻心时刻都有生命危险，卧病床榻，鼻孔里插着输氧皮管子，枕边摆着各种药瓶和药包，散了架的身体软得像一摊泥；手一拿笔就颤抖，脑瓜子一想事就昏迷，睁开眼一看书就疲乏，我这才知道自己无异于常人，岁月对我并不宽厚，病魔对我并不宽容，藐视自然规律只能自食恶果。也正是在病床上，读懂和领悟了鲁迅先生《死》这篇文章的真谛。我把这篇文章的真谛提炼为两句话：记起了自己的年龄，要赶快做。病中反思，恰似面壁参禅，便也悟出了一些道理，那就是把诸葛亮的两句话："淡泊以明志，宁静以致远"，每句各删一字，重新组合，即：淡泊宁静，明志致远。于是，我得到了超脱。

以后三年，我遵照医嘱，减少社会活动，避免惹气伤神，躲进蝈笼斋里，潜心埋头创作，天然成趣，自得其乐。这不是跳出三界外，不在五行中，更不是看破红尘，万念俱灰，而是把自己摆正了位置。有所为而有所不为，有所失才能有所得。这三年，我以抱病之躯，退隐心态，得宁静于蝈笼斋中，作品写得更多，书也读得比过去多，真乃塞翁失马，祸兮福倚也。两年多写出了四部长篇小说：《豆棚瓜架雨如丝》《敬柳亭说书》《这个年月》《十步香草》，还被迫挤出了不少散文和短论。现在又完成了第六部长篇小说《野婚》的写作。

关闭在蝈笼斋斗室中，我和我的小说中的人物——他们大多数都有原型——朝朝暮暮形影相伴，像忧亦忧，像喜亦喜，可谓别有洞天，其乐无穷。这是我的自治领地，艺术上的独立王国，关上门做皇帝，可以大展宏图。

这些年，文场中争名于朝，逐利于市，越演越烈。我不敢说独善其身，却可做到不随波逐流，乐莫大兮！

第十一章　人生感悟

我喜自称笔耕农

人活一辈子，不如意事常八九，事出意外就更多。不能一不如意就万念俱灰，发生意外变化便痛不欲生。歪打有时正着，坏事能变好事，失意也可能转化为如意。这种“传奇的现实”（魔幻）我今生遇到不少。

一九八八年八月我中风左瘫，皆因我平日不知“自爱”（爱惜身体）而造成的恶果。但是，我想，事已至此，后悔无用，只有面对现实，另辟蹊径。虽然丧失行走能力，仍以“坐地日行八万里，巡天遥看一千河”的壮心，开拓我生活和创作的新局面。我在创作上收获有增无减。重病使我降低了百分之五十的精力和体力，也同时减少了我一半以上的社会活动。相比之下，我反倒增加了创作时间。因此，我常对人说，划右“得”大于失，左瘫不幸而大“幸”。

所以，我这个人最喜欢“听其自然”，或曰“听天由命”。命，就是客观规律。自我设计，自我完成，属于主观能动性；但是主观得听客观的。主观是一只鸟，客观是个大笼子，即便是天高任鸟飞，鸟也不能飞得刺破了青天。

对于衣、食、住、行的物欲，几十年来我不为人之先，不争人之上。但是，在求知和写作上，我不甘落后、屈居人下。“境遇休怨我不如人，不如我者尚众。学问休言我胜于人，胜于我者还多。”我一生奉行不悖。鲁迅先生说过：人，一要生存，二要温饱，三要发展。这句话更导引我如何安排和处理生活与创作。只要我吃饱了肚子，有个看书、写字、睡觉的屋子，我就把全部精力倾注在发展上。

我每年常回故里，家乡的干部和乡亲都盛情款待。我却一不点菜，二不挑食，更不拿走一针一线。不过，如果见到玉米面窝头和菜团子，我必开口，讨几个回家接着吃两顿。

我一年比一年老，老农的气象越来越浓烈鲜明，一动一静的生活习惯都在“返祖”，酷似我那半文盲的农民祖父。好吃家乡饭，暖身粗布衣。现在每天不吃粗粮，我就五脏六腑都难受。今年春节，从腊月三十到正月初五，我吃了三天玉米面、荞麦面和小米。前来给我拜年的老朋友开玩笑，有的说我是“土财主”“守财奴”；有的说我是“吃忆苦饭”，过“革命年”。

“返祖”现象，也表现在我的穿着上。我喜欢中山装和布鞋，从不肯穿西服，这倒不是仇洋排外，而是由于我不会打领带，又嫌麻烦不想学。平日，我脚下穿着四块钱一双的处理布鞋，上身穿的是七块钱一件的处理尼龙衫，下身穿了条十三块钱的处理裤子，整个儿是一尊处理品商店的活广告。不管吃的、穿的、用的，都要买最便宜的。

过日子要耕三余一而不可寅支卯粮，挣俩花一个，不能挣一个花俩，买东西要物为人所用，不能人为物所累。

我喜欢自称“笔耕农”，就因为我把自己手中的这支笔，与我那生身之地的儒林村乡亲们手中的锄头，同样视为生产工具。我和我的父老兄弟姐妹没有高低贵贱之分，完全平等。我还常以一亩三分地地主自居，种种原因之外，主要是由于目前儒林村村民占有的土地面积，平均每人只有一亩三分，我应该不多也不少。我念过大学，当上了作家，但到了头还是个农民，研究我的文风人格，由此入门，必有发现。

家乡的水土和乡亲养育了我

北京通州，是三千里京杭大运河的起点。我曾翻过几本古书，查证通州的县史至少在三千年以上。以上多少年，不可限量。我把我这个“学术研究成果”写进长篇小说《十步香草》。

通州占有地利风水好，所以人才辈出。我也忝列其中之一。

一九九二年五月二十七日，通州为我建立的刘绍棠文学艺术档案库（简称文库）正式揭幕启用，授予我“人民作家，光耀乡土”纪念牌，并不是因为我在成就上最为突出，实在是由于我的乡亲们厚今薄古，对我偏爱。

一个县为一个活着的作家建立文库，在全国两千多个县中，通州可称首创。这也充分表明，素有历史文化名城之称的通州，是何等尊重知识，尊重人才！

四十三年创作生涯，长、中、短篇小说我写了几百万字，没有一篇不写运河，没有一篇不写通州。从一而终死心眼儿，也许正是我的可取之处。家乡喜欢她的儿女不忘根本，远到天涯海角也牵挂着自己的乡亲和故土，为造福桑梓有一分热发一分光。通州的百姓和干部，更看重我对家乡的孝心。

一方水土养一方人。没有我的家乡，没有我的乡亲，哪来我的乡土小说？

我无比眷恋我的乡土，热爱我的乡亲。因此，我决定将我过去、现在和将来发表出版的作品的各种报刊、单行本、外文译本，我的手稿、书信、日记、奖状、奖品、荣誉证书，以及国内外研究我的创作的书刊和凡是与我有关的一切资料，全部无偿地捐献通州档案馆。

我是做人作文一张脸

我最引以为自豪的是平生做人作文都是一张脸。

然而，一九五七年我被划右，一九七九年以后又被某些人划“左”。

一九五七年被划右和一九七九年以后被某些人划“左”，都是因为我主张文学创作要继承和发展民族传统，只不过一九五七年的罪名是“今不如昔”，一九七九年以后的罪名是“僵化保守”。所以，我是“左”眼中之右，右眼中之“左”，令人左右为难。

但是，三军可以夺帅，匹夫不可夺志。我的四十年的白纸黑字可以做证，在任何气候温度下，敝人都不变颜、变色、变相、变形，不会“左”有利时“左”，右时兴时右，左右逢源。

反对继承民族文化传统的人，写不写中国字，说不说中国话？要说要写，这就很难摆脱民族文化传统。正如讨厌自己的父母不是蓝眼睛高鼻子，自己的模样儿也还得三分像爹七分像娘，或者三分像娘七分像爹。而且，岂止自己这一代如此，北京俗谚有云："养儿像叔，养女像姑"，甚至"三辈不离姥家影儿"，连儿孙的眉、眼、鼻、口都能在自己的出处寻根。

"新潮"中的"精英"们咬定继承民族文化传统便妨碍民族文化现代化，难以走向世界。

首先我要问，这个"世界"究竟是谁家之天下？拆穿了不过是"西方文化中心"而已，所谓"走向世界"，也不过是全盘西化的障眼法。生花之笔，鼓簧之舌，手写口说都不过是以洋尺为标准，拿洋尺衡量自己民族的文化、政治、经济、社会、人情、世态……看什么什么不顺眼。于是，大挖祖坟，又对照西洋镜给自己整容，自以为洋气十足，其实出尽了洋相。生就的骨头长就的肉，摇身就能一变么？

对于洋人、洋文、洋货，我从没说过要拒之门外。但是，不能媚事洋人、迷信洋文、洋货至上。我们应该有选择地"拿来"为我所用，吃羊肉要长人肉，不是人变成羊，或割来羊肉贴在身子上充胖子。

自力更生为主，经济上如此，文化上也是如此。发展和改革都是自我完善，在自我完善过程中，借鉴、吸收、学习外来文化的精神，汇百川于大海，丰富、充实、壮大我们的文化，又何乐而不为？这些年我们在文学创作上，偏重对外开放，忽视对内搞活。我鼓吹继承和发展民族传统与革命传统，正是从"对内搞活"上改革文学创作，却被醉心西化的人认定为"义和团大师兄"的盲目排外，冤哉枉矣。

空谈泛论，不如现身说法。

我致力乡土文学小说创作，写农民、写农村、写家乡，不是石头缝里蹦出的孙猴子，自己便是始皇一世。中国第一位写农民、写农村、写家乡的作家是鲁迅先生，我还不会写小说的时候就读鲁迅的小说，后来写起小说便自觉或不自觉地受到鲁迅作品的影响。与此同时，我也对肖洛霍夫的小说如醉如痴。但是，肖洛霍夫对我的影响远不如鲁迅先生。因为，我是中国人，生活在中国，用中国字写小说，写出小说给中国人看，还是学习鲁迅更为贴近和切实。鲁迅笔下的阿Q、祥林嫂、闰土、九斤老太、爱姑……在我的乡亲中都能找到相似、近似、酷似的人；而肖洛霍夫笔下的葛利高里、阿克西妮亚……在我的乡亲中最多只能找到类似的人物。至于风俗、民情、语言和思维方式，更是大不相同。我不能叫北运河农村的小伙子脱下对襟褂子，换上葛利高里的哥萨克汗衫，也不能叫北运河的乡村妇女脱下斜大襟的花布衫，换上阿克西妮亚的衣裙。翻译到中国来的福克纳、马尔克斯、艾特玛托夫……的作品，我读得不比谁少，深受启发，大有可学，但绝不能使我改换门庭。因为我要化它，而不想让它化我，洋为我用，而不能我为洋奴。

小说第一讲究的是语言。一篇小说语言贫乏、苍白、生涩、枯燥、空洞，在哪个国家都只能算是次品。福克纳和马尔克斯在他们国家都是语言艺术大师，我们读的是他们的作品的转译，难以领略他们各自的语言艺术特色。我的译成外文的小说，译者都坦白承认只能译出个故事，语言特点译不出来。中国作家用中国语言文字写作，只能向中国人学习语言，向中国的优秀文学作品学习语言。随着电子计算机技术的发展，语言学家突然发现过去被人认为是艰难、落后的汉字和汉语，原来竟是世界上最丰富、简洁、准确、生动和科学性最强的文字和语言之一，最能为现代化的电子计算机应用。这一发现使妄图以“香港模式”改造中国的人们大为恼火和沮丧。当年我在北京大学念过语言学，流年似水早就拌饭吃光了，不敢侈谈中西语文的比较对照，然而我的小说译成英、法、俄、德、西班牙文，篇幅都涨百分之五十到一倍，此中必有缘故。使用中国的语言文字，写反映中国人和事的中国作家，怎能不认真研习和师承从《诗经》到鲁迅的作品呢？

外国小说的创作手法多而且奇，光怪陆离而令人眼花缭乱，最适宜自我表现和表达反常心态，我们应该“拿来”消化吸收。但是，必须择其善者而从之，因为我们的文学是要“二为”，而不是为了自我表现。运用什么手法，不只是个人的嗜好，还要考虑广大人民群众能不能接受。中国的小说起源于说话（评书），成型于话本，有个识字的人看得懂、不识字的人听得懂的好传统，这个密切联系群众的好传统应该奉为至宝，而不能弃如敝屣。再者，我们跟西方社会不但有民族性的差异，而且还有社会制度的差异，心态和价值观念的差异也极大，不能生搬硬套，皮毛模仿，削足适履，张冠李戴。

坐以待毙，不如垂死挣扎

一次，民进中央领导人楚庄学兄赏饭。楚庄学兄是北京大学一九四六年预科生，两年后应转本科，却被国民党列入黑名单，乃从地下交通线进入解放区，参加革命。论资排辈，他比我高六届。同席者还有“庾信文章老更成，凌云健笔意纵横”的张中行先生。张先生已经八十六岁，北京大学一九三二年入学，比我高二十二届，是我的老学长。语言学家张志公主编了一套中学生阅读课本，收入张中行先生和我怀念大学者魏建功先生的文章。我才知道，张中行、张志公先生和我，都是魏建功先生的受业弟子。七十九岁的叶君健先生，以翻译安徒生童话闻名，我更以他为乡土文学同志而倍感亲切。他的《山村》三部曲，第一卷是用英文写出，译成汉文在国内出版，我在解放前就已拜读。这次小聚，还有一位是九三学社中央领导人金开诚教授。开诚一九五一年入北大，我一九五四年进北大，我们是同一时期的师兄弟，同时在魏建功先生门下受业。

楚庄学兄善饮，我在病前跟他可算“酒逢对手”；中风偏瘫以后，只有甘拜下风了。张中行老学长一生嗜爱杯中物，将近九十高龄，仍然余勇可贾。叶君健先生和金开诚学兄不用酒，我也就比上不足，比下有余，得到了心理平衡。

席间，开诚学兄转述我们的共同老师王瑶先生的名言：写文章可以养生。王先生有云：人到六十五岁脑力衰退，不写文章是坐以待毙，写文章是“垂死挣扎”。与其坐以待毙，不如“垂死挣扎”。

我在《刘绍棠文集·大运河乡土文学体系》出齐之后，打算金盆洗手。经过开诚学兄这一点化，想到二〇〇一年我才六十五岁，二十世纪之内岂能搁笔？还是宜将剩勇弄笔墨，写我那“有感而发，即兴而作”的文字。

大画家赵望云曾问张大千：我与徐悲鸿都画马，谁画得好？张大千答曰：徐悲鸿画得好。问以何故，张大千又答道：徐悲鸿画的是奔马，你画的是美马。奔马，动态的马；美马，静态的马。不动难以有神，虽美而无生命。

我的另一位学兄，享有“西部歌王”雅号的王洛宾，比我大二十三岁，高二十届（我俩都是北京通州潞河中学学生），却显得比我还有活力。见面我管他叫“老来俏”或“老孩子”，他管我叫“会长”（校友会会长）。他的心态一直长不大，行动上又好折腾，因而年过八旬仍如常青树。

养生之道，一字以蔽之：动。

人生没有什么“假如”可言

一位来到我的蝈笼斋访谈的朋友，突然大发奇想，冷不防问我道：“假如你不当作家，现在会是什么样子？”

我毫无思想准备，一时竟被问得张口结舌。

干笑了两声，我摇头道：“创作为业，卖文为生，写了几十年小说，我今生还有什么‘假如’可言呢？”

“你本来可以当官，当大官。”他给我相面，“可惜下巴短了一点儿，五官缺相，也就失掉了官运。”

我哈哈大笑，说：“我压根儿就没想过在仕途上进取，你何必为我惋惜？”

“醉心文学使你躲过了宦海沉浮。”他的神气和口吻，整个儿是一副算命先生的嘴脸，“你那感情用事的文人脾气，如果当了官将是一场悲剧。”

“放心吧！乌纱帽戴不到我这个病残之人的头上了。”

“还是言归正传：当年如果你不从文也不从政，会走哪条路？”

“赶上新中国新社会，主客观因素齐备，我当作家是势所必然。”

“如果晚解放十年，你还能当作家吗？”

“我想可能。五十年代的同辈作家中，不少人比我大十来岁。”

“假如你早生十五年呢？”

我想了又想，沉吟半晌也回答不出。

如果我早生十五年，解放那年我二十八岁，年龄还不算大，当作家仍有可能。不过，谋生之路已经确定，身负家室之累，不务正业而迷恋习作，不顾老婆孩子的衣食而沉溺于写小说，又可能性很小。

于是，接着想下去。倘若解放前我已成人，最多只有五条生活出路：一是务农，二是经商，三是教小学，四是说评书，五是当八路。

我家在一九四七年至一九四八年的老解放区土改时被划为上中农（富裕中农）。全家五十二亩半地。我父亲弟兄四人，分家每人可得耕地十三亩。我的同胞弟兄五人，分家我只能得到耕地两亩六分。两亩六分地便是我的经济基础。

祖父和父亲希望我家出个读书人，我有可能读完初中，毕业后在本乡小学教书。

我有两亩六分地而又教小学，娶媳妇不成问题，但是只能娶贫下中农家的姑娘。地主富农家不要没有根基（土地）的女婿。我的外祖父是教私塾的先生，我的外祖母是贫农家的女儿。我在婚姻上只能重蹈旧辙。

早婚是旧社会的陋习之一，我家老人也盼望快一点传宗接代。所以，我在十六岁到十八岁之间必定结婚，到二十八岁时至少生下五个子女。五张嘴嗷嗷待哺，等着我给他们填饱肚子，我哪里还会想到写小说当作家？

我的父亲更想送我到金店或钱庄学徒，将来也当掌柜，发大财，成为富商。娶个大宅门的千金小姐，攀龙附凤，爬进上层。然而，这种奢望也许能黄粱一梦，在现实中百分之九十九点九定会落空。即使如愿以偿，整日纸醉金迷，灯红酒绿，沉浸铜臭，尔虞我诈，哪里会想到和顾到文学创作？解放后被划为资本家而能同时当作家的人，我从未见过。前几年，“一切向钱看”之风冲击社会时，颇有几个文人投笔从商；据我所知，钱没有赚到，作品也写不出来了。

我的家乡，盛产戏曲和曲艺演员。吃开口饭也是一条生路。我在我的小说中常写乡土艺人，因为那是我的家乡的地方特色之一。小时候，我在本村农闲时节临时拼凑的“狗打架”戏班学过两出京戏，但是扮相看着顺眼，张嘴唱起来却听着极不悦耳。唱戏没有嗓子，那就是祖师爷不赏饭。相比之下，我对评书艺术既有兴趣，又有天分，如果投师学艺，或有所成。然而，说书卖艺在旧社会是下九流的职业，不但家里老人要严加禁止，同宗本姓也会百般阻挠，此路也肯定不通。

一九三七年抗日战争爆发，一九四二年我的家乡成为抗日游击区。如果我早生十五年，当时应是二十一岁，炕上少说也躺着两三个孩子，想当八路就会束手缚脚，多半是在村里当干部。但是，一九四七年到一九四八年土改运动中，会因出身上中农而被“搬石头”。从此一蹶不振，脸朝黄土背朝天，三十亩地一头牛，孩子老婆热炕头了。

我生也晚，欣逢开国之初的盛世良辰，自己又有点小聪明，于是当上了作家。然而，从一九五七年“划右”到一九七九年“改正”，我还是回乡当了二十多年农民。至今计算实际出工用时，我当农民比我当作家的日子多。

年轻作家请我题词，我最常写的是“找对方向，找准感觉，才能找到正该属于自己的位置”。或“与众不同，独立求存”“扬长避短，别具一格”“自成一家，割据称雄”。因为，只有作家写出独具特色的作品，才会形成百花齐放的艺术多样化。文坛如花坛，要的是赤、橙、黄、绿、青、蓝、紫，最怕千人一面，千篇一律，千朵一色。

我十三岁开始文学创作生涯，头二年昏天黑地不开窍，毫无自知之明。完全是看主编之脸色，投主编之所好行事；不管自己有无能力和兴趣，凡是应时当令、容易发表的题材我都写。到十五岁，我已小有文名，小说每写必发。但是，面对众多擅写农村题材的前辈和同辈作家，我的“倚小卖小”算不得优势。强手如林，自惭形秽，望而却步，不敢参赛，只要常有作品发表便心满意足；我不甘心当这类二流子，那就要自强进取，欲与天公试比高。

“知己知彼，百战不殆。”对于那些擅写农村题材作家中的强手，我早已“知彼”要虚心，“知己”必须冷酷。要想“知己”就得正确认识和估价自己的优、缺点与长、短处。特别是要对自己的缺点和短处应有正确的认识与估价。敢于把自己的缺点和强手的优点对照，将自己的短处和强手的长处比较。最要不得的是以己之长轻彼之短。

在与前辈和同辈的强手进行对照与比较之后，我明白了自己有多大能量和多少潜力。全面地整体地了解和把握农村与农民，反映农村的社会问题和把握农民的各种典型，我比不上这些强手，也赶不上这些强手。因此，我只能从局部和片面上争取单项突出。我从鲁迅先生、肖洛霍夫和孙犁的小说创作中得到指引。写家乡，写家乡的农民，致力乡土文学创作，才是我的生路和出路。我难以耕耘中国的九百六十万平方公里，但是经营家乡的九点六平方公里，我便转弱为强，劣势化为优势；那些我比不上、赶不上的强手，反倒比不上、赶不上我了。

几十年创作生涯，我写的都是运河乡土。地上本没有路，走的人多了便成了路。在乡土文学创作上我不过起到承上启下的桥梁作用。我向披荆斩棘的先行者致敬，也向络绎于途的后来人招手。

坎坷完整了人生的过程

“橹声桨影惹乡愁，梦里几番忆旧游。早已神童生白发，晚来健笔好歌讴。坐家絮语家常坐，留命察看命复留。正有雄心攀万仞，梅花香里月如钩。”

这是一位青年诗人所写的《七律·呈刘绍棠同志》，发表在《中国老年报》副刊上。

一九五七年我被划右，一心想给我脸上抹黑的人，硬说我“自封神童”，狗血喷头使我窝心了二十二年。现在，虽然已经平反，证明当年的歪曲真相，但是仍然难消我那年深日久的堵痛。

其实，“神童”二字，在我穿着红肚兜满河滩野跑时，乡亲父老便“赐余以嘉名”了。

我落生是个假死，农村称为草命生；老娘婆子折腾我好半天，我才哭出声来。谁想这头一声啼哭竟如一首好诗，使全家为之惊奇狂喜。算命先生咬定，我是上天金童下界，命相主贵。于是，蒲柳人家的寒门小户，好像出了个“贾宝玉”。我的祖父自以为面子增光，不惜破财大办满月。在家时，我被百般娇宠，享受各种特权。我家土改时被划为上中农，除了逢年过节，全家人平时难得吃细粮。但是，我和祖父却每天可以吃一顿白面。年节的瓜果、糕点和压岁钱，总是给我双份。家里的长辈，没有人敢管我，我也不服从管教。因此，养成了我的任性、骄横、自视特殊、一意孤行的坏毛病。

由于早慧，我六岁上学，同班同学都比我大得多。有一位缠足的女同学，竟比我大十岁。在同学中，我聪慧出众，老师偏爱我，同学们也都让我一头，在学校我仍是个娇哥儿。当时，学校经常考试，学期有大考，每月有中考，平日随时小考。大考中考都要发榜，公布于众。每个学期的大考和每月的中考，我都独占鳌头。我祖父最好虚荣，把每次发榜都当节日，穿戴整齐到校看榜，在乡众面前傲里夺尊，享受孙子带给的光彩。我也因月连冠和年连冠而趾高气扬。

小学毕业升中学，几千名考生中夺得第一。一鸣惊人，受到学校优待。十三岁发表习作以后，在社会上成了名，学校更加重视。发表的作品越来越多，便为大人物所赏识。经常出入上层，参加外事活动；作为社会主义的一个成果，向外国人展览。上大学又名列前茅，赞扬之声盈耳。大学的课程我不爱读，便被特批出校从事创作。二十一岁以前，出版了几本书，存款很不少，出版合同签了好几份。真可谓一帆风顺，平步青云。天时地利，我少年得意，不懂人情世态，喜欢口出狂言，胆大妄为。一九五七年我被划右，虽不是罪有应得，却也是个性悲剧的咎由自取。

因此，如今我虽已老大不小，仍然常以陆游的《放翁家训》警醒自己："后生才锐者，最易坏。若有之，父兄当以为忧，不可以为喜也，切须常加简束，令熟读经学，训以宽厚恭谨，勿令与浮薄者处。如此十许年志趣自成。不然，其可虑之事盖非一端。吾此言，后人之药石也，各须谨之，毋贻后悔。”

我二十一岁被划右派时，已经出版七本书，知名度与日俱增，也就飘飘然昏昏然，狂傲得“不知天高地厚”，娇骄二气十足，轻薄与浮躁兼有。我想，不必故作谦逊。当时我那些作品证明，我的才气不低，灵气不差。然而，也正是这些作品证明，我的创作浅而飘，不厚实，不深刻。

我的主要成就，是新时期以来取得的。十二年出版了三十四本书，初步形成了我的乡土文学创作体系和理论体系。

不少人看到我这十二年的创作成就，都惋惜地说：“如果一九五七年你不被划右，该有多少作品呵！”

我却不同意这种估算。

一九五七年反右，严重损害了国家的政治、经济、文化发展，也严重伤害了我的身心。不过，坏事往往能变好事。孟子有云：“故天将降大任于斯人也，必先苦其心志，劳其筋骨，饿其体肤，空乏其身，行拂乱其所为，所以动心忍性，曾益其所不能。”

我岂敢以天降大任自命？但是，从九重天上栽到地下，“神童”沦为贱人，被剥夺创作权利，摇笔杆子改为撸锄杆子，头顶“赤日炎炎似火烧”，挥汗如雨“锄禾日当午”，夹着尾巴不敢乱说乱动可算“苦其心志”（苦恼他的心意），“劳其筋骨”（劳累他的身体），“饿其体肤”（饥饿他的肠胃），“空乏其身”（穷困他的生活），“行拂乱其所为”（他的每一行为总不能如意）；于是，“所以动心忍性，曾益其所不能”（这样便可以震动他的心思和坚韧他的性情，增加他的能力）。我那漫长的二十二年坎坷岁月，正是经历了这个完整的过程，因而才有我在新时期那井喷一般的创作。

没有一个人能一生不走背字儿

没有一个人能一生不走背字儿，我这辈子的七灾八难便很多。其中最大的两劫，一个是一九五七年划右，一个是一九八八年中风，都发生在八月份。因此，每到八月我的心情便格外激动，必须有所表示，才能解脱和平静。

我这个有所表示的举动，便是加倍写作。

北京八月酷热，独处幽室，赤膊短裤，临窗吹风，稍有动作仍然汗流浃背。盛暑之下，我不但不肯停产，而且偏要高产；可谓自讨苦吃，苦中取乐。

翻检我那三十多本书，每年都是八月份写得多。一九八八年八月五日我中风偏瘫那天，正热汗淋漓，伏案疾书，写我的长篇小说《水边人的哀乐故事》。

一九八九年八月，我已是病残之身，但仍咬牙使中断了的《水边人的哀乐故事》完稿。一九九〇年八月，我以写作新的长篇小说作为八月的献礼。一九九一年八月，我在为这部断断续续写出的长篇小说进行收尾和组合。这部长篇小说分割成几个片段发表，化零为整免不了缝连补缀，增删润饰。这些细活儿非常繁杂，有时累得人心烦意躁。不过，夏练三伏，也是别有情趣。

病前，我两年能写三部长篇小说。大病使我丧失行走能力，精力也大不如前，一部长篇小说竟写了两年。当然，我还发表了上百篇文学随笔，也算小有所补。

困兽犹斗，何况人乎？我虽已不能争强斗胜，但是剩勇仍能背水一战。

正因如此，我一心多写一些小说，乃是为了跟衰老和衰退抗争，力求推迟创作更年期的到来。

创作更年期与生理更年期并不同步。生理的更年期人人难免。创作更年期却在古今中外不少名家身上并未出现。

原因何在？我没有下功夫进行全面深入的研究。只是我从他们的晚年作品中分明看到，他们直到生命的最后时刻，心气都没有衰弱，因而创作上充满着活力。这些人有个共同的特点，便是从少到老都一直保持着激情和个性。他们对理想、事业、人生、社会、祖国满怀热爱的激情；不流俗，不媚俗，在世俗中“飘然思不群”。流俗中取巧，媚俗中得利，便丧失了真心实意和真情实感，也就是文思枯竭，江郎才尽。

作家要有正确的思想，也要有充沛的感情。从事创作，思想是基础，感情是主导。我的身体在衰老，这难以抗拒；但是我的思想和感情绝不衰退，却颇可自主。我虽行动不便，难得外出，但我的心一直不安于室，身在曹营心在汉。我的思想感情在乡亲中，在乡土上，在高天广地间。

哀莫大于心死。我不悲观，不绝望，不满足，不守成，不伤感，不疲软；活着就要活个壮心不已，志在千里。

这部写了两年的长篇小说，两年中变换了几个名字，最后我确定为

《孤村》；不但为了显示乡土文学特色，而且更借陆游的诗以明志。

陆游诗曰："僵卧孤村不自哀，尚思为国戍轮台。夜阑卧听风吹雨，铁马冰河入梦来。"

这正是我病残之后的心境写照。

我向往的田园生活

有人问我一直想过的田园生活，是不是已故原苏联大作家肖洛霍夫的那种大庄园生活享受。

我摇头，苦笑。

顿河岸上，罗斯托夫州月申斯克村，是肖洛霍夫的生身之地，也是他的死葬之处。我非常佩服肖洛霍夫的不朽名著《静静的顿河》，肖洛霍夫的作品对我致力乡土文学影响极大。但是，他那大农庄主式的田园生活却对我没有吸引力。一是没有他那么多钱，二是中国国情也不允许。

肖洛霍夫有自己的私人飞机、游艇、汽车，还有自己的秘书、医生、花匠、警卫，比美国的海明威还阔气。中国作家，至少我这一代，是想也不敢想，梦也不敢梦的。

我只想当个王冕。

王冕是元末明初战乱年代的画家和诗人，浙江诸暨农家子弟。一生清高自守，贫贱不移；逃隐山中，避而不仕。被吴敬梓供奉于《儒林外史》之首，作为高、大、全的正面人物加以赞美。

一九五六年春，我加入中国作家协会，又被团中央批准专业创作，回乡挂职深入生活，便想建房立户，以偿夙愿。

三十三年后的一九八九年，我在《乡土文学四十年》的《温故知新》一文中，描绘了当年的这个设想："我只想有几间红砖房，一座篱笆院，院里有几棵果树，篱笆上爬满瓜藤豆蔓；过个相当于本村乡亲中等生活水平的日子，此愿便可足矣。"

五十年代农村建房很便宜，我设想的这个宅院，顶多只花一千元到一千五百元就够了。后来，我在北京市内的中枢神经地段——中南海红墙外，买了一座小三合院，也只花费二千五百元。当时，我的妻子在上大学，儿子刚过满月，我想把儿子带到乡下，交给曾祖父曾祖母照看，本村的一位表姐愿给儿子喂奶。寒暑假，妻子回乡团聚。她能够专心学习，我也不会分散创作精力。

然而，好梦难得成真。我还未动一砖一瓦，就被划右，沦为贱民，住进喜儿的"半间草屋"做"新房"。十年内乱，又继续"下放"，搬到小常宝的"马架子"。不久，"马架子"被房主拆做猪圈。于是，只得自甘"堕落"，迁往"鬼宅"栖身。我虽摘帽儿，仍属"五类"，栖身"鬼宅"，正可谓适得其所。

从一九五八年五月十二日还乡务农，到一九七八年七月三十日回城平反，二十年零一个月十八天，我有十二年四个多月，住在"半间草屋""马架子"和"鬼宅"里。那七年九个月，有三年六个月被作为"治安对象"集中劳动，有四年三个月在摘掉帽儿后等待分配。最后，等来了十年内乱的血光之灾。还得叶落归根，逃回故里，苟全性命于乱世。

我的生身之地的儒林村，位于北运河的一个河湾死角（九十度角），地处运河滩上的沙丘林莽丛中。清初皇室跑马占圈，村民来自四面八方，逐渐形成村落，有点像小北美合众国。与外界来往甚少，一向孤立存在。说来难以令人置信，一九三三年《塘沽协定》以后，日寇就侵占了我的家乡通州；但是，直到一九四五年日寇投降，十二年中竟没有一个日本鬼子进入儒林村。另一个奇怪的现象是，儒林村从一九四二年就是八路军和民主政府的“堡垒村”，直到一九五六年高级农业合作化之前，竟没有一个人参加共产党。我一九五三年在潞河中学入党后，就为了促成儒林村建立党组织而努力，具有长期的潜在影响。十年内乱中的儒林村造反派，也非同一般，不同寻常。它独立自主，自行其是；不打、砸、抢、抄，不进行武斗，不虐待四类分子，只重点进攻欺压百姓的极“左”人物。我从不过问他们的具体行动，但他们都喜欢群聚我的“半间草屋”“马架子”和“鬼宅”。谈天说地，讲古论今；潜移默化，深人脑髓。我好像办了个不收束脩的私塾。

我的儿童少年时代，恰逢抗日战争和解放战争。三十而立，四十而不惑，“幸”遇“文革”浩劫。然而，偏是这两个年龄段的生活积累，使我写出五百万字的长、中、短篇乡土小说。

五百万字浓缩八个字，便是田园牧歌，微言大义。自我评定，不卑不亢。钱钟书先生给我的信中，说我的小说好比刚从园子里采摘的鲜菜，热炒冷拌的一桌佳（家）肴。不褒不贬，恰如其分。是的，我这辈子烹饪的精神食品，就是打糊饼、摊煎饼、轧饸饹、金裹银儿、贴饼子熬小鱼、马齿苋大馅团子……有人吃个没够，有人一见就呕。

跑题的闲话

我是个农家子弟，饭量一直很大，而且吃不择食。严重的糖尿病和中风偏瘫，剥夺了我的“口福”。连榆钱饭、打糊饼、玉米面菜团子和荞麦面大馅饺子也不敢多吃，多吃一口便会尿糖示警，血糖增高。病象出现，浑身酸软，如被抽筋剔骨，苦不堪言。

今生，我只有吞吃“精神食粮”，一饱“眼福”了。

据一项社会抽样调查表明，一九九五年带有怀旧情绪的人，占被抽样调查者的百分之八十七点二。我虽然没被调查，却十足是个怀旧者。我创作的小说，怀旧；我整理的文章，也是怀旧。

我想读书，一天到晚读书。读历史书，重温历史。我也常常想念我读过的那些书，每一本书都使我深深怀念，感恩不尽。

四十七年创作生涯，凝结而成文集十卷，约五百万字。然而，这四十七年我读过的书，至少在五亿字以上。

一九五二年冬，我头一回见到团中央书记胡耀邦同志，他要求我每年读书一千万字。在我进入老年，视力减退之前，即便是在那血雨腥风、艰险困难的坎坷岁月，我每年读书千万字也只多不少。所以，我的读书与写作，可算百字换一字。我想，如能千中得一，我的小说会有另一番气象。

十五岁以前，我如饥似渴地阅读“五四”以来的著名作家的作品，以及一九四二年延安文艺座谈会以后的全部小说，发表了几十篇习作，曙光初照“演兵场”。边读边写，不知不觉进行对比和思考，看到人家之所长，比出自己之所短，也就是学习人家之所长以取长补短。在“比”与“学”的过程中产生了“赶”的勇气和目标。于是，我确定了写乡亲写乡土的创作方向，至今四十多年，寸步未离乡土文学创作道路。

十五岁以后，我所创作的乡土小说，已经能够“有稿必登”。我不但没有飘飘然骄傲自满，反而读书越多越自惭形秽，正所谓学到知耻处，方知艺不高。此时，中国现当代作家的小说，我能找到的都找来读过。又大量阅读外国翻译小说（主要是俄罗斯和苏联作家的名作），对中国古典小说的阅读更是贪得无厌。《红楼梦》和《水浒》，我完整地看，又拆开来看。不但看而且念，光是《红楼梦》我就不知道念过多少遍。念比看更能深刻体味小说的妙处。

取法乎上，汲取精华，我读书越多，创作水平也眼看着水涨船高。十六岁念高中二年级时所写的三个短篇小说《青枝绿叶》《摆渡口》《大青骡子》，事隔四十四年至今仍是我的短篇代表作。

我最爱读的书，不光是文学；我阅读的历史著作，不比文学作品少。同时，我对人文地理作品，也充满兴趣。我现在还能一口气说出一百个国家的首都。

书到用时方恨少。我念中学和大学的那些年，人年轻，视力好，脑子快，杂事少，心不散，看书最多。二十岁专业创作以后，精力和时间被“五马分尸”，读得少写得多，全靠吃老本。坎坷岁月，零七八碎又读了一些书，好比充电和进货。新时期十七年，也就靠挖库存过日子。

我的大半生创作经验，农民一句话就说了个明白：“磨镰不误砍柴工。”最懂辩证法。

文学写的是记忆，我主要是写我在生身之地的耳闻目睹和经历感受的往事。写书如此，读书也是如此。我早年读过的书，差不多都能比较完整地保存在脑子里。十二岁上下背诵的古文六十岁还能一字不误地牢记于心。稍长几岁诵读的古文诗词，现在只剩下“天益斋”——大盖（概）齐，有的不过残存片言只句，不翻书便一盆糨糊，糨糊一盆。少年不努力，老大徒伤悲。我的少年时代努力得不够，领取了老年人证之后，便常有伤感袭上心头。

这些年，我见识和结识了一些年轻朋友，给我的总体印象，是灵气很高而底气不足。待到我这把岁数，难免产生已故电影明星王人美在回忆录中的慨叹：少年成名害了我。近二年，我认识的几位青年政界人士，三步并作两步登上高位，也应经常补充和充实底气。楚霸王可算一条好汉，只因有勇无谋，竟落了个“时无英雄，使竖子成名”的史讥。

“说你行你就行，不行也行；说你不行就不行，行也不行。”这种衡文标准，早已被嗤之以鼻，久演而衰。这种用人之道，也为百姓深恶痛绝，难过民选之关。有走后门得奖的，有走后门当官儿的，没听说有走后门打破刘易斯纪录，夺得世界百米冠军的。所以，阳光下的竞赛，才最公正。

此文写得有些跑题。那就“回朕车以复路兮，及行迷之未远”吧！

约法三章

我的作品被许多评论家称赞，也被不少人贬斥，而我心悦诚服的却是家乡一位农妇的一句评语：“旱甜瓜另个味儿。”此人生有一双慧眼，看透了我和我的作品。

在文学创作上我经营的是土特产，就得看田夫野老和乡女村妇的脸色行事。

我认定了这个死理儿，绝不趋时附势，绝不朝秦暮楚，绝不墙头草随风倒，贪小利而忘大义。

这便是我的文格，也是我的人品。

对于传记文字，我曾多次有言在先：写传人必须以辩证唯物主义和历史唯物主义的科学态度，不为长者讳，不为尊者讳，不为贤者讳。

写我的传记，也有约法三章，请以朴素本色的简洁文字，把我的三个特征写出来：一个彻头彻尾、彻里彻外的农家子弟和文坛老农；一个一辈子遭受左右夹攻的共产党孝子；一个终生不入仕途的完整职业文人。不失实，不夸张，不美化，不整容，原汁原味儿，本来面目，写出这三个特征就是功德圆满，我感激不尽。

我写了将近半个世纪（从习作算起）的小说，懂得如何想象虚构和艺术加工。我念过大学曾习治史，懂得何谓秉笔直书，三死而不易一字。写我的传记，必须一切属实，无一事无实证，绝不能添油加醋，吹嘘撒谎。我不想沽名钓誉，蒙骗后人。我曾对我的一个老朋友说过，历史无情却公正。巧取豪夺都要退赔，而且必须退够。蒙冤受屈，必得昭雪，取得补偿。此君当时正春风得意，讥讽我为吃不着葡萄便骂葡萄是酸的。待到他遭了现世报，才明白吃多了得吐，吐出来十分难受，还不如当初不吃。十年内乱中对江青的吹捧，高得可上九天揽月，而今如何？且不论反革命罪行，单就艺术才能而言，还是得回归三十年代的价码：三流演员。吹捧，其实是捧杀，只是杀人不见血。陈毅同志说他是

“革命跟队人”。如果我被称为“文学跟队人”，此生就没白活。

坐在轮椅上也要做有脊梁的人

我不是道德化身，更不是标准共产党员。我只能做到发乎情止于礼，心有所欲而行不逾矩。我很不勇敢，只是从不屈服。当年我在农村上小学，只有五岁多，与我同时开蒙的男同学，大的比我大七岁，小的比我大四岁；女同学大的比我大十岁，小的比我大六岁。动手打架，谁都能把我捣得稀烂。升入初中、高中、大学，我仍然是个师弟。登上文坛，更是“弱小民族”。这个发育成长过程，使我不敢挑战，更不会好战。我没有战胜过谁，也没有被谁打败过。我不喜欢拿我跟别人比较。无论是今人还是古人，男人还是女人，国人还是洋人。我不愿拿我给别人当陪衬，也不愿拿别人给我当陪衬。他是他，我是我。各有所长，各有所短，公道自在人心。

我在九百六十万平方公里的国土上经营九点六平方公里的乡土，其实我只不过是九点六平方公里乡土上的一亩三分地。多一分肥，少一分瘦。

亮相应该亮出真容，而不是化妆师修饰的假象。似是而非也不行。

对于我的评价，要请跟我共同生活了四十多年的老伴负责衡量。如果我缺少“自知之明”，她却不乏“识人之智”。在她眼里，我跟天才、伟大、坚强、卓越、超凡……这些溢美浮夸的字眼，一点也不沾边儿。户口本上，她是户主，我是“户主之夫”。她以她自己那单薄瘦弱的身躯，护卫一个令她日夜忧心的男人。这个男人如果有什么优点，也只是：对妻子，讲情义；对父母，知孝敬；对儿孙，负责任；对事业，很努力；对吃穿，不讲究。平凡而又平凡，普通而又普通；看到和听到别人对我的赞美，她比我还脸红。

在我中风偏瘫（一九八八年八月五日）七周年前夕，刘绍棠乡土文学创作展览开幕，刘绍棠乡土文学研究会正式成立。同时，举行《刘绍棠文集·大运河乡土文学体系》首发式。开会的地点是北京市劳动人民文化宫大殿，这里曾是清王朝皇室的太庙，隆重祭祀他们的祖宗的圣殿。此地古木参天，绿树浓荫，红墙琉璃瓦，汉白玉台阶，巍峨壮观，气象威严。

新中国成立以后，一九五〇年将太庙更名为劳动人民文化宫，开展群众性文学、艺术、娱乐活动。我曾在劳动人民文化宫开办的业余文学艺术学校听过许多文学前辈的课。因而，可以说劳动人民文化宫是我的起家之地。

在劳动人民文化宫举办展览和开会，还因为我的乡土文学是劳动人民的亲骨肉，跟什么帝豪酒家、王朝饭店八竿子打不着。

伴随市场经济商品意识的发育和扩展，多种多样的经济形态带来的多种多样意识形态，也必然反映到社会各个领域，反映到文坛，反映到党内。只要并不违反宪法，就得允许百花齐放、百家争鸣。不能指望以行政力量扶植哪一朵花，压制某家之言。我们应该以自己的作品，争取广大人民群众信任我们、支持我们。我的乡土文学创作，遵循鲁迅先生的“越是有地方特色，倒容易成为世界的”的教导；遵循毛泽东同志的“民族的、科学的、大众的创作方向，与为人民大众喜闻乐见的艺术形式相结合”的指引；遵循恩格斯“倾向性应在情节与细节的自然发展中不知不觉流露出来”的科学论断，从不徘徊动摇地行进在这条道路上。

不管我的乡土文学创作成就是大是小，或高或低，但我的作品陈列在这个展览会上，就充分证明，中国共产党造就了一个行得端坐得正的作家，正因如此，我同意成立以刘绍棠命名的乡土文学研究会。我非常感谢天津孙犁研究会和山西赵树理研究会对我的祝愿。朋友们可以从我的作品中看见我对孙犁和赵树理的兼收并蓄。

成立刘绍棠乡土文学研究会，是为了对振兴运河文化文明起到呼唤与促进作用。我虽然坐在轮椅上，站起来困难，走起来举步维艰，但是我的脊梁并没有塌架。我虽然年已花甲，但是并没有骨质疏松。我不缺钙，没有患上软骨病。我是个大写的人，是个直立者！人字不能倒写。

争一口气

我出生于一九三六年农历二月初七日（公历二月二十九日），岁在丙子，属鼠。天若有情天亦老，地转一圈人增一岁，一九九六年又是丙子年，丙子年是我的本命年，我六十周岁了。

然而，我更喜欢中国传统的计龄方法，愿意自称六十一岁。鲁迅和宋庆龄两先生，都使用虚岁。一九九五年春，北京写作文化界朋友们为我“抢九”祝寿，我已“超前”进入“老界”。日月光华，旦复旦兮，两万一千九百天了。

中风左瘫七年多，我荣获政府颁发的残疾人证，并且得了个由非残疾人当家做主的“官衔”。现在，我又名副其实老龄化，有关部门早已征召我尽快入伍，委以“重任”，当然还是不老的同志主事。一残一老，老残兼备，两顶“桂冠”戴在我的头上，我已是一支风中烛，一层瓦上霜。

不过，我虽老龄而并未老化，病残而没有残废。我常说，我仍具有四十八岁或四十三岁的心态和意志力。这是因为，我一九四八年冬参加革命，至今已经四十八年；我一九五三年夏入党，党龄至今四十三岁。一九八五年我访问德国，有位德国女作家问我的年庚生辰，听到我是二月二十九日出生，惊呼道：“闰二月四年一次，你四年才过一回生日，现在才十岁多一点儿。”如此计算，我六十周岁只算十五岁。孔夫子曰：吾十五而好学，三十而立，四十不惑，五十知天命，六十而耳顺，七十而从心所欲不逾矩。我不会晕乎到自以为是十五岁的翩翩少年，但是要保持“吾十五而好学”的活到老、学到老精神。我最想达到的是“从心所欲不逾矩”的精神境界和言行大度。

树活一层皮，人活一口气。正因我是以参加革命和加入中国共产党的日期计算，我病到这步田地，才不悲观，不沮丧，不绝望，不衰退，不撤撒，不下坡子溜，胸头这口气像一眼不熄不竭的气井。前些日子，国家采矿部门在我的家乡发现大面积蕴藏丰厚的热气气田。我骄傲地逢人便讲，那是我的胸膛！

我忘不了一九四八年严冬时节，北风呼啸，大雪漫天，在解放军围困北平的隆隆炮声中，在停电、停水、停火的黑夜，我加入党的外围。后来我才知道，远在万里海外，我的妻子也参加了革命地下工作。我忘不了一九五三年五月二十七日，十七岁的我举起右手，向党旗宣誓；台下注视着我的有一双美丽的大眼睛，那便是已经入党三年的我的妻子（她地下入党时只有十五岁）。只有深刻了解我的这一段人生经历，才能真正懂得我的永不平静的心思。一位参加革命和入党比我早得多的老同志，对我的评语是："绍棠不离大格儿。"我一直把他引为知己。

我病倒时，参加革命四十年，入党三十五年，我怎能甘心消沉壮志，自认失败，退出赛场？在病床上我得知，我虽然丧失了行走和生活自理能力，但是右手和右脑无大损伤，我纵声大笑："坍我半壁江山，留下有用的右侧，天不灭刘！"八年来，健康的人干多少，我这个病残之身也要干多少，甚至还要干得多一些。我不想当什么十佳百强，但是我敢宣称自己是个够格的共产党员。人要争一口气，共产党要争一口气，中华民族要争一口气。不管是一个人，一个单位，一个政党，一个国家，一个军队，一个民族，不争气就会很快完蛋。历史的经验值得注意，就怕明知故犯，有错不纠。

我不想一一例举我的耕耘和收获。我只想说，在我四十八岁的那一年，我在给胡耀邦同志的信中，向他保证，我从四十八岁到六十岁的十二年里，要写出和出版十二部长篇小说，因而从政不如从文。那么，现在我可以祭告耀邦同志在天之灵，我虽然只残存了"半个身子"，但是提前一年完成了这个计划。

活着，是为了干活。能写是福，我不满足。